奩史

（二）

[清]王初桐 纂述

陳晓東 整理

文物出版社

奩史卷二十三

東吳王初桐于陽纂述
秣陵孫　溶溥泉校刊

娼妓門三

妓居

唐左右兩教坊，右多善歌，左多工舞。《能改齋漫録》

教坊之名，唐時屬太常。本朝增東西兩教坊，又別有化成殿、鈞容班。中興後因之。紹興末，王十朋上章請罷。凡名伶俊伎，留德壽宫，其餘多隸臨安府。雖有教坊之名，多是市井之輩，不知音律。《朝野類要》

教坊官妓如金賽蘭、范都宜、唐安安、倪都惜、潘稱心、梅醜兒、錢保奴、康三孃、桃師姑、沈三如等，及私妓如蘇州錢三姐、七姐、文字季惜惜、鼓板朱一姐、媳婦朱三姐、呂雙雙、十般大胡憐憐、婺州張七姐、蠻王二姐、搭羅丘三姐、一丈白楊三媽、舊司馬二孃、裱褙陳三媽、屐片張三孃、半把傘朱七姐、轎番王四姐、大臂吴二媽、浴堂徐六媽、沈盼盼、普安安、徐

雙雙、彭新等。後輩雖有歌唱者，比之前輩，終不如也。《夢粱録》

洪武中，田洙館於成都。日暮過山下，見一美人，自稱文孝坊薛氏女。攜歸其家，相與賦詩聯句。質明，鄭重而別。館主人曰：「此地相傳爲薛濤所葬，故鄭谷詩有『小桃花繞薛濤墳』之句。」文孝坊者，教坊也。《本事詩》

京師有「十可笑」，其一教坊司婆娘。《戴斗夜談》

平康坊，妓女所居之地。每年新進士以紅牋名紙遊謁其中，時人謂此坊爲「風流藪澤」。《開元天寶遺事》

平康諸坊，如上下抱劍營、漆器墻、沙皮巷、清河坊、融和坊、新街、太平坊、巾子巷、獅子巷、後市街、薦橋，皆群花所聚之地。外此如清樂茶坊、珠子巷坊、潘家茶坊、連三茶坊、連二茶坊，莫不靚粧迎門，爭妍賣笑，朝歌暮絃，摇蕩心目。凡初登門，則有提瓶獻茗者，雖杯茶亦犒數千，謂之「點花茶」。登樓甫飲一杯，則先與數貫，謂之「支酒」。然後呼喚提賣，隨意置宴。趕趁、祗應、撲賣者亦皆紛至，浮費頗多。或欲更招他妓，則雖對街，亦呼肩輿而至，謂之「過街轎」。前輩如賽觀音、孟家蟬、吴憐兒等甚多，皆以色藝冠一時，家甚華侈。近世惟唐安安最號富盛，凡酒器、沙鑼、冰盆、火箱、粧合之類，悉以金銀爲之。帳幔茵褥，多用錦綺。器玩珍奇，雖力不逮者，亦競鮮華。蓋自酒器、首飾、被臥、衣服之屬，各有賃者。故凡佳客之至，則供具爲之一新。《市肆記》

平康里入北門東回三曲，即諸妓所居之處也。妓中有錚錚者，多在南曲、中曲。其循牆一曲，卑屑妓所居，頗爲二曲輕斥之。《北里志》

潘樓街，街南則桑家瓦子，過北則中瓦，其間大小勾欄五十餘座。《東京夢華録》

丁未撥入勾欄弟子嘌唱賺色：施二娘、時春春、時住住、何總憐、嚴偏頭、白大鼻、徐勝勝、朱安安、陳伴伴、余元元、童二、葛四、耿四、錢寅奴。《藝流供奉志》

京師黃華坊，有本司衚衕。本司者，教坊司也。又有勾欄衚衕、演樂衚衕，相近復有馬姑娘衚衕、宋姑娘衚衕、粉子衚衕，皆舊日之北里也。《析津日記》

王建《宮詞》：「四面勾欄在水中。」李義山詩：「簾輕幕重金勾欄。」李長吉詩：「蟪蛄吊月勾欄下。」「勾」字又作「鈎」。宋世以來，乃名教坊曰「勾欄」。《升庵外集》

稍麥巷、殺猪巷、東雞兒巷、西雞兒巷、相國寺東南録事巷、景得寺前桃花洞，皆妓館。《東京夢華録》

高皇夜宿妓館。明，發詰姓名，題於壁間曰：「二之十，古之一，左七右七橫山倒出。」蓋言王吉婦也。《龍興記》

唐制，妓女所居曰坊、曲。《詞品》

今用女倡賣酒，名曰「設法」，此即當壚之意。《野客叢書》

酒店門首皆縛綵樓、歡門。唯任店入其門，一直主廊約百餘步，南北天井兩廊皆小閣子。向晚燈燭熒煌，上下相照。濃粧妓女數百聚於主廊檐面上，以待酒客呼喚，望之宛若神仙。別有街坊婦人，腰繫青花布手巾，綰危髻，爲酒客換湯斟酒，俗謂之「焌糟」。又有下等妓女，不呼自來筵前歌唱，臨時以此小錢物贈之而去，謂之「劄客」，亦謂之「打酒坐」。《東京夢華録》

庵酒店有娼妓在內，於酒閣暗藏臥床也。《都城記勝》

酒樓設官妓數十人，各有金銀酒器，以供飲客之用。每庫有祗直者數人，名曰「下番」。飲客登樓，則以名牌點喚侑尊，謂之「點花牌」。元夕，諸妓皆併番互移他庫夜賣。各戴杏花冠兒，危坐花架。然名娼皆深藏邃閣，未易招呼。《西湖遊覽志》

市樓如熙春樓、賞心樓、花月樓等，每樓各分小閣十餘，酒器悉用銀，以競華侈。每處各有私名妓數十輩，皆時粧眩服，巧笑爭妍。夏月茉莉盈頭，香滿綺陌，凭檻招邀，謂之「賣客」。又有小鬟不呼自至，歌吟强聒，以求支分，謂之「擦坐」。又有吹簫、彈阮、息氣、鑼板、歌唱、散耍等人，謂之「趕趁」。又有老嫗以小爐炷香爲供者，謂之「香婆」。《市肆記》

茶肆樓上安著妓，女名曰「花茶坊」。《夢粱録》

水茶坊，乃娼家聊設桌凳，以茶爲由，後生輩甘於戲錢，謂之「乾茶錢」。《古杭夢遊録》

南瓦、北瓦皆妓館。北瓦亦名下瓦，有羊棚樓。《咸淳臨安志》

北瓦羊棚樓，謂之「邀棚」。《市肆記》

或有不入勾欄只在寬濶處做場，謂之「打野呵」。《市肆記》

有一等不奉色業藝，專爲探聽妓家賓客，趕趁唱喏，飲宴所在，以獻香送歡爲由，爲之「斯波」。《夢粱録》

美人局，以娼優爲姬妾，誘引少年。《南宋市肆記》

妓家各分門户，爭妍戲媚，鬭勝誇奇。凌晨則卯飲淫淫，蘭湯灧灧，衣香一室。停午乃蘭花茉莉，沉水甲煎，馨聞數里。入夜而擫笛搊箏，梨園搬演，聲徹九霄。李、卞爲首，沙、顧次之，鄭、頓、崔、馬又其次也。《板橋雜記》

曲中諸妓鱗次比屋而居。屋宇精潔，花木蕭疎，迥非塵境。到門則銅鐶半啓，珠箔低垂。升階則猧兒吠客，鸚哥喚茶。登堂則假母肅迎，分賓抗禮。進軒則丫鬟畢粧，捧艷而出。坐久則水陸備至，絲肉競陳。定情則目挑心招，綢繆宛轉。紈袴少年，繡腸公子，無不魂迷色陳，氣盡雌風矣。《板橋雜記》

曲中市肆，精潔殊常。香囊、雲舄、名酒、佳茶、餳糖、蕭管、琴瑟，並皆上品。外間人買者，不惜貴價。女郎贈遺，都無俗物。李仙源《十六樓詩》云：「市聲春浩浩，樹色晚蒼蒼。飲伴更相逞，歸軒錦繡香。」《板橋雜記》

妓家稱謂

妓家僕婢稱之曰「娘」，外人呼之曰「小娘」，假母稱之曰「娘兒」，有客稱客曰「姐

夫」，客稱假母曰「外婁」。《板橋雜記》

南京舊院，有色業者或二十、三十姓，結爲手帕姊妹。每上節，具殽核相賽，名「盒子會」。《石田集》

坊中諸女，以氣類相似結爲香火兄弟，每多至十四五人，少不下八九輩。有兒郎聘之者，輒被以婦人稱呼。即所聘者，兄見呼爲新婦，弟見呼爲嫂也。兒郎既聘一女，其香火弟兄多相奔去，學突厥法。主者知亦不妒，他香火即不通。《教坊記》

妓家諸女皆冒假母姓，呼以女弟兄，爲之行第。《北里志》

有妓嫗號汴州婆，有數妓，每召，飲與以三鐶。《地理志》

妓之母多假母也，亦妓之衰退者爲之。凡假母，皆無夫。其未甚衰者，悉爲諸邸將輩主之。或私蓄侍寢者，亦不以夫禮待。《北里志》

諸妓以出里艱難，每南街保唐寺有講席，多以月之八日，相牽率聽焉。皆納其假母一緡，然後能出於里。故保唐寺每八日士子極多，蓋有期於諸妓也。《北里志》

楊妙兒本亦名輩，後老，退爲假母。居第最寬潔，賓甚翕集。長妓曰萊兒，字蓬仙，以敏妙誘引賓客，倍於諸妓，榷利甚厚。次妓曰永兒，字齊卿，婉約於萊兒，無他能。次妓曰迎兒，既乏丰姿，又拙戲謔，多勁詞以忤賓客。次妓曰桂兒，最少，亦窘於貌，但慕萊兒之爲人，雅於逢迎。《北里志》

俗謂假母爲「爆炭」。《北里志》

老妓曰「鴇子」，一作「鴇」，一作「鴇」。《徐氏筆精》

鴇有雌無雄，與別鳥合，故名妓「曰鴇子」。《事物紺珠》

曲中女郎多親生之女，故憐惜倍至。遇有佳客，任其留連，不計錢鈔。其傖父大賈，拒絶勿與通。從良落籍，親母則所費不多，假母則勒索高價。諺所謂「娘兒愛俏，鴇兒愛鈔」者，蓋爲假母言之也。《板橋雜記》

要雅娼謂遊婿曰「婟嫪」，俗作「孤老」。《丹鉛總録》

俗謂嫖客曰「孖老」。孖老，猶言客人。《七修類稿》

北人以兩男子共狎一妓則呼爲「姨夫」。《癸辛雜識》

有遊惰者爲諸妓所豢養，號爲「廟客」。《北里志》

娼家魘術

娼家魘術，在在有之，北方尤甚。有少年狎一娼，娼以其年少，又美且富也，趨奉甚勤。少年惑之，留其家已經歲。一日，偶倚樓閑望，見娼自攜一魚徑入厠中，置魚於空溺器，又將一器物注器中，若水而色赤。亟前視之，乃月水也，大恨而別。《枝山語怪録》

娼女不欲接其人，則撒鹽入水，投火中，其人便焦急而去。《已瘧編》

妓家必供白眉神，又名妖神，朝夕禱之。至朔、望日，用手帕蒙神首，以針刺神面，視子弟奸猾打乖者，佯怒之，撒帕著子弟面，將墜於地，令拾之，則子弟自然心悦而從留戀，不他之矣。《客座新聞》

奩史卷二十四

東吳王初桐于陽纂述
長洲胡士震竹巖校刊

娼妓門四

落籍

營妓鄭容求落籍，高瑩求從良。東坡爲《減字木蘭花》，用「鄭容落籍，高瑩從良」八字於句端。《侯鯖録》

杭妓周韶能詩，蘇頌過杭，召韶佐酒。韶泣求落籍，頌指檐間白鸚鵡曰：「可作一絶。」韶援筆立成，云：「隴上巢空歲月驚，君看回首自梳翎。開籠若放雪衣女，長念觀音般若經。」一座嘆賞，遂落籍。同輩皆有詩送之，胡楚、韶靚者最善。《鐵網珊瑚》

高疎寮守括日，有籍妓洪渠慧黠過人。一日，歌《真珠簾》詞，至「病酒情懷猶困嬾」，演其聲若病而困嬾者。疎寮極稱賞之，遂與落籍而去。《癸辛雜識》

從良

杭妓吕小小有罪繫獄。韓世忠偶赴待制飲，以此妓爲懇，待制爲破戒。世忠攜妓以歸，易姓茅。《玉照新志》

譚意歌，長沙妓丁婉卿之女，獨步一時，尤工詩筆。與張正字相得甚歡。後張調官，意曰：「子乃名家，我乃娼類。今日分袂，决無後期。腹有君之息數月矣，宜念之。」既别，張納孫氏女爲姻，不敢作書報意。後三年，孫氏謝世，有客自長沙來，云：「意掩户不出，親教其子。」張如長沙，攜歸京師。其子以進士登第。《松亭晤語》

朱小姬名葵，字心陽，年十二，玉膚雪理，風骨媚人。喜閉户焚香、鼓琴，爲哀鳳之音。鄭翰卿悦之，居月餘，葵繾綣不捨，鄭遂娶焉。《瓊臺詩話》

王金帶色藝無雙，鄧州王同知娶之，生子矣。有譖之於伯顔太師，欲取入教坊承應，王因一尼爲地，求救於太師之夫人，乃免。《青樓集》

王巧兒歌舞顔色稱於京師。陳雲嶠與之狎，王欲嫁之。其母曰：「陳妻妒悍，爾若歸其家，必遭凌辱矣。」王曰：「巧兒一賤倡，蒙陳公厚眷，得侍巾櫛，雖死無憾。」陳攜歸江南。《青樓集》

呼文如，江夏營妓也，能詩善琴，與丘謙之定情。將攜以東，謙之父不許。文如刺血寄丘詩，訂于歸之約。一日雪甚，丘方倚樓念文如，忽一艇飛楫渡江，直抵樓下。推篷而起，則文如也。相見驚喜，因言：「鴇利賈人金，將賣妾。稍遲一日夜，則落賈人手。」抱持慟哭，乃委禽成禮。《遙集編》

妓女楚娘適三山林茂叔。林正室李稍不能容，楚作《生查子》詞題壁。李見之，遂歡然式好。《林下詞》

顧媚，字眉生，又名眉。莊妍靚雅，風度超群。鬢髮如雲，桃花滿面。弓彎纖小，腰支輕亞。通文史，善畫蘭，時人推爲南曲第一家。有眉樓，綺窗繡簾。牙籤玉軸，堆列几案；瑤琴錦瑟，陳設左右；香煙繚繞，簷馬丁當。當時文酒之會，座無眉娘不樂。而尤艷顧家厨食，品差擬郇公、李太尉，以故設筵眉樓者無虛日。後歸合肥龔尚書芝麓。尚書雄豪蓋代，得眉娘佐之，益輕財好士，名譽盛於往時。客有求詩文及乞畫蘭者，縑箋動盈篋笥，畫款所書，「橫波夫人」者也。歲丁酉，尚書挈夫人重遊金陵，寓市隱園。值夫人生辰，張燈開宴，請召賓客數十百輩，命老梨園演劇。夫人垂簾，召舊日同居南曲呼姊妹行者與燕，李大娘、十娘、王節娘皆在焉。時尚書門人褰簾長跪，捧卮稱：「賤子上壽！」夫人欣然爲罄三爵。嗣後病死，相吊者車數百乘，備極哀榮。改姓徐氏，世又稱徐夫人。尚書有《白門柳傳奇》行於世。《板橋雜記》

馬嬌，字婉容。姿首清麗，知音識曲，妙合宮商，老妓師推爲獨步，然終以誤墮煙花爲恨。思擇人而事，卒歸貴陽楊龍友。先是，閩中郭聖僕有二妾，一曰李陀那，一曰珠玉耶。聖僕歿，龍友得玉耶，並得其所蓄書畫、瓶研、几杖諸玩好古器。復擁婉容，終日摩挲笑語爲樂。甲申之變，龍友殉難，玉耶死焉，婉容莫知所終。《板橋雜記》

卞元文名夢珏，女曰吳巖子，名山。夙擅詩歌西曲，諸女郎能音旨者靡不宗卞。後適劉孝廉。《婦人集》

福娘，字宜之，本解梁人。總角爲人所誤，聘一過客。挈至京，置之於前曲，客紿而去。初其家接待甚至，累月後，乃逼令歌，漸遣見客。每宴洽之際，常慘然悲鬱，如不勝任。合坐爲之改容，靜詢之，答曰：「此蹤跡安可迷而不返耶，又何計以返？每思之，不能不悲也。」遂嗚咽久之。他日忽以紅箋授孫綮，泣且拜，視之，詩曰：「日日悲傷未有圖，懶將心事訴凡夫。非同覆水應收得，只問仙郎有意無？」綮謝之曰：「甚知幽旨，但非舉子所宜，何如？」又泣曰：「某幸未係教坊籍，君子倘有意，一二百金之費耳。」未及答，因授綮筆，請和其詩。綮題其箋後曰：「韶妙如何有遠圖，未能相爲信非夫。泥中蓮子雖無染，移入家園未得無。」覽之，因泣不復言。《北里志》《女世說補》曰：「元妓王小福欲歸孫綮，綮不可，復題詩團紅巾告絕，有「泥蓮既没移栽分，今日分離莫恨人」之句，見者憐之。

玉京道人與鹿樵生一見，遂欲以身許。酒酣，拊几而顧曰：「亦有意乎？」生因爲若弗解者，道人長嘆凝睇，後亦竟不復言。《梅村集》

吳門妓蔣四娘，小字雙雙。媚姿艷冶，儇態輕盈，琴精弈妙，復善談諧。花月之筵，坐無雙雙，不足以罄客歡也。毘陵吕狀元蒼臣，一見傾悦，以千金買之，攜至京師，扃置花市畫樓，窮極珍綺，以資服饌，自謂玉堂金屋，稱人間佳配。而雙雙以爲瓊盎芙蓉、雕籠鸚鵡，動而觸隅，非意所適。順治甲午除日，共相餞歲，出兩玉巵行酒。吕斟其舊者奉蔣曰：「此我家藏重器，爲卿浮白。」蔣以新者自與，以舊者還吕，曰：「君雖念舊，妾自懷新。」吕意拂然。明年放歸吳門，雙雙搆室南園，頗有卉木之勝。崑山徐生，其舊識也。泛扁舟訪之，蔣留茗話。徐生曰：「四娘已作狀元婦，何不令生狀元兒，而重尋舊遊也？」雙雙曰：「人言嫁逐雞犬，不若得富貴婿。我謂不然。譬如置銅山寶林於前，與之齊眉舉案；懸玉帶金魚於側，與之比肩偕老。既乏風流之趣，又鮮宴笑之歡，則富貴婿猶雞犬也，又奚戀乎！嘗憶從蒼臣於都下時，泉石莫由怡目，絲竹無以娱心。每當深閨晝掩，長日如年，玉宇無塵，凉蟾照夜，徙倚曲欄之間，悵望廣庭之内，寂寂跫音，忽焉腸斷。此時若有一二才鬼從空而墜，亦擁之爲無價寶矣。人壽幾何，難逢仙偶，非脱此苦海，今日安得與君坐對也？」徐生大笑而别。《觚賸續編》

李娃，長安娼女也。天寶中，常州刺史之子應試。遊鳴珂曲，見娃闔一扉，憑雙鬟青衣而立，驕妙绝代。生停驂久之，徘徊不能去。乃詐墜鞭於地，候其從者敕取之。累盼於娃，娃回眸凝睇，情甚相慕，竟不敢措辭而去。密訊之，乃狎邪女李氏宅也。他日，潔其衣服，盛賓從而往。有侍兒見生馳走，大呼曰：「前時遺策郎也。」娃大悦，整粧易服而出。明眸皓腕，舉步豔異。生與之拜畢，敘寒燠，觸類妍媚，目所未覩。烹茶斟酒，器用甚潔。帷幙簾榻，焕然奪目。

妝奩衾枕，亦皆侈麗。日將夕，生與娃談話方切，娃之母笑曰：「女子固陋，安足以薦君子之枕席。」生拜謝曰：「願以己爲厮養。」姥遂目之爲郎。生因家於李氏之第，日會其娼優儕類，嬉戲遊宴，囊資蕩盡。姥意漸怠，誘之出而徙居，以絶之。生惶惑發狂，搆癘甚篤。後入凶肆，效哀歌以給食。適生之父見之，怒甚，以馬鞭捶斃，弃之而去。經宿復活，撻處潰爛，布裘繿縷。一旦，冒雪乞食，至娃之第。生不知也，連呼飢凍，音響悽切。娃自閤中聽之，連步而出。見生枯瘠疥癘，殆非人狀。娃意感焉，曰：「豈非我某生耶？」生憤懣絶倒，口不能言。娃前抱其頸，以繡襦擁歸，失聲長慟。曰：「令子及此，我之罪也！」與生沐浴，易其衣服，爲湯粥通其腸，以酥乳潤其臟。數月，肌膚平愈如初。娃乃以百金市墳典，令生志學，晝夜孜孜矻矻。娃常偶坐，伺其疲倦，即諭之綴詩賦。二歲，業大就，一試而登甲科。娃曰：「未也，當求再捷。」生益自勤苦。其年應直言極諫策科，名第一，授成都府參軍。將之官，娃曰：「今子已復本軀，妾亦不相負也。君當結媛鼎族，以奉蒸嘗。妾從此去矣。」生泣曰：「子若弃我，當自刎以就死。」乃涉江至劍門，生之父遇之，大驚，撫背慟哭。詰其來由，具陳本末，大奇之。處娃於別館，命媒氏備六禮以迎之。娃甚修婦道，後封汧國夫人。《汧國夫人傳》　楊慎曰：「汧國夫人，舊名一枝花，傳奇《繡襦記》即其事。」

楚馬希範愛倡妓徐降真，封西堂夫人。《十國紀年》

仲時光者，樂部中之官妓也。有寵於永陵，生衛王遏。烈祖矜嚴峻整，有難犯之色。常怒作

數聲，金鋪振動。仲夫人左手擎飯，右手捧匙，安詳而進之，雷霓爲之少霽。後封越國太妃。《江表志》

東京角妓李師師，住金綫巷，色藝冠绝。徽宗微行，嘗往來師師家，甚被寵昵。宣和六年，册師師爲李明妃，改金綫巷爲小御街。《宣和遺事》

韓蘄王夫人，本倡也。嘗五更入府，伺候賀朔。忽於廟柱下見一虎蹲臥，鼻息齁齁，驚駭亟走出。已而人至者衆，復往視之，乃一卒也。因蹴之起，問其姓名，爲韓世忠，心異之。密告其母，謂此卒定非凡人。乃邀至其家，資以金帛，約爲夫婦。蘄王後立殊功，爲中興名將，遂封兩國夫人。《鶴林玉露》

張俊娶妓張穠爲妾。穠知書，常代俊文字。柘臯之役，俊發書屬穠家事。穠書報俊，引霍去病、趙雲不問家事，以堅俊意。且言：「今日之事，惟在宣撫，不當以家事爲念，勉思報國。」高宗聞，大喜，親書獎諭賜穠，封榮國夫人。《三朝北盟會編》《清波雜志》：「嘗得一誥詞，云：『朕眷禮勳臣，既極異姓王之貴；疏恩私室，並侈如夫人之榮。以爾修態横生，芳性知適』云云。紹興間，權外制行此詞，應是張穠。」

有名姝張芸，女名穠，色藝妙天下。天台左譽頗顧之，如「盈盈秋水，淡淡春山」及「帷雲剪水，滴粉搓酥」，皆爲穠作。後穠委身立勳大將家，更姓章，封大國。紹興中，譽覓官行闕，訪西湖兩山間。忽逢車輿甚盛，中覩一麗人，褰簾顧君而顰。曰：「如今若把菱花照，猶恐相逢

是夢中。」譻醒然悟，入即拂衣東渡，一意空門。《玉照新志》

顧眉生既屬龔芝麓，龔以爲亞妻，封夫人。《板橋雜志》

出家

高陽王雍妓女五百人，擊筑吹笙，絃管迭奏，連宵盡日。雍薨後，諸妓女悉令入道或出家。《洛陽伽藍記》

高聰有妓十餘人，及病，欲不適人，並令燒指吞炭，出家爲尼。《珍珠船》

有妓琴操，頗通佛書，解言辭，子瞻喜之。一日，戲語琴操曰：「我作長老，汝試參禪。」琴操敬諾。子瞻問：「何謂湖中景？」對曰：「落霞與孤鶩齊飛，秋水共長天一色。」「何謂景中人？」對曰：「裙拖六幅湘江水，髻挽巫山一段雲。」「何謂人中意？」對曰：「隨他楊學士，鼈殺鮑參軍。」操問：「究竟如何？」子瞻曰：「門前冷落車馬稀，老大嫁作商人婦。」操大悟，遂削髮爲尼。《泊宅編》

徐翩翩，字飛卿，一字驚鴻，南院妓。年十六時，名未起。謝少連於衆中見之，云：「此陳王所云『翩若驚鴻』者也。」由是人咸以驚鴻目之。有妹亭亭，字若鴻，亦慧黠。翩翩晚嫁郁生，郁卒，剃削爲尼。《靜志居詩話》

奩史卷二十五

東吳王初桐于陽纂述
南豐譚光祥退齋校刊

肢體門一

體

建和元年，將納大將軍商女爲后，詔令保林吳姰詣商第，周視動止，審悉幽隱。姰以詔書趨詣商第。時商女女瑩從中閣細步到寢，姰如詔周視動止，俱合法相。姰遂如瑩燕處，屏斥接侍，閉中閣子。時日晷薄辰，穿照蜃窗，光送著瑩面上，如朝霞和雪艷射，不能正視。目波澄鮮，眉嫵連卷，朱口皓齒，修耳懸鼻，輔靨頤頷，位置均適。姰尋脱瑩步搖，伸髻度髮，如黝髹可鑒。圍手八盤，墜地加半握。已，乞緩私小結束，瑩面發赬，抵攔。姰告瑩曰：「官家重禮，借見朽落，緩此結束，當加鞠翟耳！」瑩泣數行下，閉目轉面内向。姰爲手緩，捧著日光，芳氣噴襲，肌理膩潔，拊不留手。規前方後，築脂刻玉。胸乳菽發，臍容半寸許珠，私處墳起。爲展兩股，陰溝渥丹，火齊欲吐。此守禮謹嚴處女也！約略瑩體，血足榮膚，膚足飾肉，肉足冒骨。長短合度，自顛至底，長七尺一寸，肩廣一尺六寸，臀視肩廣減三寸。自肩至指，各長二尺七寸，指去掌四寸，肖十竹萌削也。髀至足長三尺二寸，足長八寸。踁跗丰妍，底平指斂，約縑迫袜，收束微如禁中，久之不得音響。姁令推謝皇帝萬年，瑩乃徐拜稱「皇帝萬年」，若微風振簫，幽鳴可聽。不痔不瘍，無黑子、創陷及口鼻腋私足諸過。姁以奏聞，太后大喜，詔下有司議禮焉。《漢雜事秘辛》

武帝所幸麗娟，年十四，不欲衣纓拂之，恐體痕也。置麗娟於明離之帳，恐塵垢污其體也。《洞冥記》

飛燕德樊嫕計，進女弟合德，帝大悦，以輔屬體，無所不靡，謂爲「溫柔鄉」。謂嫕曰：「吾老是鄉足矣，不能效武帝求白雲鄉也。」《飛燕外傳》

司馬相如《美人賦》云：「寢具既設，服玩珍奇，金鉔薰香，黼帳低垂，茵褥重陳，角枕横施。女弛其服，表其褻衣。皓體呈露，弱骨豐肌。時來親臣，柔滑如脂。《司馬文園集》

關尹喜母夢絳霄流繞其身，遂生喜。《關尹喜內傳》

秦宣太后曰：「妾事先王日，先王以髀加妾之身，妾固不支也。盡置其身於妾之身上，而妾弗重也，何也？以其少有利也。」《戰國策》　王阮亭曰：「此等淫褻語，出於婦人之口，載於國史之筆，皆大奇。」

明德馬后身長七尺三寸，青白色。《東觀漢記》

李雄母羅氏夢蛇繞身而孕。《十六國春秋》

曇逸母晝寢，夢靈鳳集其身，因有娠。《南史》

獨孤后夢龍出身中，而生煬帝。《海山記》

上官政簿籍務光之家，見其母盧氏，悦而逼之，盧氏以死自誓。政怒，以燭燒其身，盧氏執志彌固。《隋書》

王知遠母晝寢，夢鴉集其身，因有娠。《錦繡萬花谷》

張敬兒爲南陽守，妻夢一手熱如火；爲雍州，妻夢一股熱；及開府，妻夢半身熱。敬兒意欲無限，曰：「吾妻後夢全身熱矣！」《古今應驗異夢全書》

景乙妻病，忽言「我半身被斫去東園矣，可速逐之」。乙趨園中，見一兒挈一竹器。乙將擊之，遂走，遺其器。乙就視，見其妻半身。乙驚倒，忽無所見。反視，妻自髮際眉間及胸以下皆赤色，而病已愈。《酉陽雜俎》

景龍中，瀛州進一婦人身上隱起浮圖塔廟諸佛形象，遂留内道場。逆韋死後，不知去處。《朝野僉載》

熊嬪性耐寒。嘗於月夜遊梨花亭，露袒坐紫斑石。元帝見其身與梨花一色，因名其亭曰「聯縞亭」。《元氏掖庭記》

真臘婦女身上常塗檀、麝等香藥。《真臘風土記》

望蠻婦人聯貫珂貝、巴齒、真珠，斜絡其身十道。《蠻書》

僰人婦人以銀錫編綫繞身。《外國竹枝詞》注

晉少主時，有婦人儀狀端嚴，衣服鉛粉，不下美人，而無腿足。由帶以下，如截而齊，餘皆具備。《玉堂閑話》

奩史卷二十六

東吳王初桐于陽纂述
京口高　雲青士校刊

肢體門二

頭面屬

武陵女子李娥病死，埋於城外，已十四日。娥北舍有蔡仲，聞娥殯有金寶，盜發塚。剖棺斧數下，娥於棺中言曰：「蔡仲，汝護我頭。」蔡仲驚走，娥復生。《搜神記》

竇后少小頭禿，不爲家人所齒。七夕乃有神光照室，爲后瑞。《世王傳》

李勝美妻夢照鏡，見頭是虎頭。不旬日，受誥命。《夢書大全》

禄山反，玄宗與貴妃幸蜀。至馬嵬，六軍以賊根猶在，不肯解圍。上賜妃子死，以繡衾覆床。敕陳元禮入視之。元禮擡其首，知其死，圍遂解。《太真外傳》

趙王李德誠使女妓數人與其妻滕國君同妝飾，偕立。請日者辨良賤，日者曰：「國君頭上有黃雲。」群妓不覺仰首，日者曰：「此是國君。」《南唐近事》

一節使召相者，命內子立群婢中，令辨之。相者云：「夫人頭上有黄氣。」群婢皆窺視之，即云某是。《嘉祐雜志》

武王討紂，懸紂之嬖妾頭於小白旗。《林泉隨筆》

史良姊一女子，許嫁而不果，良斷其頭而歸，投於竈下。曰：「當令火葬。」頭語曰：「何必爾！」《搜神記》

節女之夫有仇，仇家執父，使女要其子。女念不聽則殺父，聽則殺夫，乃許之曰：「夜在樓上新沐，頭東首臥者是。」還，譎其夫使臥他處，自沐臥樓上，仇家斷其頭而去。《列女傳》

僞駙馬潘某娶美倡蘇氏，醉後，尋其罪殺之，以金盤薦其首於客宴。《鐵崖集》

一處子樓居誦經，聞叫夜僧甚苦，投以金錢。僧夜入逼女，女不從，僧斬女，攜首去。適女母舅宿於家，其家訟於官，謂舅殺之。酷訊，誣伏。而不得首，再加桎梏。舅女痛父，自斷其首，爲女首以獻。官察之，得其情，大加憫惜。禱於城隍神，夜夢神曰：「殺女者某寺某僧，首在廢佛腹中。」搜佛腹，果得首。《北山紀事》

北方良家仕族女子皆髡首，許嫁方留髮。《雞肋編》

漢靈帝時，洛陽一女子兩頭四臂。《獨異志》

酸棗縣有婦事姑不敬，姑老無雙目，旦食，婦以食裹納犬糞授姑。姑食之，覺有異氣。有頃，雷電發，若有人截婦首，以犬首續之。時人謂之「狗頭新婦」。《稗海》

晉朱桓有一婢，其頭夜飛，或從天窗出入，以耳爲翼，將曉復還。旁人怪之，夜中照視，惟有身無頭，乃蒙之以被。至曉頭還，礙被，不得安，噫吒甚怒，而其體氣急，若將死。乃去被，頭復附首。《搜神記》

有號尸頭蠻者，乃婦人也。夜寢，則頭飛入人家，食小兒穢氣。頭返，合體如故。移其體則死。《瀛涯勝覽》

箐猺婦人横箐於頂，箐上以繡帕覆之。出入叢林間，頻側其首，如穿花蛺蝶。《粤西偶記》

頂板猺女頂戴木板，板列礬珠，纍若綴旒。《廣西通志》

女媧宣髮。《路史》

高辛氏娶于諏氏女，女生而髮與足齊。《王子》

夏桀之時，美人婢首而不容。注：婢首，亂髮也。《尸子》

有仍氏女黰黑而甚美。杜預曰：「美女爲黰。」《左傳注》

沛公喪皇妣於黄鄉。天下平定，乃使使者以梓棺招魂。於是丹蛇自灑濯，入梓棺。其浴處有遺髮，故謚曰昭靈夫人。《陳留風俗傳》

武帝幸平陽公主家，置酒作樂。衛子夫爲主謳者，每歌挑上。上意動，起更衣，子夫因侍，得幸。頭解，上見其美髮，悦之，遂納子夫於宫，後立爲后。《漢武帝故事》

明德馬皇后美髮，爲四起大髻，髻成，尚有餘髮繞髻三匝。《誠齋雜記》

和熹鄧后六歲，諸兄持后髮，后曰：「身體髮膚，受之父母。不敢毀傷，孝之始也。何弄人髮乎？」《東觀漢記》

李光母死後，視床處，得亡母亂髮，光悲號。謝承《後漢書》

劉曜劉皇后髮與身齊。《十六國春秋》

苻堅時，新羅國獻美女，髮長丈餘。車頻《秦書》

陳達妹髮長七尺餘，石季龍以爲夫人。《墨娥漫録》

張麗華髮長七尺，鬒黑如漆，其光可鑒。《陳書》

紅拂妓髮長委地，常立梳床前。《虬髯客傳》

竇皇后生而髮垂過頸，三歲與身齊。《舊唐書》

漢張芒女麗英，年十五，長沙王吳芮領兵來聘。麗英登金精山，仰臥披髮，覆於石鼓之下。人謂已死。芮使人往視之，忽見紫雲鬱起，遂失女所在。至今石鼓上有黑色垂下，號「張女髮」。《金精山記》

魏知古妻蘇氏髮長七尺，黑光如漆。《酉陽雜俎》

則天髮白更黑。《朝野僉載》

太玄女行玉子之術，鬒髮如鴨。《太清記》

婦人阿孟，生年八十，鬒髮滄浪。張鷟《僉載補遺》

南平蠻婦人美髮爲髻，髻垂於後。《南蠻事略》

蜀主王衍妻劉氏鬒髮如雲，而色甚美。《前蜀紀事》

蔡魯公帥成都日，遇一婦人，多髮如畫毛女者。語蔡云：「三十年後相見。」言訖，不知所在。《錢氏私志》

埋婦人髮於竈前，令婦人安於夫家。《感應類從志》

上江巡撫之夫人，夜三更睡覺，髮截三寸。《漁洋文略》

曼殊黝髮，委地可鑑。《西河合集》

土官戴頭箍者，垂髮二縷，係其妻之髮。《臺海使槎録》

琉球婦女髮長四五尺，梳髻，光如油，黑如墨。《使琉球紀》

《子夜歌》：「宿昔不梳頭，絲髮披兩肩。」《樂府詩集》

胡曾詩：「頭上秦雲向日銷。」秦雲，髮也。《安定集》

溫庭筠詩：「李娘十六青絲髮。」《金荃集》

樂羊子出學，其妻貞義，截髮以供其費。《列女傳》

劉穆之好往妻兄弟家乞食，每爲所辱。其妻江氏禁不令往，陰自截髮市饌肴，以餉穆之。《晉書》

郭汜虜略婦女，有美髮者，皆斷取之。《獻帝春秋》

劉自然主管義軍，欲迫民黄知感往捍蜀。知感妻有美髮，自然欲之，謂知感能致妻髮，即免行。妻曰：「我以弱質托君，髮可再生，人死永訣矣。君若南征不返，我有美髮何爲？」遂攬髮剪之。《女世説》

衍嘗私至王承綱家，悦其女美色，欲私之。承綱出怨言，得罪。女剪髮求贖，不從，乃自縊死。《幸蜀記》

慶歷八年，禁中衛士作亂。皇后曹氏每遣宦者，則親剪髮以諭之，曰：「賊平加恩，以髮爲證。」《東都事略》

羅欽死，其妻歐陽貞剪髮繫夫臂以殉。後有諷他適者，女曰：「誰能掘塚開棺，取髮還我？」遂止。《江夏志》

真臘女子居喪，則於顖門剪髮。《真臘風土記》

有剪頭狁㚥者，婦女剪髮，僅留寸許。《峒谿纖志》

柔佛婦人居喪則薙髮。《明史》

太真妃嘗因妒媢有語侵上，上怒甚，召高力士以輜軿送還其家。妃悔甚，號泣，抽刀斷髮，授力士曰：「珠玉珍異，皆上所賜，不足充獻。惟髮父母所生，可達妾意，望持此伸妾萬一慕戀之誠。」上得髮，揮涕憫然，遽命力士召歸，自後益嬖焉。《開天傳信記》

楊貴妃得譴還外第，玄宗感念輟食，詔中人張韜光賜之，妃因韜光謝帝，引刀斷一繚髮奏

之。《女世説》

張叔良與姜窈窕相悦，姜贈以鬒髮，藏於枕傍，蘭膏芳烈。《嫏嬛記》

賈直言貶嶺南，以妻董氏少年，訣曰：「死生不可期，亟嫁，無須。」董不答，引繩束髮，封以帛。曰：「非君手不解。」直言貶二十年乃還，束帛宛然。及湯沐，髮墮無餘。《唐書》

明帝嗣位，追痛甄后，故郭太后以憂暴崩。甄后臨没，以帝屬李夫人。夫人説甄后見譖之禍，不獲大斂，被髮覆面。帝哀恨，命殯葬太后皆如甄后。《魏略》

朱崖女多長髮。漢時，郡守貪殘，縛婦人割取頭髮，由是叛亂。《林邑國記》

倭國婦人髮長，散披在後。至稍，皆剪截極齊。《戒庵漫筆》

真臘國婦人拳髮垂耳。《太平寰宇記》

張麗英面有奇光，不照鏡，但對白紈扇，如鑒然。《金精山記》

齊瑞春面淡白色，少裏之微紺，又稍裏之隱隱似猩紅，漬出膚理外。《曲中志》

常某家娶新婦，曉起，瞥見一男子美如冠玉，斜身偎倚新婦之面。新婦驚怖，告婿，禳之。明日，見奩前懸一狐狸首，頸尚血滴。《曠園雜志》

盛師顔工仕女疑面，每用北螺青或煙墨水淡開，謂之青蛾粉白。《畫史會要》

李百藥詩：「千金笑裏面，一搦抱中腰。」《海録碎事》

元稹《贈劉採春》詩：「正面偷晴光滑笏。」《全唐詩話》

婦人以黄物塗面，謂之「佛裝」。《使遼録》

北方士族女子，冬月以括蔞塗面，謂之「佛裝」。但加傅而不洗，至春暖方滌去。久不爲風日所侵，故潔白如玉也。《雞肋編》

謝仙女者，謝承孫也。吳歸命侯采仙女充後宮，仙女乃炙面，服醇醯，以取黄瘦，竟得免。《會稽先賢傳》

昭君村生女，必灼艾炙其面，慮以色選也。《唐逸士傳》

韓子蒼《題昭君圖》詩：「寄語雙鬟負薪女，炙面謹勿輕離家。」余考白樂天詩「至今村女面，燒灼成瘢痕」，乃知炙面之事，樂天已先道之矣。《復齋漫録》

陳氏，元武僉事妻。夫早卒，恐父母奪其情，對鏡以墨自刺其面，爲「痛念夫情」四字。《漢陽府志》

獻賊陷成都，聞胡士驊妻朱氏有殊色，劫致之，朱氏剺面自傷。《隴蜀餘聞》

楊誠齋帥某處，有教授狎一妓，誠齋怒，黥妓之面，押往謝辭教授，是欲愧之。教授延入，酌酒爲别，賦《眼兒媚》云：「鬢邊一點似飛鴉，莫把翠鈿遮。三年兩載，千擱百就，今日天涯。楊花又逐東風去，隨分落誰家？要不思量，除飛睡起，休照菱花。」誠齋得詞，方知教官是文士，即舉妓送之。《貴耳録》

犽女黥面爲花草、蜻蜓、蛾蝶之狀。《廣西通志》

黎人婦女互施針筆，涅面爲花鳥。《外國竹枝詞》注

劉琰妻胡氏入賀太后，留經月乃出。胡有美色，炎疑其與後主有私，呼卒撾胡，以履搏面。胡告之，有司議曰：「卒非撾妻之人，面非受履之地。」炎竟棄市。《蜀志》

柴廷賓娶妾邵氏，美而賢。妻金氏妒悍，燒赤鐵烙邵面，欲毀其容。邵自知命薄，安心忍受之，以藥糝患處。數日愈，攬鏡，忽喜曰：「彼烙斷我晦紋矣。」《聊齋志異》

卓文君臉際常若芙蓉。《西京雜記》

李商隱詩：「紅霞一抹廣陵春，定子初開睡臉新。」註：定子，牛相小青。《李義山詩集》

陳後主曲：「妖妃臉似花含露。」《舊唐書》

女人面上皯䵳：雞子一枚，去黃，朱砂一兩，入雞子內，封固入白，伏雌雞下，抱至雛出，取塗面即去。不過五度，面白如玉。此乃陳朝張貴妃常用，出西王母《枕中方》。《外臺秘要》

婦人面上黶子：七月七日午時，取瓜葉七枚，直入北堂中，向南立，逐枚拭黶，即滅去也。《淮南萬畢術》

女人面上雀斑：三柰子、鷹糞、蜜佗僧、蓖麻子等分，研勻，以乳汁調之。夜塗，旦洗去。《水雲録》

平江營妓趙芷，體貌妍美，而面上顴骨高，或以爲嫌。范直方云：「南方婦人豈有無顴骨者？便是錢大王皇后，也少他那兩塊不得。」《江行雜録》

女子額臨者，早成。《占氣雜要》

鄧后年五歲，祖母爲剪髮，年老目黯，並中后額，雖痛，忍而不言。左右問之，后曰：「難傷老人意。」《東觀漢記》

汴州張生遊河朔還，晚出鄭州。於草莽中見燈火熒煌，賓客宴飲，其妻亦在其中。張怒，捫一瓦擊之，中妻額，闃然無所見。張謂妻已卒，連夜歸。至門，婢僕曰：「娘子夜來頭痛。」張入室問曰：「昨夜夢草莽之處，有六七人命飲請歌，外有發瓦來，中奴額。驚覺，乃頭痛。」張因知昨夜所見，乃妻夢耳。《苕溪漁隱叢話》〔一〕

汪彥章舟行，見岸傍畫舫有映簾，而觀者止見其額。作詞云：「小舟簾隙，佳人半露梅粧額，恰似秋宵一半銀蟾白。」《宋詞紀事》

嘉靖中，選妃中者，群入官舍。王都堂徐夫人與焉。是夜，徐夢天神謂曰：「吾遣銀河使者引汝歸家。」既覺，晨起，忽鵲啄其額血流，痛不可忍，遂送歸家。後歸王，封二品夫人。《異識資諧》

監國王立，中使四出搜巷。凡有女之家，黃紙貼額，持之而去。《明史·陳子龍傳》

左思《嬌女詩》：「鬢髮覆廣顏。」《玉臺新詠》

〔一〕此條《苕溪漁隱叢話》未見。據《太平廣記》卷二八二「夢七·夢游下·張生」條，出自《纂異記》。

佛到難陀舍，值難陀與婦作粉香塗眉間。聞佛至，欲出外看。婦言：「使我額上粉未乾，便還入來。」《雜寶藏經》

粉題，婦人額飾。題，額也。杜甫詩：「胡舞白題斜。」溫庭筠詩：「花題照錦春。」《韻學事類》

東坡有小妹，額廣而凸。東坡嘗戲之曰：「蓮步未離香閣下，梅粧先露畫屏前。」妹即笑云：「欲扣齒牙無覓處，忽聞毛裏有聲傳。」以坡多鬚髯也。《女史》

坡戲妹云：「脚蹤未出香房內，額頭先到畫堂前。」以其衝額也。妹答坡云：「去年一點相思淚，今日方流到嘴邊。」以坡長面戲之。《西山墨談》

鄭子陽好其妻。其妻美而額靨，蔽之以翟，三年未之見。一夕而褫其翟，見焉，則怏然不樂。其妻雖以翟蔽之，終不好矣。《郁離子》

雁門婦人年百歲，額上生肉角，長三寸。《玉芝堂談薈》

歐陽氏，王佳傅妻也。夫亡，父母迫之嫁，乃針刺其額，爲「誓死守節」，字墨涅之。《天下郡望氏族譜》

西藏女嫁，則以珊瑚作兩花如菊，分戴額上。《衛藏圖識》

丁婦繡額爲花草、蜻蜓、蛾蝶之狀。《赤雅》

秦奎買一妾，其妻嘗以事怒之，妾不勝忿，厲聲曰：「我非人也，乃鬼耳，何苦見凌逼？」

忽變其形長大，額抵屋極。舉家駭愕，已復如故。《睽車志》

明德皇后眉不施黛，獨左眉小缺，補之以縹。《東觀漢記》

陽都女者，市上沽酒家女也。生而眉連耳，細而長。衆以爲異，皆言此天人也。會犢子牽一黄犢來過，女悦之，遂留相奉侍，號爲「犢妃」。《列女傳》

賈后荒淫放恣。洛南有盜尉部小吏，端麗美容止，忽有非常衣服，盜尉嫌而辨之。賈后疎親往聽對辭，小吏云：「先行逢一老嫗，説家有疾病，師卜云宜得城南少年厭之，欲暫相煩，必有重報。」於是隨去，上車下帷，内簏箱中，行可十餘里。過六七門限，開簏箱，忽見樓闕好屋。問此是何處？云是天上。即以香湯見浴，好衣美食將入。見一婦人，年可二十五六，短形，青黑色，眉後有疵。見留數夕，共寢歡宴。臨出，贈此衆物。聽者聞其形狀，知是賈后，慙笑而去。尉亦解意。時他人多殺之，惟此小吏以愛得出。《晉書》

鮮家女姿色殊異，後入宫，上問曰：「何以眉缺？」對曰：「寶劍寧無缺，明珠尚有瑕。」命之曰「鮮明珠」。《珍珠船》

盧眉娘生而眉細長如畫，故名眉娘。《杜陽雜編》

宋度宗后全氏，廣額鳳眼，雙眉入鬢。《七修類稿》

趙長卿與官妓往來，遂以小字刺於眉間。《惜香樂府》

陳詵爲岳陽教官，踰牆與妓江柳狎，頗爲人知。時孟之經守岳，呼江柳至，杖之，文其眉鬢問以「陳詵」二字，乃押隸辰州。妓之父母詣學宫咎詵，且求資糧。陳且泣且悔，罄其所有，得千緡，以六百贈柳，餘付監押吏卒，令善視之。《詩話類編》

劉烈女字吳嘉諫，有少年以污語辱之，女投繯死。嘉諫往吊，以法驗女眉，實處子。拊屍大慟。《啓禎野乘》

宋玉《登徒子賦》：「臣東家之子，眉如翠羽。」《文選》

唐明皇詞：「眉黛不須張敞畫，天教入鬢長。」《開元軼事》

和凝詞：「無事顰眉，春思翻教阿母疑。」《紅葉稿》

黄簡詞：「眉心猶帶寶觥酲。」《絶妙好詞》

俞南史《詠郎元》詩：「煙葉雙眉不待描。」《藕居士詩話》

劉孝威《偶見人織率爾寄婦詩》：「窗疎眉語度，紗輕眼笑來。」《玉臺集》

眉不能語，而太白詩「眉語兩自笑」。《言鯖》王彦泓詩：「眉能爲語任郎參。」

鴻超怖其妻，射其目，矢注眸子而眶不睫。《列子》

王彦謨妻極狠戾，有兩婢，役使甚酷。每見其困睡，必援皂角滓螫其目。後彦謨死，妻遂雙瞽。《夷堅志》

皇太叔重元妃，顧影自矜，流目送媚。懿德皇后語之曰：「貴家婦宜以莊臨下，何必如此？」妃銜之。《焚椒録》

南京一女子目重瞳，丐於路。《珍珠船》

曼殊目有曼光。《西河合集》

章丘有民婦適野，塵沙撲面。覺一目眯，如含麥芒。家人審視之，睛固無恙，但有赤綫蜿蜒於內。或曰：「此蟄龍也。」婦憂懼待死。積三月餘，忽巨霆一聲，眦裂而去，婦目無損。《瑣窗紀異録》

左思《嬌女詩》：「有姊字惠芳，眉目燦如畫。」《玉臺新詠》

謝絳《詠目》云：「一瞬百般宜，無論笑與啼。」《花草粹編》

邵亨貞《詠目》云：「漆點填眶，鳳梢侵鬢，天然俊生。」《野處集》

理宗謝皇后生而翳目。理宗即位，楊太后命選謝氏女。適有良醫藥去目翳，入宫，遂立爲后。《西湖遊覽志》

李虛己之母目全翳，虛己舐睛二年而痊。《説儲》

永興王氏女，五歲兩目皆盲。性至孝，父死，臨尸一叫，眼皆血出。小妹娥舐其血，目即開。蕭子顯《齊書》

盛仲母王氏失明。仲暫行，敕婢食母，婢取蠐螬蒸食之。仲歸知之，抱母慟哭，母目霍然立開。《祖台之志怪》

定州魏全母忽然失明，後有人斫下其家井上曲桑枝，母兩眼遂煥然見物。《朝野僉載》

陳遺母愛子，失明，遺號咽，而目旋豁。閻元明母念子夫明，元明歸養，而目頓開。《說儲》

閻氏姑病失明，閻氏時漱口舐其目，目復明。《元史》

景暘母目盲，旦夕禱神，一日雙瞳炯然。《玉堂叢語》

英宗殺于忠肅公，夫人夢公借眼。翌日，夫人喪明。又夢公還目，而夫人之目復明。《帝京景物略》

房玄齡病且死，謂妻盧曰：「吾病革，君善事後人。」盧泣入帷，剔一目示之。玄齡愈，禮之終身。《合璧事類》

樊事真，京師名妓也。周仲宏嬖之。周歸江南，謂樊曰：「别後，善自保持。」樊以酒酹地曰：「妾若相負，當刳一目謝君子。」亡何，有權豪子來，爲母所迫。後周來京師，樊曰：「昔日之誓，豈徒設哉？」乃抽金篦刺左目，流血遍地。好事者編雜劇曰《樊事真金篦刺目》。《青樓集》

有妓爲人傷目，睫下有青痕。吳橋令作《沉醉東風》云：「莫不是捧硯時太白墨灑，莫不是畫眉時張敞描差。莫不是檀香染，莫不是翠鈿瑕。莫不是蜻蜓飛上海棠花，莫不是明皇時墜下馬。」《開顔集》

胡亮娶一美妾，妻賀氏曲加恩撫，亮甚感之。及亮出，賀用火釘烙妾兩目，迫令自縊，紿夫病亡。後有娠，産一無目蛇，旋自患目枯而死。《常談座録》

楊貴妃生三日而眼不開，母夢神人以手拭之，乃開。眸如點漆，抱日下不瞬。《廣西通志》

宮妓念奴，姿色艷麗，善歌唱，執板顧眄，眼色媚人。每歌，則聲出於朝霞之上。《開元天寶遺事》

美女眼分瓜核。《海録碎事》

張衡賦：「咸姣麗以蠱媚兮，增嫮眼而娥眉。」《後漢書》

庾信《搗衣詩》：「花鬢醉眼纈。」《庾子山集》

丁六娘詩：「曼眼腕中嬌。」《玉臺新詠》

李群玉《贈美人》詩：「眼底桃花酒半醺。」《唐詩玉臺集》

蘇軾詩：「雙頰凝酥髮抹漆，眼光入簾珠的皪。」《東坡集》

《觀美女詞序》云：「賣眼香屏之中，弄姿緑水之側，及桃李之芳年，輕金瓊之重體。」《女紅餘志》

梁武帝《子夜歌》：「賣眼拂長袖，含笑留上客。」《梁武帝集》

寵姐每嬌眼一轉，憲則知其意，宮中謂之「眼語」。又能作「眉言」。憲，寧王也。《女紅餘志》

舍利子，乃佛家弟子名，以其母眼似舍利弗鳥之眼，即此間所謂鶖鳥。其眼圓，因以「舍利」稱其母。此言「舍利子」，若曰「婦人舍利子者之子」也。《龍舒心經》注

王右軍夫人曰：「髮白齒落，屬乎形骸，至於眼耳，關乎神明，那可便與人隔。」《世說》

新語》

九華真妃曰：「眼者，身之鏡；耳者，體之牖。妾有磨鏡之石，决牖之術，即能洞徹萬靈，眇察絶響。」《真誥》

毛貞女許字方奕昭。奕昭病瘵，就婚三日死，貞女委身墮樓，而肢體不壞。惟口嘔閼血，眸子黑白溷數日，一若鬼神維護之者。《毛貞女墮樓記》

睞娘星眸流離，嫣然善睞，故名睞娘。《觚賸》

崔駰《七依》：「回眸百萬，一笑千金。」《崔亭伯集》

韓愈詩：「妙妓蹈筵舞，星眸如劍戟。」《昌黎集》

白居易詩：「雙眸剪秋水，十指剥春葱。」《白氏長慶集》

崔珏詩：「煙分頂上三層緑，劍截眸中一寸光。」《唐詩鯨碧》

柳永詞：「層波細剪明眸。」《樂章集》

娼有眇一目者，貧不能自贍，乃欲遊京師。或止之，娼曰：「諺有之，『心相憐，馬首圓』，以京師之大，豈知無我儷者？」遂行。抵梁，有少年見而悦之。因大嬖，取置别第中。娼飯少年亦飯，娼疾不食，少年亦不食。囁嚅伺候，曲得其意，惟恐或不當也。嘗謂人曰：「自余得若人，還視世之女子，無不餘一目者。」《淮海集》

平陽奴姓徐氏，一目眇，精於緑林雜劇。又有郭小香，陳德宣之妻也，亦微眇一目，亦善雜

劇。《青樓集》

娼女馮妍，年十四歲，姿貌出於輩流，且善歌舞。本謝氏女也，其母詣郡陳狀云：「賣此女時才五歲，立券以七年爲限，今踰約二年矣，乞取歸養。」郡守呼問妍曰：「汝離家時尚少，能認母乎？」曰：「能認。」於是引謝媪至前示之，搖首曰：「非也。」張判所訴云：「既非真母，難以強取，逐使去。」謝泣涕而出。妍還馮居，才入門，忽迷不識路。娼母詢其所以，曰：「眼前冥冥漠漠，如人把手遮我。」遂成盲女。《夷堅志》

高辛氏老婦人得耳疾，挑之，得一物，大如繭。婦人盛瓠中，覆之以盤。俄頃化爲犬，因名盤瓠。《魏略》

馬后進羹微寒，太祖怒，舉杯擲之，羹污狼籍，后耳畔微有傷。后熱羹重進，顏色自若。《剪勝野聞》

葑門一媪，年逾五旬。每令人剔耳，耳中必得少絹帛屑，或絲花、殼粟、稻粱之屬，爲品甚多。年七十有八而卒，收貯所得物逾一斛。祝枝山《志怪録》

張萱畫婦人，以朱暈耳根。《圖繪見聞志》

左思《嬌女詩》：「雙耳似連璧。」《玉臺新詠》

魏溥死，妻房氏割左耳投之棺中，曰：「鬼神有知，相期泉壤。」《魏書》

衛敬瑜妻年十六歲而敬瑜亡，父母舅姑咸欲嫁之，截耳置盤中，乃止。《南史》

武后時，顔敬仲遭陷。其兄女適殷氏者，爲割耳愬冤，敬仲得減死。及生子，而左耳亦缺如其母。《女世説》

鄭氏夫死守節。有叔以言挑之，氏怒，割左耳。又爲縵言，氏大怒，又割右耳。氏父訟於官，重杖枷示。俄而雙耳復生，完好如初。《述異記》

范略妻任氏妒甚。略幸一婢，任以刀截其耳鼻。任誕一女，無耳鼻。女年漸大，其婢仍在。女問婢，具説所由來，悲泣以恨其母，母深有愧色。《朝野僉載》

婺源汪四妻産女，怒掐其兩耳，皆落，遂斃。次年又生女，兩耳缺斷，全類向者掐痕。《夷堅志》

母之於女，恩愛至矣。穿耳附珠，何傷於仁？《諸葛恪别傳》

穿耳貫珠，蓋古尚也。杜詩：「玉環穿耳誰家女。」《靚粧録》

或謂晉唐間人所畫士女，多不帶耳環，以爲古無穿耳者。然《莊子》曰：「天子之侍御，不乂揃，不穿耳。」自古亦有之矣。《輟耕録》

張劭《詠耳》詩：「金環從小鑿圓門。」《三家詠物詩》

波斯婦繞耳皆穿穴，帶環有二十餘枚。《雞肋編》

番婦耳鑽八九孔，帶漢人耳環。《赤嵌筆談》

番婦耳穿五空，飾以采珠。《臺灣府志》

女子以鉛珠紝耳，即自穿孔。《本草綱目》

女子穿耳吉日，宜吉日。《玉匣記》

玉女常以黄玉爲誌，大如黍米。在鼻上，是真玉女也。《抱朴子》　王千秋曰：「玉女鼻端有黄點。」

殷七七與客宴飲，以二栗爲令，接者皆聞異香。有妓在坐，笑之。栗至，捧手而嗅之，即化爲石，綴於鼻上，掣拽不落，穢氣不堪，人皆遠席。妓頓首謝，殷笑而拂之，二石墮下，仍爲雙栗。《墨客揮犀》

王布女年十四五，鼻兩孔各垂息肉，如皂莢子。其根如麻綫，長寸許，觸之痛入心體。一日，有梵僧取藥吹其鼻中，摘去之，乞此息肉而去。復有一少年白馬扣門，曰：「上帝失樂神二人，近知藏於君女鼻中，我奉命來取，不意胡僧先取之。」《酉陽雜俎》

楚京山令兒婦忽得異病，鼻孔流蟢蛛無數。《燃犀集》

卞夫人鼻準上生一瘤，大如龍眼，有細聲。一日忽破，飛出一花細腰蜂，其瘤遂落。《堅瓠續集》

巴勒布番婦，披髪赤足，鼻孔穿金銀圈。《衛藏圖識》

婦人有娠，蠅抱其鼻。《茶煙閣體物集注》

畫家寫照美人，俱從鼻始。《許旌陽服氣書》

梁之寡婦，早寡不嫁。梁王使聘焉，乃操刀割鼻，曰：「刑餘之人，殆可釋矣。」王高其節，號曰梁高行。《列女傳》

范慎女，名姬，嫁孫奇。一年而奇亡，慎迫迎之，姬遂割耳及鼻。《唐類函》

曹文叔早亡，妻夏侯令女誓不嫁。母家迎歸，微使人諷之，令女竊入寢室，以刀斷鼻，蒙被臥。或慰止之，令女曰：「貞婦不以存亡易心。當曹氏繁華時，尚欲矢節寒松以後凋保終，況今衰颯乎？」《女世説》

魏王貽楚王美人，楚王悦之。夫人鄭褏知王之悦新人也，愛之甚於王，王以爲不妒也。因謂新人曰：「王愛子美矣，雖然，惡子之鼻。子見王，則必掩子之鼻。」新人見王，因掩其鼻。王以問鄭褏，曰：「其似惡聞王之臭也。」王曰：「悍哉！」令劓之。《韓非子》

玉池國有民婿極醜，婦國色，鼻齆。婿乃求媚此婦，市無價名香而燻之。婦既齆矣，豈分香臭哉！《金樓子》

吴孫和悦鄧夫人，常置膝上。和於月下舞水精如意，誤傷夫人頰。自舐其瘡，命太醫合藥。醫曰：「得白獺髓，雜玉與琥珀屑，當滅此痕。」即購致之，命合此膏。琥珀太多，及差，面有赤點如朱，逼而視之，更益其妍。諸嬖人欲要寵，皆以丹脂點頰，而後進幸。《拾遺記》

王四娘死而復蘇，言冥間見其嫂，磣縛路側，悲號求助。欲屈手搏頰，而手被攣拘，不得至頰。《冥祥記》

仁宗郭皇后，時尚美人、楊美人有寵，數與后忿爭。一日，尚氏於上前有侵后語，后不勝忿，批其頰，上自起救之，誤批上頰。上大怒，后遂廢。《宋史》

韓公言「曲眉丰頰」，便知唐人所尚。《珍珠船》

胡澹庵詩：「旁有黎頰生微渦」，謂侍兒黎倩也。《鶴林玉露》

浙中一女子病瘵，且愈，頰上兩點丹不滅。葛可久謂：「法當刺兩乳。」覆以衣，援針刺之，應手而滅。《異林》

張萱畫婦人，頰上大著燕支。《書影》

元稹詩：「須臾日射胭脂頰，一朵紅酥旋欲融。」《元氏長慶集》

劉娥，名妙才，絶色女子也。神廟爲元子擇耦，娥選第一，次則郭女。大璫宋宏主選事，瞥見娥，却立數步，進而掠其頤，曰：「蘋果色豈過是乎？」娥叱曰：「奴何敢無禮！」璫懼，乃復於兩宮曰：「劉女果第一，但性悁，恐不能承歡，不如郭女。」遂賜娥金帛，罷歸。《啓禎野乘》

伯西爾婦人，鑿頤爲孔，嵌以貓睛、夜光諸寶。《坤輿圖説》

北港女子，針刺兩頤如網巾紋，名「刺嘴箍」。《裸人叢笑篇》

陳陶隱西山，操行清潔。嚴譔遣小妾蓮花往侍，陶不顧。妾獻詩曰：「蓮花爲號玉爲腮，珍重尚書遣妾來。處士不生巫峽夢，虚勞雲雨下陽臺。」《麗情集》

僖宗封陳摶爲清虚處士，仍以宮女三人賜之。摶有詩云：「雪爲肌體玉爲腮，深謝君王送到

來。處士不生巫峽夢，虛勞神女下陽臺。」龐覺《希夷先生陳摶傳》

温庭筠詞：「鬢雲欲度香腮雪。」《金荃集》

毛滂詞：「玉冷曉粧臺，宜春金縷字，拂香腮。」《東堂集》

李清照詞：「斜飛寶鴨襯香腮。」《漱玉集》

單于求娶昭君，漢成帝吝而不與，取宫人近似其貌者以往，單于寵之。後成帝欲殺毛延壽，逃出關，單于用之。後侍宴，昭君出幕行酒。延壽曰：「此昭君非真。漢帝嘗令臣圖其容，腮間有一紅痣，今則無之，其僞顯然。今何不勒兵前去，必欲得真昭君，其美更勝於此。」單于大怒，立將假昭君賜死，使延壽圖形入漢，必欲得真者，始和親退師。漢王無計，乃出真昭君，容華固稱絶代也。昭君入胡之後，不肯爲婚，單于逼之，遂自經死。《葭鷗雜記》

女子面上媚文，曰「靨酺」，一作「靨輔」，笑窩也。傅玄《有女篇》：「巧笑露權靨。」《謝華啓秀》

明德馬皇后方口。《東觀漢記》

劉處玄母夢金蟬投入口中，遂有娠。《史纂》

吴太子璉妃李氏，齊王知誥女也。南唐受禪，封永興公主，妃自以吴家冢婦國亡，憤悒。璉薨，妃無疾坐亡。有光如剪練，長丈餘，自口出。《十國春秋》

嚴世蕃以美女口受唾，謂之「肉唾盂」。《戒庵漫筆》

悅般國婦人，口舐器物。《北史》

番俗，新婦以針周刺口旁，爲花草狀，漬以黑皂，若丈夫鬚髯然。蓋以別室女也。《番社采風圖》

《古詩詠焦仲卿妻》云：「口如含珠丹。」《玉臺集》

樊素善歌，白樂天詩：「櫻桃樊素口。」《全唐詩話》

李後主《一斛珠·詠美人口》云：「曉粧初過，沉檀輕注些兒個。向人微露丁香顆，一曲清歌，暫引櫻桃破。羅袖裛殘殷色可，杯深旋被香醪涴。繡床斜凭嬌無那，爛嚼紅絨，笑向檀郎唾。」《南唐二主詞》

左思《嬌女詩》：「黃吻爛漫赤。」《玉臺新詠》

婦人上唇有黑子，多孖生。《玉芝堂談薈》

天女退相，唇動不止。《酉陽雜俎》

段祐宅失銀器，集奴婢環庭，取狼筋蟲炙之。一女奴唇動，乃竊器者。《續博物志》

宋玉《神女賦》：「朱唇的其若丹。」《歷代賦彙》

柏梁詩：「齧妃女唇甘如飴。」《古詩源》

江總詩：「盈盈扇掩珊瑚唇。」《江令君集》

張先詞：「唇一點，小於朱蕊。」《安陸集》

杜皇后少有色，然長猶無齒。及成帝納采之日，一夜齒盡生。《晉書》

武太后齒落更生，李嶠賀表曰：「還年而輔車不虧，却老而瓠犀仍出。」《唐類表》

宋徽宗劉貴妃，齒瑩潔如水晶，緣常餌絳丹而然，宫中稱之曰「韻」。《女世説》

蔡仍之妻，九院王家女也，患瘵疾死。上皇命中使馳賜陷冰丹一粒，灌之遂活，但齒皆焦落。《墨莊漫録》

何次翁之女爲兒時，蹷倒折齒，後不復生。偶遇道人，受以藥，納於齒根，一夕齒平。《春渚紀聞》

李氏婦以屢失子，於病時嚙臂志之。比再生子，齒痕隱在其臂。《談苑》

楊璆姬平康才人，白皙玄鬢，星眸善睞，美靨輔，齒如編貝。《曲中志》

左思《嬌女詩》：「小字爲織素，口齒自清歷。」《玉臺新詠》

女郎崔仲容《贈歌妓》云：「皓齒乍分寒玉細。」《唐詩紀事》

曾茶山《餉柑詩》：「莫向君家樊素口，瓠犀微齴遠山顰。」《名句文身表異録》

周昉有《楊妃禁齒圖》。《畫史》

黄山谷《題楊妃病齒》云：「多食側生，損其左車。」《丹鉛要録》

大武郡之女，時以細砂礪齒。《陳小厓外紀》

歸化番女子，齒皆染黑。《理臺末議》

凡落選女子，貴家爭聘。有劉娥者，謂已叨籍官家，不肯爲外間婦，以鐵椎椎落兩齒。《啓禎野乘》

犵狫女年十五敲去前上一齒，以爲美觀。《溪蠻叢笑》

多羅國成婚後，男女俱折去上齒各二，彼此謹藏，以矢終身不二。《裸人叢笑篇》

辯才天女，微妙舌根。《華嚴行願品》

長舌婦，秦檜妻王氏也。《說儲》

衛州司户之妻，每睡時，常開口伸舌，而舌表兩岐，夫積以驚異。後死，既斂，則一蛇蟠於棺中。《夷堅志》

有婦舌脹滿口，不能出聲，以蒲頻摻乃愈。《本事方》

葛嫩，字蕊芳。李十娘盛稱其才藝無雙。桐城孫克咸納之閑房。甲申之變，嫩被執，主將欲犯之，嫩大罵，嚼舌碎，含血噀其面，將手刃之。《板橋雜記》

杜昌妻柳氏甚妒。有婢金荆，昌沐，令理髮，柳氏截其雙指。無何，柳被狐刺螫，指雙落。又一婢名玉蓮，能唱歌，昌愛而善之，柳氏截其舌。後柳氏舌瘡爛，氏急，就稠禪師懺悔。禪師已知之，謂柳氏曰：「夫人爲妒，截婢指，已失指；又截婢舌，合斷舌。悔過至心，乃可以免。」柳氏頂禮求舌，經七日，禪師令張口，咒之，有二蛇從口中出，落地，舌平復。自是不復妒矣。《朝野僉載》

蘄春太守妻晁氏性酷妒。妾侍有忤意者，用鐵鉗箝出其舌，以剪刀斷之。妾踰月死。其後，晁見亡妾手持刀鉗二物，流血滿身。數日，晁亦卒。《夷堅志》

鄭嵎詩：「迎娘歌喉玉窌䆿。」注云：上每執酒巵，必令迎娘歌《水調曲》遍。《津陽門詩注》

嚴尚書與于駙馬詩：「莫損歌喉一串珠。」白居易詩：「何郎小妓歌喉好，嚴老呼爲一串珠。」《蓉槎蠡説》

米里哈歌喉清宛，妙入神品。《青樓集》

李定奴歌喉宛轉，工唱《入聲甘州》。《青樓集》

有老兵妻患喉閉，用張帶散治之，立差。《癸辛雜識》

帝以后壁衣中藏少年事，不復往后宫，承幸者昭儀一人而已。后生日，昭儀爲賀，帝亦同往。酒半酣，后欲感動帝意，乃泣數行下。帝曰：「他人對酒而樂，子獨悲，豈有所不足耶？」后曰：「妾昔在主宫時，帝幸其第，妾立主後，帝視妾不移目甚久。主知帝意，遣妾侍帝，竟承更衣之幸。下體嘗污御服，童欲爲帝浣去，帝留以爲憶。不數日，備後宫。時帝齒痕猶在妾頸。今日思之，不覺感泣。」帝惻然懷舊，有愛后意，傾視嗟嘆。帝欲留，昭儀先辭去，帝遇暮方離后宫。《趙后遺事》

一經紀家娶婦，後尹從龍偶至，見婦，急走上前，抱咬其頸。方咬兩口，被舅姑隔開。尹嘆息曰：「可恨，只咬斷兩股，尚有一股未斷，奈何？」皆不解爲何説。後夫婦反目，遂自縊。三股繩僅有一股未斷，遂死。《冶城客論》

韓偓詩：「鬢髮香頸雲遮藕。」《瀛奎律髓》

柳永詞：「膩玉圓搓素頸。」《樂章集》

唐莊宗臨斬劉守光，守光悲泣，哀祈不已。其二妻李、祝氏誰之曰：「事已如此，生復何益？妾請先死。」即手掠腦後髮，延頸就刃。《容齋隨筆》

閻選詞：「楚腰蠐領團香玉。」《花間集》

《十香詞》：「昨宵歡臂上，應惹領邊香。」《焚椒録》

宋理宗謝皇后生母毛氏懷后時，嫡母使毛氏濯足，毛氏曰：「夜者累累夢玉色霞罩體。」嫡大怒，以足踏其項，曰：「産皇后耶？」《西湖遊覽志》

孫可望醉而殺其侍妾，士慶以綫紉之，而傅以藥，復活。視其項，紅痕如縷，美麗倍於平時。《陳士慶傳》

刁朝俊妻項瘿，如雞卵，漸如囊，中有琴瑟笙磬之音。瘿裂，一猱跳出，曰：「吾老猱精與漢江老蛟往還，天誅蛟，搜索黨與，故亡匿夫人蝤蠐之領。」《幽怪録》

奩史卷二十七

東吳王初桐于陽纂述
松江陸錫熊耳山校刊

肢體門三

四肢上

徐陵母夢五色雲化爲鳳，集左肩上。《陳書》

潘相貴初生，有雀止其母左肩。《北史》

煬帝觀《廣陵圖》，以左手凭蕭妃肩，右手指圖上山水。妃曰：「帝意在廣陵，何如一幸？」帝聞豁然。《開河記》

煬帝凭吳絳仙肩，喜其柔麗，久不移步。《隋遺録》

玄宗與楊貴妃避暑驪山宮，七日牛女相見之夕，上凭妃肩，密相誓心，願世世爲夫婦。《錦繡萬花谷》

劉元佻達輕盈，會有一過江名士與之同寢，元轉面向裹帷，不與之接。拍其肩曰：「汝不知

我爲名士耶？」元轉面曰：「名士是何物？值幾文錢耶？」《板橋雜記》

畫法，美人無肩。《茶煙閣體物集注》

曹植《洛神賦》：「肩若削成。」《文選》

謝逸詞：「香肩輕拍，樽前忍聽，一聲將息。」《溪堂集》

海寇掠一婦人，過同安，躍入井中。寇窺井，連發三矢，中婦肩而去。越十日，有村民於煙霧中見一婦人，少年麗容，身衣碧色短襦，腰繫淡黄裙，雙趾纖細，文履高屐。迎前泣曰：「妾難婦王氏也。被掠，投身東關井中。君出我尸，拔箭斂埋，當報君德。」民至井，出婦尸，顔貌如生。爲之拔箭，整衣履，殯而埋之。又月餘，民夢婦拜謝，且曰：「陰府命妾香火於此矣。」由是遠近競傳，大啓神宇，肖像其中，額曰「王義娘廟」。《觚賸》

衛子夫在平陽主家，侍帝，於尚衣軒中得幸。主因奉子夫入宫。子夫上車，主附其背曰：「願無相忘。」《漢書》

后所通宫奴燕赤鳳者，雄捷能超觀閣，兼通昭儀。赤鳳始出少嬪館，后適來幸，時十月十五日。宫中故事：上靈安廟，是日吹塤繫鼓，連臂踏地，歌《赤鳳來》曲。后謂昭儀曰：「赤鳳爲誰來？」昭儀曰：「赤鳳自爲姊來，寧爲他人乎？」后怒，以杯抵昭儀裙，曰：「鼠子能齧人乎？」昭儀曰：「穿其衣，見其私，足矣。安在齧人乎？」昭儀素卑事后，不虞見答之暴，孰視不復言。樊嫕脱簪叩頭出血，扶昭儀爲拜后。昭儀拜，乃泣曰：「姊寧忘共被夜長，苦寒不成寐，使合德擁姊背耶？今日並得貴，皆勝人，且無外搏，我姊弟其忍內相搏乎？」后亦泣。帝微聞其事，畏后，不敢問，以問昭儀。昭儀曰：「后妒我耳，以漢家火德，故以帝爲赤龍鳳。」帝信之，大悦。《飛燕外傳》

后日夜欲求子，爲自固久遠計，多用小犢車載少年子與通。帝一日惟從三四人往后宮，后方與人亂，不知也。左右急報，后驚，遽出迎。冠髮散亂，言語失度，帝因亦疑焉。帝坐未久，復聞壁衣中有人嗽聲，帝乃去。由是帝有害后意，以昭儀故，隱忍未發。一日，帝與昭儀飲，帝怒氣怫然。昭儀避席伏地謝曰：「願速賜死，以寬聖抱。」帝自引昭儀，曰：「汝無罪，汝之姊，吾欲梟其首，斷其手足，置溷中，乃快吾意。」昭儀曰：「何緣而得罪？」帝言壁衣中事，昭儀曰：「臣妾緣后得備後宮，后死，則妾安能獨生？况陛下無故而殺一后，天下有以窺陛下也。願得身實鼎鑊，體膏斧鉞。」因大慟，以身投地。帝驚，遂起持昭儀曰：「吾以汝之故不害后，第言之耳。汝何自恨若是？」久之，昭儀方就坐，問壁衣中事，帝陰窮其跡，乃宿衛陳崇之子也。帝使人就其家殺之。昭儀往見后，曰：「姊曾憶家貧，寒飢無聊，姊使我共隣家女爲草履，入市貨履市米。一日得米歸，遇風雨，無火可炊，飢寒甚，不能成寐，使我擁姊背同泣。此事姊豈不憶也？今日幸富貴，無他人戕我，而自毀敗。或帝怒，不可救，身首異地，爲天下笑。妾尚誰攀乎？」乃泣涕不已，后亦泣。《趙后遺事》

丁夫人養劉夫人子亡，丁哭泣無節，太祖遣歸家。後太祖就見之，夫人方織，踞機如故。太

祖拊其背曰：「共我歸乎？」夫人不應，遂與之絶。《魏略》

漢陽蔡氏女被雷震死，背有文曰「李林甫」。《文海披沙》

杜汝標夢謁郡守，既出，見一女子披髪裸體，背穿釘。公問之，曰：「此花女也，罪應受此。」公爲求貸，即命除釘，拽出。越二載，宴於萊蕪，主人呼妓侑觴。一妓私覷公，與同輩刺刺語，有「此君救我」之言。公曰：「前年夢中相遇背上穿釘者，非爾耶？」妓遂泣謝。蓋二年前，此妓背疽，斃而復甦。公夢中所解救也。《泰山紀事》

柯節婦陳氏，遇賊投江，屍止岸傍。盛暑已變，其夫驗背有黑子，乃慟哭曰：「是吾妻也。」舁歸斂之。《長樂志》

李伯時畫背面宫女最工。《漁隱叢話》

杜甫《麗人行》：「背後何所見？珠壓腰衱穩稱身。」

楊維禎詩：「酥凝背胛玉搓肩，只訝紅綃覆白蓮。」《復古集》

毛大可云：「佳人背亦妍。」《于京集》

羊羖，寶裝也。酋長婦女以爲背飾。《丹鉛總録》

犵夔女子，背負海巴蠶繭，纍纍如貫珠。《貴州通志》

永興公主嬌淫險虐，帝以犀如意擊主，碎於背。《南史》

天元帝后妃嬪御，雖被寵幸，多杖背。《二酉彙刪》

珠簾秀，姓朱氏，行第四，雜劇獨步，人皆稱爲朱娘娘。馮海粟贈以《鷓鴣天》云：「憑倚東風遠映樓，流鶯窺面燕低頭。蝦鬚瘦影纖纖織，龜背香紋細細浮。紅霧斂，彩雲收，海霞爲帶月爲鈎。夜來捲盡西山雨，不著人間半點愁。」蓋朱背微僂，故以簾鈎寓意。《青樓集》

王奔兒長於雜劇，然身背微僂，金玉府總管張公置於側室。張没，流落江湖，爲教師以終。《青樓集》

高后祓霸上，見物如蒼狗，戟高后腋，忽不見。卜之，趙王如意爲祟。遂病腋下而崩。《漢書·五行志》

愠羝，謂腋氣也。《教坊記》云：「范漢女大娘子，亦是竿木家，有姿媚，而微愠羝。」《天禄識餘》

女人腋下愠羝：礬石，絹袋盛之，常扮腋下。《許尧臣方》

曾子出薪於野，客至而欲去。曾子母以右手搤左臂，曾子左臂立痛。《論衡》

周宣帝與宮人夜中連臂蹋蹀而歌。《隋書》

楊太真生而有玉環在其左臂，環上有八分「太真」二字，故小名玉環，字太真。《元虛子仙志》

開元初，宮人被進御者，以綢繆記印於臂上，文曰「風月常新」。印畢，漬以桂紅膏，則水洗色不退。《史諱録》

肅宗至靈武，有婦人咤於營門。軍人逼視，見其臂上有鱗。俄天黑，失所在。《酉陽雜俎》

石泉縣民楊廣死，化爲驢，遂縶之。一日，其子婦持草飼，驢忽跳齧婦臂流血。婦取抹草刀刺之，立死。廣妻遂訴縣，稱婦殺翁。縣主驗之，備得其事。《清尊録》

崔氏，周朮忽妻也。從朮忽官平陽，金將來攻城，克之，下令官屬妻子敢匿者死。崔氏以詭計自言於將，將信之，使軍吏書其臂出之。崔氏曰：「婦人臂使人執而書，非禮也。」以金賂吏，使書之紙。吏因命崔自揎袖，吏懸筆而書焉。《元史》

山東民間婦人，一臂有物隱然在膚中。屈信如蛟龍狀，婦喜以臂浸盆水中。一日雷電交作，婦自牖出臂，一龍擘雲而去。《霏雪録》

一女攀牆觀優，而一臂伸不可屈。葛可久令其家盛宴，令女坐，詰之曰：「病在腰，輒解其裙帶。」女羞澀，手掩之，臂復故。《保生餘録》

張祜《觀柘枝伎》詩：「畫鼓拖環錦臂攘。」《冰川詩式》

姜寺丞出遊神祠，覩捧印女子，有惑志焉，戲解帕繫臂爲定。後有女子來踐嘉約，遂留。姜婦接，歡如姊妹。女事姑甚謹。族黨以仙姑稱之，蓋劍仙也。《劍俠傳》

竇禹鈞家僮盜錢遠遁。有女年十三，寫券繫女臂云：「賣此女價錢。」禹鈞憐之，焚其券。《善誘文》

孔詢卒，妻何氏理詢髮爲繩，繫臂以見志。或奪之，厲聲曰：「必斷吾臂。」《南畿志》

八陣磧多小石，婦人拾石之可穿者，貫綵索，繫臂上，以爲一歲之祥。《夔州志》

孿甸州婦人，以紅氈束臂。《郡志》

以鼠印佩於青囊中，男左女右，繫臂上。人見之，無不懽悦，所求如心也。南宫從《岣嶁神書》

《史記·魯世家》：「莊公築臺臨黨氏，見孟女，悦而愛之，割臂以盟。」今娼婦與子弟燒香刺臂，始於此。《言鯖》

吳起出衛郭門，齧母臂辭别。《史記》

趙飛燕見召，與女弟齧臂而别。《杜詩詳注》

鏤臂，或謂之「劄青」。狹斜遊人與娼妓狎，多爲此態。蓋劄刺名號，以互相思。《藝林學山》

王凝卒於官，凝妻李氏負其遺骸以歸。過開封，止旅舍。主人見其婦人，不許其宿。李氏顧天已暮，不肯去，主牽其臂而出之。李氏仰天長慟曰：「我爲婦人，不能守節。而此手爲人執耶，不可以一手並污吾身。」即引斧自斷其臂。《五代史》

王妙鳳姑有淫行。與所私飲，命妙鳳取酒。姑所私戲紾其臂，妙鳳拔刀斫臂。《吳郡志》

馮氏，劉慶妻。年十九夫亡，誓守節。其姒諷之曰：「守未易言，非齩斷鐵釘者不能。」馮即拔壁上釘齧之，剨然有齒痕。復抉臂肉，釘著壁上，曰：「脱有異志，此即狗彘肉。」至老卒，取視壁釘肉，尚不腐，齒痕如新。《宣城志》

宣和中，有一婦人粧飾甚古，肌膚雪色，而無左臂。云是唐人，遭五季之亂，左手爲賊所斷。《復齋漫録》

鄱陽民妻生女，六臂。《近異録》

朱彝尊《詠臂》詞：「勝母陀羅，八萬四千。」《首楞嚴經》云：「八萬四千，母陀羅臂。」《茶煙閣體物集》

波斯國女，貫五色珠，絡之於膊。《北史》

邊讓賦：「攜西子之弱腕，援毛嬙之素肘。」《升庵集》

中婦，手長八寸。《漢制考》

武帝巡狩河間，望氣者言有奇女子。召之至，姿色殊絶，兩手皆拳，數百人擘之莫舒。上自披之，即舒。由是得幸，號「拳夫人」，即鈎弋夫人也。《漢武故事》

陳平妻蕭氏，手有金花印。《談薈》

彭城夫人蠆螫其手，華佗令温湯漬手即愈。《魏志》

晋孝武母李太后本賤人，簡文無子，令善相者相宮人，指后當生貴子，而有虎厄。帝因幸之，生孝武。服相者之驗，而懼有虎害。乃令人畫作虎，因以手打虎爲戲，便患手腫痛而崩。《幽冥録》

劉曜劉皇后，手垂過膝。《十六國春秋》

陳高宗柳皇后，手垂過膝。《南史》

盧宗道宴客，馬士達目其彈箜篌女妓云：「手甚纖柔。」宗道即以此妓遺士達。《北齊書》

周暢每出門，母欲呼之，常自齧其手，即至。《搜神記》

牛奇章公納妓曰真珠，有殊色。盧肇至，奇章重其文，延於中寢。會真珠沐髮，方以手捧其髻，插釵於兩鬢間。丞相曰：「何妨一詠？」肇曰：「知道相公憐玉腕，故將纖手整金釵。」《吟窗敘録》

崔生謁一品，紅綃妓見生，悦之，爲手語約生夜合。及生至，繡户不扃，金缸微明，惟聞妓長嘆而坐，若有所俟。玉恨生妍，珠愁轉瑩。但吟詩曰：「深洞鳥啼恨阮郎，偷來花下解珠璫。碧雲飄斷音書絶，空倚玉簫愁鳳凰。」生搴簾入，姬躍下榻，執其手，曰：「知郎君穎悟，必能默識，所以手語耳。」《紅綃傳》李清摘本

崔少玄母夢神人持紫函授於碧雲之際，乃孕，十四月而生。右手有文，曰「盧自列妻」。後歸盧陲，小字自列。歲餘，過武夷山，見神人，曰：「君妻玉華君也。」王建《崔少玄傳》

薛嵩有青衣，手紋隱起如紅綫，因以名之。《全唐詩話》

姜楚公飲酒禪定寺，座上一妓絶色，獻杯整鬟，未嘗見手，衆怪之。有客被酒，戲之曰：「勿六指乎？」乃强牽視，妓隨牽而倒，乃枯骸也。《酉陽雜俎》

王永年求舉於竇卞、楊繪，置酒延之，出其妻間坐。妻以左右手掬酒以飲卞、繪，謂之「白

玉蓮花杯」。《東軒筆記》

王克正死，無子，惟一女十餘歲。陳摶入吊，出語人曰：「王氏女，吾雖不見其面，觀其捧爐奉佛，手相甚貴。」後陳恕納爲室，封國夫人。如陳之相也。《合璧事類》

吳郡有一婦，手無十指。在機房繅絲，極便捷。《譚概》

一士邀紫姑神作詩，適美女子在側，即詠女手。《鴻書》

陝西鳳州妓女，雖不甚妖麗，手皆纖白。《遯齋閑覽》

沈袠妻胡氏既寡，染疾，家人將迎醫，氏曰：「寡婦之手，豈可令他人視！」《會稽志》

吳岩子有奇疾，疾作則右手自運動，日夜作字不休。或濡筆書紙上，悉成玄理。疾止，不復記憶。《今世説》

雄縣蕭姓女，手生股間，足長肩際。步履以手，飲食以足，女工不異常人。《秋燈叢話》

秦韜玉《詠手》云：「因把剪刀嫌道冷，泥人呵了弄人髯。」《投知小録》

韓偓《詠手》詩：「腕白膚紅玉筍芽。」《香奩集》

周邦彦詞：「弄粉調朱柔素手。」《清真集》

沈彦博少時調隣女，執其手，爲女父所訟，縣令命作《女手詩》。詩成，令大賞，勸父以女歸之。《雪濤集》

赤土國婚嫁，女父執女手以授婿，七日乃配焉。《隋書》

有婦人以罪徒，役至濟危寳，恨其手爲人所執，作《濟危寳歌》以自怨。《高麗史》

元張思孝妻華氏與婦劉氏不辱於兵，皆見殺。後家人收其屍，婦、姑之手猶相挽不舍。《女世説補》

孟姜女萬里尋夫，道出曲沃。適澮水河漲，不克濟。姜怨哭，以手拍河崖。所印石上手迹，世遠仍存。《孟姜女集》

崇徽公主降回紇可汗，道汾州，以手掌托石壁，遂有手痕。今靈石有公主手痕碑。《秦蜀驛程後記》

明皇所幸美人王氏，數夢人召飲，上曰：「若再往，以物誌之。」其夕又夢，因就硯中濡手印於屏風上。既寤，索之，果於東明觀中得其手紋，道士已遁去。《唐宋遺史》

漢以江都王女細君嫁烏孫王。女過靈壁，嘗扶以石，遂留手印，腕節分明。《江月松風集》

回回婦人多喜以紅鳳仙染手。《癸辛雜識》

真臘婦女手足皆染赤色。《真臘風土記》

流求女子多以墨劄手背成梅花。《使琉球記》

太子置酒於華陽臺，出美人能鼓琴者。荆軻曰：「好手！」太子即斷手以玉盤奉之。《燕丹子》

光宗李后性妒悍。帝嘗洗手，覩宫人手白，悦之。他日，后遣人進食於帝，則宫人兩手也。

《宋史》

聖祖賜常開平二宮女，妻悍，不敢御。晨起捧盂，開平曰：「好手！」朝回，內出一紅盒。啓之，乃宮女手也。《潛書》

孫鎔死，妻杜氏病，其母欲爲尋醫，杜氏曰：「寧有未亡人露腕診脈耶？」《任丘志》

白居易《鹽商婦》詩：「皓腕肥來銀釧窄。」《白香山詩集》

宗元鼎《贈翠英校書》詩：「纖腕柔酥含芍藥。」《芙蓉集》

太祖崩，既葬，淳欽皇后述律氏曰：「我欲從先帝於地下，顧諸子幼弱，國家無主，不得往耳！」乃於義節寺斷一腕，置墓中。即寺建斷腕樓。《契丹國志》

楊烔亡，妻柳氏有姿色，豪家爭委禽焉。其姑利厚貲，許之。豪家來娶，逼使升輿。柳大詬，豪怒，自入牽其手。柳曰：「吾腕爲人污矣！」引利刀斷去其腕。《稗史彙編》

太祖幸後苑賞牡丹，召宮嬪，將置酒。得幸者以疾辭，再召，復不至。上親折一枝，過其舍，簪其髻上。上還，取花擲地上，顧之曰：「我辛勤得天下，乃欲以一婦人敗之耶？」即引佩刀，截其腕而去。《花史》

有節婦年近七十，自述守節之難。曾見一少年，貌類亡夫，心動不自持。乃詣夫靈前痛哭，以手拊几，掌心誤貫燭籤上，痛悶久之，念解成灰。《啓禎野乘》

兖郡諸生某，私婢有娠。母詰之，婢以實告，生諱不承，婢竟被笞掠而死。生入闈，見婢來謂曰：「曩者妾未死，懼罪潛逃耳。今欲歸侍主母，願得郎君手字爲驗。」遂伸掌倩書，生信筆直書於婢掌。婢去，生視卷面，字跡縱横，即書婢掌中字也。《秋燈叢話》

朱有燉《元宫詞》：「背翻蓮掌舞天魔。」

李在躬《美人燒香》詩：「掌合白蓮花未開。」《萬花金谷集》

朱彝尊《詠掌》云：「小小瓊田，暖玉無塵，紋生細波。」《體物集》

曾子在楚，心動而歸。問母，母曰：「思子，齧指耳。」《搜神記》

樂正候曾參，參採薪在野，母囓右指，參走歸。入跪，問母何患？母曰：「向者客來，故囓指呼汝耳。」《孝子傳》

蔡順嘗出求薪，家有客至，母乃噬其指，順即心動，馳歸。母曰：「有急客來，吾噬指以悟汝耳。」《後漢書》

張祐客淮南幕中，赴宴，杜牧同坐，有所屬意，索骰子賭酒。牧微吟曰：「骰子逡巡裹手拈，無因得見玉纖纖。」祐曰：「但知報道金釵落，髣髴還應露指尖。」《摭言》

張季弘以勇力聞於時。一日，投旅舍，覩其母子相對悲愁。問之，曰：「家有至惡，恃其勇，凌侮吾母子無不至。」季弘笑謂：「除之易耳。」母子劇喜。俄婦人自外至，狀無異常人。季弘呼曰：「聞汝倚有勇力，不伏姑婿使唤，果有此否？」婦再拜曰：「新婦敢爾？自是大家憎嫌過甚。」因引季弘手至大石上，歷數平日事，輒曰：「如此事，豈是新婦不是？」每陳一事，

以指於石上掐一畫。每掐，輒入寸餘。季弘汗落神駭，但稱「道理不錯」。其夜不能寐，翌日亟行。《劇談録》

徐姬癇疾，手足顫掉，裸而走，或歌或笑。周漢卿刺其十指端出血而痊。《長山志》

尹文端公妾張氏封一品夫人，有貴相，指皆箕斗，無羅紋。《隨園詩話》

曼殊十指類削玉。《西河合集》

《古詩詠焦仲卿妻》云：「指如削葱根。」《玉臺集》

韓駒詩：「腸斷吳姬指如筍。」《隱居詩話》

龐伯妻段有美色，早寡，父母欲嫁之，割指自誓。《列女傳》

魏氏，樊彦琛妻也。徐敬業之難，魏氏陷軍中。聞其善音律，命鼓箏，即以刀自斷其指。《揚州府志》

潘順死，妻徐氏年十七，引刀斷左小指以自誓。至七十八歲卒，遺命取斷指入棺中。家人出其指，所染紅色尚存。《烏程縣志》

煬帝將幸江都，宮女攀車留帝，指血染鞅。《大業拾遺記》

剡溪胡氏，名妙端。至正中，爲苗所掠，將妻之。乘間嚙指血，題詩於壁，即赴水死。《輟耕録》

魏道輔之姊嫁曾子宣，手指少指端一節，所生子女，手指皆少指端一節。《老學庵筆記》

干將作劍不成，妻莫耶剪爪投爐中，遂成。《吳越春秋》

西施檇李，每顆有西施爪痕，傳是西施曾掐。《龍淨志》

刺史陶璜晝卧，覺一女子枕其臂，始欲捉之，以爪擲其手，痛不可忍。放之，遂飛去。《交州記》

麻姑降蔡經家，經見麻姑手似鳥爪，心言：「背大癢時，得此爪以爬背，當佳也。」王方平已知之，即鞭之曰：「麻姑神人，汝何忽謂其爪可爬背乎？」《列女傳》

陳霸先后，章景明女也。手爪長五寸，每有期功之服，則一爪先折。《吳興志》

楊太真爲白鸕精，指爪純赤。《湘煙録》

有百姓遇老人遺以丹，言有急事即服之。歲餘，妻暴病卒。數日，方憶老人丹事，乃灌之，微有暖氣，顔色如生。今死已四年矣，狀如沉醉，爪甲亦長。《酉陽雜俎》

女冠耿先生玉貌鳥爪。《耿先生傳》

元翠娥秀，以娼家處子適萬户薛徹都爲小妻。都卒，謹護指爪，不嫁。年踰八十，爪長尺餘。《女世説補》

陳桂，字雅卿。面色稍黑，手爪自好。《燕都妓品》

費氏，名元琇，朱道存妻。元末爲苗所執，攀堂檻不行，遂被害。爪入檻木，血沁手指。《毘陵續志》

安丘有室女及笄，天雨，接簷溜濯手，後右手拇甲內有紅綫寸許，作盤曲狀，年餘不滅。女伴戲而恐之曰：「得非龍乎？」女信之，心恍惚不安。明年，夏雷雨，女出其手於窗外，忽震雷從窗間起，有龍自女手甲中出，騰空而去。但甲分裂，餘無恙。《青州府志》

懷妊婦人爪甲取末，點目，去翳障。《本草拾遺》

李孔德藏得情人如玉所留指甲。《草堂嗣響》

周昉有《內人剪爪圖》。《莊靖先生集》

沈景高《詠指甲》云：「凝情處，把爪犀漫剥，消遣春閑。」《詞綜》

鄒淑芳詩：「洗手自憐十指甲，何因又長兩三分。」《明詩綜》

婦人染指甲用紅。按《事物考》：楊貴妃生而手足爪甲紅，宮中效之。《玉臺清照》

蠙蛦化蟬，吳女取蟬脱和鳳仙搗之，染指甲，極紅媚可愛。魚玄機詩：「偏憐愛數螆蛦掌。」《稗雅廣要》

李玉英採鳳仙花染指甲，後於月中調絃，或比之落花流水。《花史》

《染指甲詩》云：「拂鏡火星流夜月，畫眉紅雨過春山。」《名物通載》　案：二句係楊維禎詩。

奩史卷二十八

東吴王初桐于陽纂述
新安程嘉謨雪坪校刊

肢體門四

四肢中

高祖心憐薄姬，召欲幸之。對曰：「昨夜夢蒼龍據妾胸。」上曰：「此貴徵也，我爲汝成之。」一《漢書》

解洵娶後妻，賢且能。後或贈洵四妾，洵稍移愛，婦怏怏見辭色。洵發怒，奮拳毆其胸，婦翩然起，燈燭陡暗，冷氣襲人，四妾怖而仆。少焉，燈復明，洵已横屍地上，喪其首，婦人亦不見。《劍俠傳》

吴生夫婦和睦。一夕醉歸，投身床上，妻爲整衣解履，扶舁其足。醉者運動，設中妻之心胸而死。《録異記》

真臘婦女，一布經腰，露出酥胸。國主妻亦然。《真臘風土記》

李群玉《贈美人》詩：「胸前瑞雪燈斜照。」《唐詩玉臺集》

韓偓詩：「粉著蘭胸雪壓梅。」《香奩集》

崔珏詩：「粉胸綿手白蓮香。」《瀛奎律髓》

《十香詞》：「試開胸探取，猶比顫酥香。」《焚椒録》

劉緦云：「靚粉澤於胸臆。」以喻失其所施也。然今之妓女，粉澤靚胸，蓋恒飾耳。《丹鉛總録》

蠻女胸掛銀牌。《廣西通志》

苗婦胸前刺繡一方，以銀錢飾之。《貴州通志》

任昉母夢五綵旗蓋，四角懸鈴，自天而墜，一鈴落入懷中，心悸有孕。《梁書》

張説母夢玉燕投入懷中而孕，生説。《定命録》

應天皇后夢黑兔躍入懷中，因而有娠，生太宗。《遼史》

楊廉夫母夢金鈎入懷，而生廉夫。《七修類稿》

孫仙姑之母夢鶴入懷，覺而有娠，遂生仙姑。《史纂》

太祖爲郭氏所惡，絶其漿食，馬后竊以餅遺之。一日煎餅釜中，爲郭所窺，遂納懷中，膚有傷痕。《剪勝野聞》

貴妃出浴，對鏡匀面，裙腰褪，露一乳。明皇捫弄曰：「軟温新剥雞頭肉。」安禄山在旁，

曰：「潤滑初來塞上酥。」妃笑曰：「信是胡兒只識酥。」《太真外傳》

祿山醉戲無禮，抓傷貴妃胸乳間。妃泣曰：「吾私汝之過也。」《青瑣高議》

浮梁縣尹子婦正晝抱嬰兒在房，有自後捫其乳者。回顧，乃一偉男子。婦駭叫，逡巡而滅。《夷堅志》

日本國婦女與人極褻狎，終不亂。捫其乳，甚喜，曰：「你愛我。」若揣其足，謂有私意，出刃相刺。《見聞録》

番婦乳兒，見者撫摩其乳，不禁。《番社采風圖》

挹婁國初婚之夕，男就女家，執女乳，方成婚。《夷俗考》

王偁《酥乳》詩：「一雙明月貼胸前，紫禁葡萄碧玉圓。」

張劭《詠乳》詩：「畫檻橫依平半截，檀槽側抱一邊遮。」

朱彝尊《詠乳》云：「竇小含泉，花翻露蒂。」《茶煙閣體物集》

蕭三娘乳長於臍。《王筌傳》

夷婦乳長垂至腹下。時當刺繡，兒輒從腋後索而食之。《夷俗記》

馮寶妻洗氏，身長七尺，兩乳長二尺餘。每冒暑遠行，必搭乳於肩上。《玉芝堂談薈》

漢武帝從祀甘泉。至渭橋，有女子浴於渭水，乳長七尺。上怪問之，張寬對曰：「天星主祭祀者，齋戒不嚴，則女人星見。」《益部耆舊傳》

趙嫗乳長數尺，安縣女子也。入山聚群盜，遂攻郡。戰退，張帷幙，與少男通，數十侍側。《交州記》

婦人乳竅不通，乳草和肉煮，食之即通。《外臺秘要》

乳汁，方家謂之「仙人酒」。李玉溪注《玉皇心印經》

仙藥有陰丹，婦人乳汁也。《神仙服食經》

張蒼妻妾以百數，蒼惟食乳，年百餘歲。《漢書》

穰城老人年二百四十歲，惟飲曾孫婦乳。《梁書》

兒之生也，率飲母乳八斛四斗。《佛説大報恩經》

朱修之陷没，母在家，乳汁忽出，因號慟曰：「我老，非有乳汁之時，我兒必死矣。」《宋書》《後魏書》作「宋循之」。

有國王小夫人生肉胎，大夫人妒之，以爲不祥，即盛以木函，擲恒水中。流至一國，國王遊觀，見水上木函。開看，見千小兒，王取養之。及長，甚勇健，征伐無不摧服。次伐父王本國，王大憂。小夫人言：「王勿憂，但於城東作高樓。賊來時，置我樓上，則我能却之。」王如其言。賊到時，小夫人於樓上語賊：「汝是我子，何故反逆？」賊曰：「汝是何人，乃云我母？」小夫人曰：「汝等若不信，盡仰向張口。」小夫人即以兩手搆兩乳，乳各作五百道，墮千子口中。賊知是母，即放弓仗。千小兒者，即賢劫千佛是也。《佛國記》

陳皇后生太祖，二歲，乳人乏乳，后夢神以兩甌麻粥與之，覺而乳大出。蕭子顯《齊書》

侯君集二美人，容色絶代，常食人乳而不飯。《隋唐嘉話》

宋少帝《前溪曲》：「寧斷嬌兒乳，不斷郎殷勤。」《海録碎事》

北方小兒呼其母曰「媽媽」。呼其母之乳亦曰「媽媽」。小兒吸乳母之乳，曰「吃噆噆」，亦曰「咂媽媽」。《在園雜志》

女國女人胸前無乳，項後毛中有汁，可以乳子。《夷俗考》

曇翼誦《法華經》，普賢大士化女子身，求托一宿。半夜，號呼腹疼，告師按摩。師布裹錫杖，遥爲按之。女曰：「我普賢菩薩，特來相試耳。」凌空而上。《蓮社高僧傳》

張志和母夢楓生腹上，而産志和。《新唐書》

朱忠侯母孕忠侯時，腹薄而瑩，視之胎可見。《書影》

郝敬母夢大蛇入腹而妊。《啓禎野乘》

陳子直妻有異疾。每腹脹，則腹中有聲，如擊鼓，遠聞於外。腹消，則鼓聲亦止。一月一作，醫莫能知。《虚谷閑抄》

婦人熨烙，以瓦片暖肚，名「草裹丹砂」。《清異録》

欲婦人無子，治守宫、蛇衣等分，以唾和之，塗婦人臍，磨令温，即無子矣。《淮南萬畢術》

慕容德之母夢日入臍中，晝寢而生德。《南燕録》

齊王好細腰，後宮有餓死者。《風俗通》

楚王好細腰，宮中多餓死。《後漢·馬廖傳》《野客叢書》曰：「《荀子》：『楚王好細腰，故朝有餓人。』《墨子》：『楚王好細腰，國多餓人。』《淮南子》：『靈王好細腰，民有殺食而自飢也。』人君好細腰，不過宮人，豈欲朝臣與國人皆細腰乎？」

劉禹錫詩：「爲是襄王故宮地，至今猶是細腰多。」考《墨子》云：「楚靈王好細腰。」《韓非子》云：「楚莊王好細腰。」不聞襄王也，疑劉誤。《天禄識餘》《尹文子》亦云「楚莊」。

秦人謂細腰曰「嫛」。《集韻》

趙后體腰柔弱，善行步進止。《西京雜記》

羊侃姬人張淨婉，腰圍一尺六寸，能掌上舞。又有孫荊玉，能反腰貼地，銜得席上玉簪。《雞肋編》

薛瑶英，元載寵姬也，楚腰如柳。《雞跖集》

小蠻善舞，白樂天詩云：「楊柳小蠻腰。」《全唐詩話》

邢鳳晝夢一婦人，古粧高髻，歌《陽春曲》，云：「長安少女踏春陽，無處春陽不斷腸。舞袖弓腰渾忘却，蛾眉空帶九秋霜。」鳳曰：「何爲弓腰？」婦人曰：「昔年父母教此舞。」乃整衣張袖，作弓彎狀，以示鳳。《脞説後集》

張衡賦：「舒訬婧之纖腰。」注：訬婧，細腰貌。《後漢書》

曹植《洛神賦》：「腰如束素。」《陳思王集》

唐詩：「纖腰怕束金蟬斷。」言腰如蟬之細也。《蓉槎蠡説》

晏幾道詞：「阿茸十五腰肢好。」《小山詞》

柳永詞：「酥娘一搦腰肢裊。」《樂章集》

南甸産紅籐篾，夷婦用爲腰飾。《一統志》

明帝宫人患腰痛牽心，醫曰：「此髮瘕。」以油灌之，即吐物如髮。引之，長三尺，頭已成蛇，能動搖。懸之，水滴盡，惟一髮。《宋書》

石虎攻中山，得鄭略之妹，生二男。更娶崔氏爲妻，無兒。鄭復生男，鄭譏：「崔謂妾多養翳子。」虎時踞胡床於庭中，大怒，索弓箭。崔聞欲殺之，徒跣至虎前，曰：「勿枉殺妾，乞聽妾言。」虎不聽，但言：「促還坐，無預卿。」崔去，虎於後射之，中腰而覆。《二石僞事》《趙書》所載稍異。

禄山亂後，上尋妃不得，後晝寢，髣髴見妃，曰：「昔陛下蒙塵，妾死亂兵之手，哀妾者埋骨池東梅株傍。」上寤，令往發視，果得屍。裹以錦裀，盛以酒槽。視其所傷，脇下有刃痕。上大慟，自製文誄之，以妃禮易葬焉。《梅妃傳》

惠州一娼震死，脇下有朱書「李林甫」三字。《括異志》

章敬吳皇后侍寢不寤，吟呼若有痛苦氣不屬者。肅宗呼問之，后以手按其左脅，曰：「妾夢神人，長丈餘，介金甲以操劍，顧謂妾曰：『帝命我與汝爲子。』自左脅以劍決而入，決處痛不可忍。」肅宗驗之於燭下，則若有綖而赤者存焉，遂生代宗。《柳氏舊聞》

湯七娘本屠家女，嘗買一牛於野外，乘之歸。抵家，將下臀，忽與牛背皮連，牢不可脱，數日死。《曠園雜志》

天初立時，使朴父夫妻導開百川，嬾不用意，謫其夫妻並立東南。男露其勢，女彰其殺。注：勢、殺，陰、陽也。《神異經》《正字通》曰：「女陰曰屄。」《風月須知》曰：「⿸厂除，陰户也。⿸厂孚，淫液也。」

馬、八二國進貢女子二人，其陰中如火。或有元氣不足者，與之一接，則有大益於人。《癸辛雜識》

一婦人病陰中痒，苦甚。平日奉觀世音像甚謹。正病時，見一尼持藥一函至，曰：「煎此洗之，即愈矣。」尼忽不見。啓視之，乃蛇床子、吳茱萸、苦參也。《採蘭雜志》

婦人陰冷，母丁香末，絳紗囊盛如指大，納入陰户中，病即已。《本草衍義》

番婦產後，即作熱飯，抹之以鹽，納於陰户，凡一晝夜而除之。以此產中無病，且收斂常如室女。《真臘風土記》

阿枝婦人，衹以小布蔽羞。《瀛涯勝覽》

晉有兩女子陰皆在腹，一當臍上，一當臍下。《宋書》

元帝時，有女子陰在首，性極淫。《晉五行志》

女子陰在背，天下大亂。《京房易妖》

婦人椓竅，爲宮刑。椓竅之法：用木槌擊婦人胸腹，即有一物墜而掩閉其牝户。止能溺便，而人道永廢矣。是幽閉之説也。今婦人有患陰頽病者，亦有物閉之。甚則露出於外，謂之「頽葫蘆」。《碣石剩談》

實女，謂之「扇提羅」。《般若經注》

實女無竅者，以鉛作鋌，逐日紝之，久久自開。《本草綱目》

五不女者，螺、紋、鼓、角、脈也。螺者，牝竅内旋如螺；紋者，竅小；鼓者，無竅如鼓；角者，有物如角，古名「陰挺」；脈者，一生經水不調，及崩帶之類。李杲《東垣蘭室秘藏》

心、房二星皆兩形，與丈夫、婦女，更爲雌、雄。《二十八宿真形圖》

心、房二宿，具男、女二形。婦人感之而孕，所生亦俱二形。《玉曆通志》

惠帝時，有人兼男女二體，亦能兩用人道。《物異考》

有縉紳夫人，從子至午則男，從未至亥則女。《五雜俎》

廣州尼董師秀有姿色。有欲淫之者，揣其陰，男子也。事聞於官，驗之，女也。令仰臥，以鹽肉水漬其陰，令犬舐之，已而陰中果露男形，如龜頭出殼。《江湖紀聞》

趙參議有婢慧黠，盡得群婢之歡。趙昵之，堅拒不從，強即之，則男子也，蓋身二形。李安民嘗於福州得徐氏處子，年十五六，交際一再，漸且男形。《癸辛雜識》

有道童陰囊之後，穀道之前，又具女形。年長而美，兩乳亦發。《聞見卮言》

蘇民詞娶一妾，下半月女，上半月男。《七修類稿》

道士沈求漢男子也，被仇首是女子。拘令穩婆探其私，具男女兩體，乃鞫得素所通姦道士數人。時人稱爲「雌道士」。《蚓庵瑣記》

哀帝建平中，豫章有男子化爲女子。《漢書·五行志》

成都有一丈夫化爲女子，顔色美麗，蓋山之精也。蜀王納爲妃。《蜀本紀》

廬陵曾佑將娶婦，忽變爲女，後嫁而生子。《江南野史》

靜樂縣民李良雨，娶妻張氏。後因貧出其妻，自傭於人。偶得腹痛疾，腎囊不覺退縮入腹，變爲女人陰户，次月經水亦行，始換女粧。《穀城山房集》

有娼家子莖間潰爛成瘡，瘡愈痂落，乃成女。《蘇譚》

晉定公二十五年，西山女子化爲丈夫。《竹書紀年》

徐登者，閩中女子也，化爲丈夫。《後漢書》

晉元康中，安豐女子周世寧，八歲以漸化爲男子，至十七八，遂能御女。《集異記》

紅塵驛莊姓女，已字人，忽變爲男子，女羞不自明。及就婚，其夫覺而聞之官。乃以聘禮還

之夫家，聽其别娶。而夫之母憐其婉孌，以女歸之。《仁恕堂筆記》

馬洋潭黄翁有女，名嗣姑。年十四自繡觀音大士，供奉甚虔。一日，夢大士啖以一紅丸。女覺，遍身發燒，遂化爲男子。《述異記》《萬玉山房雜記》曰：「改名天泰。」

永州聞氏妻生女，極婉秀，因名曰韻奴。年十三歲，夢道士取藥一粒令吞之。女覺，而藥猶在膈。有頃，起便旋，則已化爲男子形矣。《夷堅志》

東明縣陳氏兄弟二人，俱無嗣。生女共九人，其第九女已嫁，忽變爲男，遂歸父家。《述異記》

當塗楊璜死，妻陸氏遺腹生女。至小祥，作佛事。散齋之夕，女呱呱哭不已。陸怪而視之，見其面目身體如故，而私處已具人道，變爲男矣。《曠園雜志》

濟寧有婦人，年四十餘，寡數年矣。忽生陽道，日與其子婦狎。久之，其子鳴於官。以屬怪異，律無明文，乃令閉置空室中，給其飲食。《池北偶談》

沔陽王翁夫婦皆奉佛。年五十始舉一女，甚明慧，授以書，輒能强記。一夕就寢，夢寐中，若有衆捧持之以手撫摩者。晨起如厠，則變爲男子矣。《居易録》

木瀆譚氏女納凉於庭，忽墮一星如石，壓焉。頃之復甦，則已化爲男子。《古夫于亭雜録》

耒陽薛姓女，名雪妹。病昏瞶中，有白鬚老人拊其身，至下體，以物納之而去。女大啼，父母驚視之，已轉爲男身矣。《新齊諧》

奩史卷二十九

東吳王初桐于陽纂述
樂陵朱之璠盤涯校刊

肢體門五

四肢下

有一蘭馬，走逐路上女子，女子窘急，走入人家床下避之，馬終不置，發床食女子股脚間肉都盡。《齊書·五行志》

馮京醉題角妓股上一聯，云：「玉體貼懷香勝玉，酥胸到手滑於酥。」妓遂雕繡之。後京爲狀元，再過其家，題一絶云：「冰肌滑潤帶微紅，戲寫義之舊筆蹤。血色羅裙巧遮掩，不煩他日碧紗籠。」《雪坡集》

郝恭定母李太夫人，墜樓傷股。忽有老嫗詣門，自言能療。先一手摩股，久之，投藥少許，骨格格有聲，遂相屬。酬以金帛，辭弗受，竟去。《池北偶談》

北齊主納婦薛氏，清河王岳嘗因其娣迎之。主怒，殺其娣。而薛甚寵。久之，主忽思其與岳

通，支解之，弄其髀爲琵琶，復收髀，流涕曰：「佳人難再得！」《鐵崖集注》

顔奮女苦風，一髀偏枯。農櫝民取雞矢、荆葉燃之，令煙內脛，蟲出，長尺，頭尾赤，病愈。《范汪方》

王小潤，字子美。崔垂休溺惑之，嘗題記於小潤髀上，爲山衮求所見。贈詩曰：「慈恩塔下親泥壁，滑膩光華玉不如。何事愽陵崔四十，金陵腿上逞歐書。」《北里志》

甄后初爲袁紹子熙妻。鄴城破，文帝入紹舍，后怖伏姑膝上。帝令舉頭，就視其顔色非常，納之。《魏略》

李太后夢龍枕其膝，後果生烈宗。《晉陽秋》

謝自然，女道士也。居大方山頂。習《道德經》，一十三年晝夜不寐，兩膝上忽有印，四壖若朱，古篆六字，粲如白玉。須臾雲氣遮匝一山，遂仙去。《印典》

劉晏八歲獻《東封書》，明皇奇之，引入宮。楊貴妃坐之膝上，親爲總髻，宮人投花擲果者甚多。《傳信記》

萬國樞祖母劉氏病臥，見兩鬼插矢於膝，呼謈欲死。聶紹真爲禳奏，膝中矢出之，病立差。《啓禎野乘》

秦仲孚母殷恭人膝傷，吮之而愈。《静志居詩話》

朱彝尊《詠膝》詞：「訝流黄織慣，頻掀綜底。小車容却，每觸簾邊。」《茶煙閣體物集》

劉勳女苦左膝瘡痒，迎華陀治之。有蟲若蛇者從瘡中出，長三尺。《河東記》《華陀别傳》略同。

衛農妻夢虎齧其足。皇甫謐《列女傳》

帝每持昭儀足，昭儀常轉側，帝不能長持其足。樊嫕謂昭儀曰：「上欲得貴人足一持，寧轉側，俾帝就耶？」昭儀曰：「幸轉側不就，尚能留帝。欲亦如姊，教帝持，則厭去矣。安能復動乎？」《飛燕外傳》

郭恩射鳩，箭著小女子脚，竟無所害。《魏略》

陳續女臺，有文在其足，曰「天下之母」。《潔齋書鈔》

王和女右足下有七星，星皆有毛，長七寸。《談薈》

盧惟清貶播州尉，死。妻徐氏倍道行至播州，足繭流血，得惟清尸以還。《唐書》

秦妙觀，宣和名娼也。方陸升之客臨安，雨中一老婦人蓬首垢面，丐於市，藉檐溜以濯足。泣訴於升之曰：「曾聞秦妙觀否？妾是也。」《玉照新志》

京師有一婦人，求乞爲事。兩臂全無，雙肩如削。每梳頭髪，右足夾櫛，左足綰髪。及繫衣、浣面，亦如之。其輕捷穩便，與手無異。人多擲錢贈之，亟伸足取貫韋繩之上，略無凝滯。又岳州有一婦人，無兩臂，但用兩足刺繡鞋片，纖緻與巧手相若。《友會談叢》

孫烈女，小字秀姑。年十四，比隣閻士積艷其色，乘孫晚浴，穿檻戲持其足。孫泣訴於母。

次日，閽來請罪，孫持荼毆擊閽。既而聞閽惡聲，遂飲鹵水死。《曠園雜志》

劉緦云：「綴金翠於足跗。」以喻失所施也。然今之妓女，金翠綴足，蓋恒飾耳。《丹鉛總録》

昔有仙人隱居巖谷，麀鹿隨隱，感生女子，姿貌過人，惟脚是鹿。仙人收而養焉，足所履皆生蓮華。《西域記》

梁車爲鄴令。其姊暮至，踰郭而入，車刖其足。《韓子》

漢光武后陰麗華，步處皆鋪太華精細之氈，故足底纖滑，與手掌同。《女紅餘志》

有詠時世妝云：「綽板脚根著象棋。」《風俗記》

資州王全義妻如孕，覺物漸下入股，至足大拇指，痛甚。拆而生珠，如彈圓，漸長大如杯。《續博物志》

婦人足瘡經年不愈，名「裙風瘡」。用男子頭垢，桐油調作隔紙膏貼之。《簡便方》

婦人趾間雞眼，割破出血，搗血見愁草傅之。《乾坤秘韞》

金蓮穩步膏：地骨皮、紅花二味，同研極細，於雞眼痛處傅之。《瑣窗纖志》

女人趾甲內惡肉突出，久不愈，名「臭田螺」。用皂礬，日晒夜露，每以一兩煎湯浸洗。仍以礬末一兩，加雄黃二錢，硫黃一錢，乳香、没藥各一錢，研勻搽之。《醫方摘要》

陳白雪家摘决明以下荼。生三女，皆短而跛，而王氏女甥亦跛。《霏雪録》

《升庵外集》曰：妲己，狐精也，一云雉精，猶未變足，以帛裹之。宫中效焉。《古今事物考》

「此說恐非。」

《漢雜事秘辛》云：「約縑迫袜，收束微如禁中。」觀此，則纏足後漢已自有之。《晞籛欲聿》

唐杜牧《詠襪》詩：「纖纖玉筍裹輕雲。」似此時婦女已纏足矣。《金罍子》

本壽問於母曰：「女子必纏足，何也？」其母曰：「吾聞之，聖人重女，而使之不輕舉也，是以裹其足。所居不過閨閾之中，欲出則有帷車之載，無事於足者也。」范睢曰：「裹足不入秦。」用女喻也。《修竹閣女訓》

李後主宮嬪窅娘，纖麗善舞。後主作金蓮，高六尺。令窅娘以帛纏脚，令纖小，屈上作新月狀。素襪舞蓮中，回旋，有凌雲態。唐鎬詩云：「蓮中花更好，雲裏月常新。」因窅娘作也。自是人皆效之。《道山清話》

婦人纏足起於近世，前世書傳，皆無所自。《南史》：「齊東昏侯潘貴妃，鑿金爲蓮以帖地，令妃行其上，曰『步步生蓮花』。」亦不言其弓小也。如《古樂府》、《玉臺新詠》，皆六朝詞人纖艷之言，類多體狀美人容色之殊麗。及言粧飾之華，眉目、唇口、腰支、手指之類，無一言稱纏足。唐杜牧、李白、李商隱之徒作詩，多言閨幃之事，亦無及之者。惟韓偓《香奩集》「詠屧子」詩云：「六寸膚圓光緻緻。」唐尺短，以今較之，亦自小也，而不言其弓。惟《道山新聞》：「李後主宮嬪窅娘，以帛繞脚，令纖小，屈上作新月狀。由是人皆效之，以纖弓爲

妙。」以此知扎脚自五代以來方爲之。如熙寧、元豐以前猶爲者少，近年則人人相效，以不爲者爲耻也。《墨莊漫録》

《墨莊漫録》考婦女弓足起於李後主。予按：《樂府雙行纏》，知其起於六朝。《史記》云：「臨淄女子，彈弦躧躧。」又云：「揺修袖，躡利屣。」意古已有之。再考《襄陽耆舊傳》云：「盗發楚王冢，得宫人玉屐。」張平子賦云：「金華之舄，動趾遺光。」又云：「履躡華英。」又曰：「羅襪躡蹀而容與。」曹子建賦：「羅襪生塵。」焦仲卿妻詩：「足躡花文履。」繁欽詩：「足下雙遠遊。」梁武帝歌：「足下絲履五文章。」卞蘭《美人賦》：「金蕖承華足。」陶潛賦：「願在絲而爲履，附素足以周旋。」又《麗情集》載：「章仇公鎮成都，有真珠之惑。或上詩以諷之，云：『神女初離碧玉階，彤雲猶擁牡丹鞋。應知子建憐羅襪，顧步褰衣拾墜釵。』」南村謂唐人題詠略不及之，蓋亦未之博考也。《丹鉛續録》

唐以前女子無纏扎之俗。謝靈運詩：「可憐誰家婦，渌流濯素足。」未有既纏之足，濯諸渌流者也。用修所引秦漢六朝諸製，並男婦同之。惟「鳳頭」、「牡丹」等號，類今女子所爲。然率是履上加以文繡、花鳥作此名耳，亦非謂其弓纖也。《少室山房筆叢》

古婦人之足，與男子無異。自唐以後始纏足，至宋而更加纖小。《脈望》

向宗纏足極彎。王侑公戲之曰：「君脚類楊貴妃。」《揮麈餘話》

婦人纏脚，不知起於何時。或言自唐楊太真起，亦不見出處。《脚氣集》

李白《浣沙女》詩：「一雙金齒屐，兩足白如霜。」又《越女詞》：「屐上足如霜，不著鴉頭襪。」古時女不纏足，赤脚著屐，故見其白如霜也。今廣東婦女多如此。《言鯖》

婦人纏足，相傳起於潘妃。然石崇屑香塵，使姬人步之無跡，殆已先之矣。又如《史記》所云「利屣」者，以屐首之尖鋭言之也。則纏足之風由來已久。唐詩：「六寸膚圓光緻緻。」但不如後世之極纖小耳。《説鈴》

宋元豐以前，纏足者尚少。自元至今將四百年，矯揉造作，亦太甚矣。《婦人鞋襪辨》

理宗朝，宮妃束足纖直，名「快上馬」。《説略》

紥足脱骨湯：杏仁一錢，桑白皮四錢，水五碗，新瓶煎三碗。入朴硝五錢，乳香一錢，封口煎化。置足於上，先薰後洗，三日一作，十餘次後，軟若束綿也。《閨閣事宜》

金蓮穩步法：蕎麥稈燒灰，湯淋。取濃汁如釅醋色，以硇砂、白茯苓、藁本等分，爲末，每抄三錢，同灰汁三碗，於砂石器中煎數沸，乘熱洗浸兩足，且淋且渫。寒則又續熱水。不數次，足自柔軟易纏。足面上或生微小瘡，是藥氣所出，訶梨勒末，傅之自差。《宋氏燕閑部》

毛蕃有《禁女子纏足表》。《環碧齋小言》

金蓮方：白鳳仙，連根並花葉，搗爛，燒湯洗之，骨自柔軟。近有用猴脛骨煎洗者，多誤事。《古今秘苑續録》

女子纏足吉日，宜黄道日。《玉匣記》

康熙三年，禁女子裹足。《彤史拾遺記》

尚書黄機上疏，請寬民間女子裹足之禁。《池北偶談》

近世有古不可及者三事，其一婦人脚。《袖中錦》

桃源女子吳寸趾，以足小得名，天寶中人也。《誠齋雜記》

辛幼安嘗有句云：「聞道綺陌東頭，行人曾見，簾底纖纖月。」以月喻足，無乃太媟。《浩然齋雅談》

天錫秀，姓王氏，侯總管之妻也。善緑林雜劇。足甚小，而步武甚壯。女天生秀，稍不逮。《青樓集》

陳潤兒雙趾如鈎。嘗登吳門上方山，泠然御風，衣帶飄舉，幾欲仙去。惟雙鈎印苔蘚間，見者魂消。《曲中志》

何元朗閶門夜集，袖中帶王賽玉鞋一隻，醉中出以行酒。蓋王足甚小。王鳳洲書長歌云：「手持此物行客酒，欲客齒頰生蓮花。」《本事詩》

南渡後，妓女皆窄襪弓鞋，如良人。故當時有「蘇州頭，杭州脚」之諺。《藝林伐山》

史邦卿《咏雪》詞：「行天入鏡，做弄出，輕鬆纖軟。」輕鬆纖軟，元人小令借以咏美人足云。《詞品》

有夫婦逃難，逕宣公橋，妻曰：「我足小不能前，必欲相攜，兩不可保。爾可急走。」揮淚

投橋下死。《蚓庵瑣語》

張元䗖步纖腰，臨風楚楚，人呼之爲「張小脚」。《板橋雜記》

周相國以千金購一麗人，名爲「抱小姐」。因其脚小之至，寸步難移，每行必須人抱，是以得名。《閑情偶寄》

足之小者，莫如秦之蘭州、晉之大同。蘭州婦人之足，大者三寸，小者猶不及焉，然猶剛柔相半。至大同妓女之足，則強半皆柔若無骨者也。《一家言》

有績女趾瘦，不盈一指。《瑣窗閑話》

虎峰書院山長陳執禮，夜燭觀書，承塵上窸窣有聲，仰視，見女子兩纖足，自紙罅徐徐垂下，漸露膝，漸露股。陳厲聲叱之，遂退入。《灤陽銷夏録》

蘇軾《詠足》云：「纖妙説應難，須從掌上憐。」《東坡居士詞》

劉過《詠小脚》云：「懊恨深遮，牽情半露，出没風前煙縷裙。知何似，似一鈎纖月，淺碧籠雲。」《樂府指迷》

史浩即席詠足云：「珠履三千巧鬬妍，就中弓窄只遷遷。」鄮峰《真隱漫録》

《十香詞》：「誰將暖白玉，雕出軟鈎香。」《焚椒録》

徐庸《題楊妃妙舞圖》云：「凌波步小月三寸。」《題畫詩類》

楊慎《詠足》云：「踏青回露濕，怕春寒，倩檀郎温熱。」《三百詞譜》

徐渭《詠纖趾》云：「千嬌更是羅鞋淺，有時立在秋千板。板已窄棱棱，猶餘三四分。」《櫻桃館集》

梁清標《詠足》云：「錦束温香，羅藏暖玉，行來欲仙。」《棠村詞》

丁董俞詞云：「怪殺夜來狂甚，滛香一捻堪憐。玉趺褪盡軟行纏，被底燈前。」《玉鳬詞》

尤侗《詠足》云：「弓彎斜疊蓮花朵。」《百末詞餘》

汪价《詠足》云：「裙底逗些春，剛露香尖一點。」《三儂嘯旨》

婦人弓足，上古未聞。詩云「玉柱插銀河」，又云「兩足白如霜」，止言白，不言弓小。自五代以來，方有弓足。元曲云：「翠裙鴛繡金蓮小。」《在園雜志》

弓足之稱，言纏足中斷，彎如弓形。殊不知趙燕女子三四歲即纏，天然纖小，並無弓形。其弓形者，嗤爲「鵝頭脚」，不足貴矣。《説鈴》

玉鈎，女小脚也。翻頭脚，女足之醜者。《事物紺珠》

有走索者，以男裝女，自幼弓足、穿耳。《在園雜志》

柔福帝姬隨北狩。建炎四年，有女子詣闕，稱爲柔福，自北方潛歸。詔遣老宫人視之，其貌良是，但以足長大，疑之。女子顰蹙曰：「金人驅迫如牛羊，跣足行萬里，寧復故態哉？」上惻然，不疑其詐。《鶴林玉露》

京師好爲隱語相猜，乃畫一婦人赤脚懷西瓜，意謂「淮西婦人好大脚」也。太祖於上元夜微

行，見之。明日，大僇居民。蓋馬后祖貫淮西故云。《翦勝野聞》

高皇后足最大，上戲之曰：「焉有婦人足大如此，而貴爲皇后乎？」曰：「若無此足，安能鎮定天下！」《鳳凰臺記事》

馬湘蘭足稍長，陸無從戲以詩曰：「剪得石榴新樣子，不教人見玉雙鈎。」《書影》

顧喜，一名小喜，趺不纖妍，人稱爲顧大脚。《板橋雜記》

杭州趙鈞臺買妾蘇州。有李姓女貌佳，而足欠裹，趙曰：「似此風姿，可惜土重。」土重者，杭州諺語脚大也。媒嫗曰：「李女能詩，可以面試。」趙欲戲之，即以「弓鞋」命題。女即書云：「三寸弓鞋自古無，觀音大士赤雙趺。不知裹足從何起，起自人間賤丈夫。」《隨園詩話》

嶺南婦女多不纏足，其或大家富室閨閣則纏之。婦婢俱赤脚行市中，親戚饋遺盤榼，俱婦女擔負。至人家，則袖中出鞋穿之，出門即脱置袖中。下等之家女子纏足，則皆詬厲之，以爲良賤之別。《嶺南雜記》

奩史卷三十

東吴王初桐于陽纂述
石門葉　鈞王有校刊

肢體門六

肌骨心魂類

卓文君肌膚柔滑如脂。《西京雜記》

岐王每冬寒手冷，從不近火，惟於妙妓懷中揣其肌膚，稱爲暖手當如是。《開元天寶遺事》

薛瑶英仙姿玉質，肌香體輕。瑶英之母趙娟，本岐王愛妾，出爲薛氏妻，生瑶英。《杜陽雜編》

燕昭王時，廣延國獻舞女二人，並玉晳凝膚，骨輕氣馥，綽約婉妙，絶古無倫。《拾遺記》

麗娟玉膚柔軟。《洞冥記》

馬貴人夢飛蟲萬數入皮膚中，遂登至尊。《東觀漢記》

聖宗妃耨斤，黝面，狠視。入宫，嘗拂承天太后榻，獲金雞。吞之，膚色光澤勝常。《遼史》

楚京山令家兒婦忽得異疾，膚内隱隱現出蜜蜂、蜻蜓、蝴蝶之類。《藝圃蒐奇》

番女以針刺膚，漬以墨汁，遍體青紋。《番社采風圖》

貴妃素有肉，體至夏苦熱，常苦肺渴。每日含一玉魚兒於口中，蓋藉其凉津沃肺也。《開元天寶遺事》

元稹詩：「越婢脂肉滑。」《敘小志》

殷時，有仙女名昌容，隔肉見骨。《帝王世記》

趙昭儀弱骨豐肌，尤工笑語。《西京雜記》

遼滅晉，遷帝於建州，帝母安太妃偕行。臨卒，謂帝曰：「死，可焚我骨，望風南颺。庶遺魂得返中國也。」《女世説》

戴耘野以明季女子死節者編爲《骨香集》。《遂初堂集》

王烈婦者，劉女也。夫死，剪皮金爲香字，以示侍兒，曰：「此所以志也，我骨亦若是耳。」遂自縊。《語林》

王清淑寵婢病骨蒸，教以「龍虎交法」。十日後，自覺腰間暖如火，病自愈。「龍虎」者，以己、午兩時，絶思慮假寐，則龍虎自交。《羅點見聞録》

延州有婦人甚美，年少子悉與之相狎。數年而没，州人葬之。大歷中，有胡僧敬禮其墓，曰：「此乃鎖骨菩薩。」開墓視其骨，皆鉤結如鎖狀。《續玄怪録》《傳燈録》曰：「馬郎婦事，大率類此。」

樂平一尼姑，俗呼爲「攬事游師姨」。日攜竹篼入市，爲隣左百家買什物。一旦，遍詣諸家告別，不疾而卒，瘞於歸仙橋下。明年，有道人至，輒啓其穴，視其骸，乃金鎖子骨也。以杖挑之，凌空而去。《稗史彙編》

唐武后斷王后、蕭妃之手足，置於酒甕中，曰：「使此一婢骨醉。」《鶴林玉露》

東海孝婦周青，許嫁未婚，夫病，求見青，囑託父母，青諾之。夫死，青供務十年。公姑感之，勸令改嫁，青誓不從，公姑乃並自殺。女姑告青害殺，縣收栲，誣款，刑青於市。青謂監殺曰：「乞樹長竿，繫白幡。青若殺翁姑，血入泉；不殺者，血上天。」血乃緣幡竿上天。王韶之《孝子傳》《續搜神記》曰：「其血青黃，逆流而上。」

陳后金鳳、李后春鶯，俱葬蓮花山。及南唐兵發諸陵，兩后容色如生，鮮血流漬，山爲之赤。世遂呼其山曰「胭脂山」。《十國春秋》

臨海婦王氏，美姿容。被掠，過清風嶺，齧拇指出血，寫詩於崖石上，即投崖以死。至今石上血債起如始寫時，不爲風雨所剝蝕。《嵊縣志》

王貞婦拇血漬入石間，盡化爲石。《五峰集》

永新譚節婦，姓趙氏。元兵破城，趙氏隨夫匿於學舍。兵殺其夫，欲污之。趙氏痛罵不從，與嬰兒同遇害。血漬禮殿甎上，宛然一婦人抱子狀，久而如新。或磨以沙石，不滅；又煅以熾

炭，狀益顯。《女世說》

宋建炎間，荆州長陽民婦向氏，爲賊皮仲所執，不受辱被殺，白乳自吭流至踵。白乳，白血也。《荆州記》

黄觀死難，夫人翁氏攜二女沉於通濟橋。未沉時，嘔血於石，至今有血影石在青溪祠中。《崇信録》

有女子隨嫂夜行。天陰蚊盛，嫂借宿田家，女不從，獨宿草莽，遂以蚊死，筋露焉。米芾《露筋祠碑記》《矩齋雜記》云：「露筋事，相傳鄭、蕭二姓。按《碑記》無姓氏，徐文長直指爲蕭荷花，不知何據。」

唐宫中以診脈爲對脈。《大中遺事》

女子脈如貫珠者，苦陰中痛。《脈經》

桀妃末喜，女子行丈夫心，佩劍帶冠。《列女傳》

西施心痛，臥於道側，蘭麝芬芳，見者咸美其容。《抱朴子》

顧長康嘗悦鄰女，挑之弗從，乃圖其形於壁，以棘針釘其心，女遂患心痛。愷之因致其情，女從之，遂密去針而愈。《晉書》

有女子善歌，天帝召之歌，奄奄如死狀。賀道養筮知其故，以土塊加女心上，俄頃蘇。《南史》

趙象與武公業鄰，悦其妾步非煙，賂門媪達意。煙但含笑凝睇，而不答。象因貽以書，煙讀之，嘆曰：「丈夫之志，女子之心。」《步非煙傳》

包繶早亡，妻崔氏少，翁姑疑不能守，使左右嘗其心，崔蓬垢涕泣曰：「誓於此生，靡他也。」《女世説》

文德皇后常苦捧心之病，因針而差。《侯鯖録》

范純夫之女讀《孟子》「出入無時，莫知其鄉，惟心之謂與」，曰：「孟子誤矣，心豈有出入？」《西山讀書記》

趙公以女許嫁忠憲。公送女至京師，女乘馬，披繡衫，戴帽，泊城外旅邸。一夕，病心痛卒。《桐陰舊話》

陶明元母病心痛，痛則拍張跳號，歲六七發，醫莫能愈，明元禱於玄武神，得藥方，治之而愈。《輟耕録》

吳中有鬼善淫，俗名「上方五聖」。凡懷春之女，與之善者，金帛首飾，皆爲盜致。崑山民家一女將被污，女曰：「某家女貌美，何不往彼，而來此？」鬼云：「彼女心正。」女怒曰：「吾心獨不正耶？」遂去，更不復來。《菽園雜記》

金華富家婦少寡，得狂疾，至裸形野立。醫者曰：「是謂喪心。吾針其心，心正必知耻。」針之果愈。《挑燈集異》

惠道昌妻白氏，年十八懷娠，夫亡，欲以死殉。衆諭之曰：「胡不少待，舉子以延夫嗣。」氏泣曰：「非不念良人無後，但心痛，不能須臾緩耳。」七日不食而死。《明史》

王氏嫁方姓。火起，夫適他出，氏堅坐小樓，被焚。骸骨俱燼，惟心獨存。夫歸，捧之長號，即化。《慈谿志》

罵婦人心惡，曰「蘭形棘心」。魏程曉《女典篇》

茅止生得宛叔，深賞其詩，稱爲內子。顧宛叔恒思背之，有「敢比鴛鴦到白頭」之句，棘心已露。《静志居詩話》

荀氏婦病蠱脹死。踰二更忽甦，家人驚喜，問之，曰：「有孫思邈真人，以連環針針心竅上，遂醒。」視之，果有針孔在心前，七日始合。《池北偶談》

王金珠歌：「豔豔金樓女，心如玉池蓮。」《樂苑》

賀方回眷一姝。別久，姝寄詩云：「深恩縱似丁香結，難展芭蕉一寸心。」《能改齋漫録》

《抱朴子》云：「五月五日，婦女著赤靈符於心。」王曾《夫人閤·端午帖子》曰：「心前笑指赤靈符。」《詞林海錯》

劉積中妻以心痛卒。劉妹復病心痛，其婢小碧忽作劉同年杜省躬言，曰：「省躬近從泰山回，路逢飛天野叉攜賢妹心肝，我已奪得。」因舉袖，袖中蠕蠕有物。婢忽然而倒，及覺，一無所記。其妹自此無恙。《酉陽雜俎》

都司女患腹痛，溲溺甚艱。溲内有物，能遊泳，有鱗鬣。取視之，乃比目魚半體也。延醫診之，乃肝氣久鬱所致，投以疏肝之劑而愈。《居易録》

貴妃每宿酒初消，多苦肺熱，常凌晨獨遊後苑，手攀花枝，口吸花露，藉其液以潤肺。《開元天寶遺事》

徐柯《寄小婦》詩：「香能損肺薰宜少。」《香乘續編》

女媧之腸化爲神，處粟廣之野。《山海經》

孫堅母夢腸出繞腰，有神女爲收内腹裹。《拾遺記》

張建女三歲喪母，靈床上有母舊物，女一見，伏床流涕。家人怪其不起，乃往抱持，薦席淚漬，精神傷沮。問醫診脈，云：「女腸斷矣。」遂吐血數升而亡。《顔氏家訓》

獻賊誤刃其愛妾胡老脚，洞脇潰腹，俾老神仙活之。納其腸，以針縫之，傅以藥，七日而甦。《大有奇書》

張獻忠宮中有婢曰「老脚」，爲獻忠所嬖。一日，召不至，持刀自往刺之。揕其胸，腹洞數寸，腸委於地。獻忠旋悔之，謂陳士慶曰：「能活老脚，貰汝死。」士慶使人舁一木扉至，臥老脚其上，納腸於腹，以綫紉之，而傅以藥。一日而呻吟，三日而起坐扉上，又三日而侍獻忠側矣。獻忠奇之，呼爲「老神仙」。《陳士慶傳》

秦有方鏡，照見人五臟。女有邪心，則膽張心動。始皇以照宫人，膽張心動者則殺之。《西京

雜記》

李賀詩：「犀株防膽怯，銀液鎮心忪。」《李長吉詩集》

高觀國詞：「鶯來鶯碎風流膽，踏動櫻桃葉底鈴。」《竹屋癡語》

朱彝尊《詠膽》云：「蘗塢芝房，一點中池，生來易驚。」注引《黄庭經》注：「膽爲中池。」《茶煙閣體物集》

有富家女嗜香，脾爲香氣所蝕，四支痿痺，目瞪不能食。葛乾孫命掘地坎，置女其中。久之，女手足動，能出聲。明日，女自坎中出矣。《明史》

麗娟吹氣勝蘭。《洞冥記》

吕女，小字無病，氣息清如蓮蕊。《聊齋志異》

女士龔靜照贈周寶鐙詩：「藥房新詠氣如芬。」《鵑紅集》

錢芳標《詠息》云：「懵騰後，借三分酒力，吹近郎肩。」《湘瑟詞》

西施舉體有異香。每沐浴竟，宫人爭取其水，積之罌甕，用松枝灑於帷幄，滿室俱香。罌甕積久，下有濁滓凝結如膏，宫人取以曬乾，香踰於水，謂之「沉水」。製錦囊盛之，佩於寶袜。《採蘭雜志》

后浴五蘊七香湯，踞通香沉水坐，燎降神百蘊香。婕妤浴荳蔻湯，傅露華百英粉。帝嘗私語樊嫕曰：「后雖有異香，不若婕妤體自香。」《飛燕外傳》

都中名姬楚蓮香，國色無雙。蓮香每出處之間，則蜂蝶相隨，蓋慕其香也。《開元天寶遺事》

薛瓊英幼以香屑啖之，長而肌香，故名「香兒」。《叙小志》

田妃氣體如蘭，其行坐處，香踰時不絶。《霜猿集》

薛素素平生不佩椒蘭，而芳出膚理。《詩話類編》

《十香詞》云：「元非噉沉水，生得滿身香。」《焚椒録》

張鎰有女倩娘，嘗與鎰甥王宙私。後鎰許字他人，而厚遣宙，宙悲慟，決别上船。夜半，聞岸上人聲。問之，乃倩娘，步行跣足而至。宙驚喜，遂與遁去。至蜀五年，生兩子，乃俱歸衡州。宙首謝其事，鎰大驚曰：「倩娘病在閨中數年，何得更有倩娘？」室中女聞，喜而起，出與相迎，翕然合爲一體，其衣裳皆重。《離魂記》

劉道濟夢見一女子，引入窗下，遂爲伉儷。後至明州古寺，宛是夢所遊。詢知客官人寄寓於此室，女中心疾而死。前遇，乃女之魂也。《夢遊録》

張守一有防身鬼。一日，見士人家女甚美，悦之。呼鬼問曰：「能爲我致否？」曰：「此易事，然不得久，纔可七日而已。」遂營静處，設帷帳。有頃而至，女驚曰：「此何處？」守一曰：「天上。」因與款昵，情愛甚切。七日，鬼復送還。守一私覘女家，云：「女郎中惡不識人，七日而醒。」《避暑漫抄》

龐阿美容儀，石氏女悦之。未幾，阿見此女來，阿妻使婢縛送石家。石父愕然，即於内唤女

出。向所縛者，奄然滅焉。蓋其魂神也。《幽冥記》

李生妻爲暴鬼所殺，求九華洞仙田先生神力再生。先生即令追李妻魂魄，合之而生。《仙傳拾遺》

馬二娘善考召。蘇詵與馬相善，詵欲爲子萊求婚盧氏。謂馬曰：「盧氏三女，未知誰佳？幸爲致之，令其母自閲。」馬結壇考召，三女魂迷悉至。馬云：「次女必爲刺史婦。」天寶末，萊死禄山之難，贈懷州刺史。《廣異記》

張通直新婦死，七日而體温，既還魂，云：初爲二人追去，見一金紫人，婦識之，乃其舅也。連呼舅舅，金紫者亦識之。曰：「七娘來來。」遂取二人文檄視之，乃曰：「誤矣，須放回。」令虞侯引婦出至一寺。寺僧令婦執堂下幡脚，用力引之。幡起，驚寤而甦。《隨手雜録》

來生赴友人席，於筵間攝一少女魂，靚麗異常，起居無異，第不近人，不開言耳。飲畢，冉冉而没。《蚓庵瑣語》

揚州攻急，錢應式夜坐，有縞衣二女，各長五寸許，躍而前，倏入積薪中不見。及城破，應式女與卞氏女相要以死。人以爲二縞衣者，即二烈女生魂。《冥報録》

奩史卷三十一

東吳王初桐于陽纂述
京口高　雲青士校刊

肢體門七

汗淚類

貴妃每至夏月，常衣輕綃，使侍兒交扇鼓風，猶不解其熱。每有汗出，紅膩而多香。或拭之於巾帕之上，其色如桃花也。《開元天寶遺事》

王金珠歌：「香汗光玉色。」《彤管集》

趙飛燕與宮奴赤鳳暱。後赤鳳懼事泄，亡去。后思之，製《赤鳳來》曲，援琴而歌之，未嘗不淚下。《古琴疏》

薛靈芸年十七，容貌絕世。時文帝選良家女子，谷習以千金寶賂聘之，獻文帝。靈芸別父母，歔欷淚下。至升車就路之時，以玉唾壺承淚，壺則紅色。及至京師，壺中淚凝如血。《拾遺記》

魏文帝甄后面白，淚雙垂如玉筯。《唐詩鼓吹》注

胭脂井石欄，紅痕若胭脂。相傳張、孔二貴嬪淚痕所染。《韻語陽秋》《金陵志》同。

千金公主進淫毒男子，武后愛幸之，改明年爲如意元年。是年，淫毒男子以情殫死，武后思之，作《如意曲》，云：「看朱成碧思紛紛，憔悴支離爲憶君。不信比來長下淚，開箱驗取石榴裙。」《張君房脞說》

楊貴妃初承恩召，與父母相别泣涕。登車時，天寒，淚結爲紅冰。《開元天寶遺事》

灼灼，錦城官妓也。善舞《柘枝》，能歌《水調》，爲幽抑怨懟之音。相府筵中，與河東人裴質坐接，神通目授，如故相識。相因夜飲，忽速召之，自此不復面矣。灼灼以軟綃多聚紅淚，密寄河東人。《麗情集》

張泌與鄰女浣衣相善，經年不復見，賦詩寄之。浣衣計無所出，流淚而已。《娜嬛記》

道君幸李師師家，適師師不在，坐久始歸。愁眉淚睫，憔悴可掬。道君怒曰：「你去那裏去？」師師奏：「臣妾萬死，與周邦彦一杯相送，不知得官家來。」《貴耳録》

許至雍妻亡，感念不已。有巫能致死魂，果見其妻至。至雍涕泗嗚咽，與語久之。巫曰：「夫人可去，恐有譴謫。」妻乃出，至雍泣曰：「願惠一物以爲記。」妻曰：「幽冥唯有淚可傳於人世。君有衣服，可授一事於地。」至雍脱汗衫置地上，妻取汗衫蔽面大哭，揮手别去。至雍取汗衫視之，淚痕皆血也。《靈異記》

天津妓紅蘭，本浙東名家女。送孫暘《歸江南》詩：「情淚好隨潮水去，送君雙槳到姑蘇。」《本事詩》

《古詩詠焦仲卿妻》云：「却與小姑别，淚落連珠子。」《詩紀》

溫庭筠《詠淚》詞：「玉纖彈處真珠落。」《花草稡編》

胡曾詩：「臉邊楚雨臨風落。」楚雨，淚也。《安定集》

劉氏瑤《暗别離》詩：「燕脂淚迸紅綫綫條。」《唐詩玉臺集》

聖婆揮涕竹上，今霧雨，竹有液如涕。《貴州通志》

秦始皇遇神女，神女吐之發瘡。《三秦記》

漢武帝在甘泉宫，有玉女降，與帝圍棋。女風姿端正，帝逼之，玉女唾帝面而去，遂病瘡經年。《幽明録》

后與婕妤坐，后誤唾婕妤袖，婕妤曰：「姊唾染人紺袖，正似石上華。」因謂之爲「石華廣袖」。《飛燕外傳》

淖方成見趙昭儀，唾曰：「此禍水也，滅火必矣！」《女世説》

吴主潘夫人遊昭宣之臺，志意幸愜。既盡酣醉，唾於壺中，使侍婢瀉於臺下，得火齊指環。《拾遺記》

難陀之妻名孫陀利，端正美貌，與難陀食息不離。一日，難陀與妻居高樓上。難陀欲下樓見

佛，妻曰：「以吐濕汝額，未乾即回。」難陀云：「如所約。」宋師教《釋宗百詠集》

樊夫人，劉剛妻也。共試道術，剛唾盤中，水成鯉魚；其妻樊夫人唾盤中，水成獺，食魚。《神仙傳》

李科妻謝氏陷虜賊中，有欲犯之者，謝唾其面曰：「寧萬段，我不汝污也！」賊怒，剉之而去。《盤洲集》

新建多姬妾，自詭知字學。嘗云：「婦人口液，名華池神水。吮而嚥之，可不死。故『活』字乃千人口中水也。」一時傳以爲笑。《玉堂叢語》

盧思道《美女篇》：「微津染長黛。」《盧思道集》

孟浩然《漁浦潭》詩：「美人常晏起，照影弄流洙。」《襄陽集》

女子二七而天癸至，七七而天癸絶。《黄帝內經》

婦人姅變，不得侍祠。《漢律》《漢制考》引此作「姅孌」。

姅變，月事也。《群碎録》

月事謂之姅變。幼女未通，老婦當絶，故字从半女。《言鯖》

濟北王侍者韓女，病月事不下。《史記》

漢景帝召程姬，姬有所避，不願進，飾侍者唐兒，使夜進。帝醉不知，以爲程姬而幸之，遂有身。已，乃覺非程也。及生子，因名曰發。《女世説》

江都王故姬李陽華，后母事之。陽華教后以九回沉水香澤雄麝，爲息肌丸，納臍內，月事益薄。他日，后言於上官嫕。嫕曰：「若如是，安能有子乎？」《飛燕外傳》

紅潮，謂桃花癸水也，又名「入月」。王建詩：「密奏君王知入月。」《粧樓記》

周世宗時，陶尚書穀奉使江南，韓熙載遣家妓以奉盥匜。及旦，有書謝。略曰：「巫山之麗質初臨，霞侵鳥道；洛浦之妖姿自至，月滿鴻溝。」舉不能領會其辭。熙載召家妓，訊之，云：「是夕忽當浣濯焉。」《緗素雜記》

華清宮溫泉中石座上有紅斑文，俗傳爲楊妃入月痕。李茂元見之心動。是夜，有婦人至，容貌絕世，而肌肉頗豐。自稱太真，言「君一念所及，幽冥相感，不能忘情」，遂惑之。《高坡異纂》

毒藥塗鏑，中即死，惟飲婦人月水，時有差者。《博物志》

趙輝喜食婦人陰精月水。《碣石剩談》

女子之血，上應太陰，下應海潮。月乃盈虧，潮有朝夕，故謂之「月水」、「月信」、「月經」。經者，常也。天癸者，天一生水也。邪術家謂之「紅鉛」。又以法取童女初行經水服食，謂之「先天紅鉛」。皆謬名也。月事一月一行，其常也。或先或後，或通或塞，其病也。復有逆行、居經、按季、避年、暗經、盛胎、垢胎、漏胎之異。《本草綱目》

月經不斷，黑豆煮酒服之。《浩然齋視聽抄》

一人娶妻，已破瓜無元。袁可潛作《如夢令》贈之，云：「今夜盛排筵宴，準擬尋芳一遍。春去已多時，問甚紅深紅淺。不見不見，還你一方白絹。」《輟耕録》

《北里志》：「張住住與龐佛奴有私，乃髡雞冠取丹物，託隣媪以聘陳小鳳。」然則今世閭巷有爲僞者，其來久矣。《癸辛雜識》

楊買奴，樂人張四妻也。美姿容，善謳唱。貫酸齋嘗以「裙拖白帶」之句譏之，蓋以其有白帶疾也。《青樓集》

新莽時，南陽市中生一肉塊，斫刺不入。有七歲女子尿之，即開。《博物志》

潘璋妾有仙術，其旋溺香如麝臍。《夷堅志》

蘇頌有老婢韋，其妹即顯仁也。初攜登頌榻，通夕遺溺不已。頌曰：「此甚貴，非此能住。」會哲宗擇室女分賜諸王，顯仁在選，入端陽宮，一幸而生太上。《南宋相眼》

有新婦夜遺其溺者，一人爲詩嘲之，曰：「丹青不用自成龍，夢裏頻頻告出恭。智伯有頭無可用，沛公如厠不相從。非關雲雨巫山濕，若决江河大地通。枕畔忽驚郎喚醒，方知身在水晶宮。」《槐亭漫録》

有人娶婦，交拜時，紅氈之上，忽然遺溺，遂送還母家。然貌美而端，從無遺溺病。一士聞之，娶以爲婦。後官至大學士，封一品夫人。萬曆初，舉大婚禮，召此婦典禮。在宮之夕，小遺時，宮婢進七寶珊瑚溺器，恍憶昔年拜堂遺溺，彷佛見此器也。《聞見巵言》

集》

王越見一妓就地小遺，作曲云：「清泉一股流銀綫，衝破緑苔痕，滿地珍珠濺。」《名賢珠玉集》

有妓病小便不通，腹脹如鼓。一醫用豬脬吹脹，以翎管安上，插入陰孔，捻脬氣吹入，即大尿。《衛生寶鑑》

太任溲於豕牢，而生文王。《國語》

耿先生見宫婢掃糞，謂元宗曰：「此物可惜，勿令棄去。取置鐺中烹煉，少選皆成白金。」開寶中，金陵内庫猶有耿先生糞壞銀也。《十國春秋》

宫人多用糞車，每月初四、十四、二十四三日，以空車推入一換，從後宰門出。《暖姝由筆》

附録

飛燕善行氣術。微時，通射鶥兒。雪夜露立，閉息順氣，體溫舒無軫粟。射鶥者以爲神仙。《海録碎事》

馮猶龍《嘲麻妓》曲云：「千圈萬圈，不方不圓。」《風月錦囊》

丁貴嬪生而有赤痣在左臂，又體多疣子，治之不滅。年十四，高祖納之，赤痣、疣子並失所在。《女世説補》

則天右手中指有黑毫，左旋如黑子，引之尺餘。《酉陽雜俎》

英妃未仙時，腋下忽生碧毛，遂謝時人曰：「我碧毫小仙也，今當去。」遂乘白鶴飛去。《修真録》

楚中某公官雲南，過一山險絶處，輿夫失足，其愛女墮山澗中，謂必無生理，號泣而去。任滿而回，再經其地，設祭招魂而哭。女忽自空中飛至，家人皆以爲鬼。女曰：「女，人也，非鬼也。當墮澗時，掛於樹，得不死。久之，飢甚，聞澗草甚香，試采食之，遂不飢。茹草既久，遍體生毛，遂能輕舉。意之所至，翩然赴之，捷如飛隼。適遊行澗中，聞父母呼女名，故來耳。」父母欲攜之歸，曰：「此中甚樂，不思家也。」復飛而去。《簪雲樓雜記》

嵩縣任士宏妻平氏，美而淑，無子。往禱少室，度絶嶺，平氏墜深谷中。士宏四顧，皆千仞壁，大慟而歸，誓不再娶。越三年，里有張義樵於山，見一毛女呼義名，曰：「我任家大嫂也，汝不相識耶？」義驚曰：「大嫂無恙乎？」曰：「我初墜，緣藤得無損。既而飢甚，取女貞子食之，三月乃生毫，半載身輕，騰踔上下矣。」義具道任生哀慕狀，毛女曰：「我已與鸞鶴伍，甚樂。爲我謝任生，早續姻盟，毋自苦也。」言已，一躍而去。義急報任，任大喜，往伏樵處。俟三日，毛女果至，直前抱之。毛女曰：「誰耶？」曰：「夫也。」曰：「妾貌已寢。」曰：「我不嫌汝，何忘夙昔之好乎？」因泣下。毛女心動，乃允之，遂與歸。初飲食，腹微痛，踰時而定。半月，毛盡脱，依然佳麗也。《留溪外傳》

丁次卿至娶，婦家未見禮，異。婦出，鬚髯鬱然，其家謝之。次卿舉手向婦，鬚髯即去。《列

仙傳》

唐李光弼母有鬚數十莖，長五寸。《雞肋編》

揚州女道士康紫霞，少時夢天符，令攝將軍巡南嶽，覺而生鬚數十根。《酉陽雜俎》

宣和初，朱節妻年四十，忽鬚出，長尺餘。《宣政雜録》

至元元年，祥符縣乞丐婦人忽生髭鬚。《元史》

至正中，京師一婦人生髭鬚，長一尺餘。《草木子》

洪武初，南京達達婦人有髭鬚，長尺許。《七修類稿》

正德間，臨河城靳氏女將笄，忽生鬚，長四寸。《開州志》

閩林文恪黄太夫人，有鬚寸許。弘治六年，應山縣民張本華妻崔氏生鬚，長六寸。《南村隨筆》

弘治末，隨州女子生髭，長三寸餘。又鄖陽一婦，美色，頷下生鬚三繚，人目爲「三鬚娘」。《庚巳編》

孫文恪夫人楊氏有髯，年過百齡。《静志居詩話》

雲南晝晦七日，楚婦人鬚長三寸。《明史》

杭城詹氏女，七歲，以手摸口，鬚隨手出，長數寸。《曠園雜志》

姚啓聖女頷下髭長尺餘。《秋燈叢話》

奩史卷三十二

東吳王初桐于陽纂述
茂苑宋思仁雲亭校刊

容貌門一

容色

「毛嬙、驪姬，魚見之深入，鳥見之高飛。」《莊子》語也。「鳥驚入松蘿，魚畏沉荷花。」宋之問《浣紗篇》也。後世遂有「沉魚落雁」之容。《戲瑕》

李夫人病篤，武帝自臨候，夫人以所生子昌邑王及兄弟爲托，然終蒙被，不肯一見上。上起，夫人姊妹讓之曰：「貴人獨不可一見上，屬托兄弟耶？」夫人曰：「此乃所以深托也。我以容貌之好，得從微賤幸上。夫以色事人者，色衰而愛弛，愛弛則恩絶。上所以惓惓顧念我者，以平生容貌也。今見我毀壞，必畏惡吐棄我，尚復肯追思閔，録其兄弟哉！」《女世説》

楊良能妻鄭氏歸寧，適其家改葬祖姑。啓棺，儼然不朽。視其容貌，與鄭氏無小異。計其死之年，乃鄭氏生之年也。《睽車志》

士人某娶婦，至門，兩新人從輿中出，容貌宛肖，家人莫能別白。乃共安之，終莫知其真贋也。《秋燈叢話》

邢夫人得幸漢武，尹夫人請見，帝許之。令他夫人飾爲邢夫人來前，尹夫人曰：「非也，視其身貌形狀，不足以當人主。」於是詔邢夫人衣故衣，獨自來前，尹夫人望見，曰：「是也。」低頭而泣，自痛不如。《兩漢雋言》

魏武下鄴，文帝先入袁尚府。有婦人被髪垢面垂涕，立紹妻劉氏後。文帝問之，云是熙妻。顧攬髪髻，以巾拭面，姿貌絶倫，遂納之。郭頒《世語》

唐武宗王才人，狀纖頎，頗類帝。每畋苑中，才人必從。袍而騎，被服光侈，略同至尊。相與馳出入，觀者莫知孰爲帝也。《女世説》

武靈王夢見處女鼓琴而歌，曰：「美人熒熒兮，顔若苕之榮。」異日，數言所夢，想見其狀。吳廣聞之，因夫人而內其女娃嬴，孟姚也。《史記·趙世家》

西晉時，丹陽有老嫗，姓諶氏，不知其年幾何，顔色常如嬰兒，人稱爲「嬰母」。《子庵雜録》

侯夫人入迷樓，七八歲不蒙幸。一日，自經於棟下。帝往撫其尸，曰：「此已死，顔色猶美如桃花。」《迷樓記》

遼時，婦人有顔色者，目爲細娘。面塗黃，謂之「佛裝」。宋彭汝礪詩有「女夭夭稱細娘，

真珠絡背面塗黃。南人見怪疑爲瘴，墨吏矜誇是佛裝。」《西神脞説》

女星傍一小星，名始影。婦女於夏至夜候而祭之，得好顏色。《實菴紀聞》

三月三日收桃花，七月七日收雞血，和塗面上，二三日後脱下，則光華顏色也。《聖濟總録》

黃令微年八十餘歲，顏如處子，人號「黃華女」。《廣信府志》

河東君盛鬒堆雲，玉顏欺雪。《柳南隨筆》

劉聰大劉后，殷長女也；小劉后，殷小女也。殷二女、四孫女，皆姿色超世，女德冠時，聰並納之。自是六劉之寵，傾於後宮。《哲匠金桴》

舞倡李艷娘有姿色，昶召入宮。《幸蜀記》

喜溫柔，曾九之妻也，姿色端麗。《青樓集》

徐雪翾，字小飛，姿色明艷。張天如見而悦之，與訂于歸之約，旋別。踰年，竟爲松陵富人所娶。《蘭畹居清言》

賢妃尚氏有殊色，景宗最憐寵焉。妃所欲殺，則殺之；所欲宥，則宥之。《閩書》

吳主潘夫人父坐法，夫人輸入織室。容態少儔，爲江東絶色。吳主聞，使圖其容貌。夫人憂戚不食，減瘦改形，工人寫其真狀以進。吳主見而喜悦，以虎魄如意，撫按即折。嗟曰：「此神女也，愁貌尚能感人，況在歡樂！」乃命納於後宮，果以姿色見寵。《拾遺記》

張子龍夜步湖西，見一婦人衣裳楚楚，回顧而笑，真絶色也。方欲詢之，乃緩步水面而東。

《玉照新志》

余洪敬妻鄭氏有絶色，爲亂兵所獲，獻於大將軍查文徽。將以薦枕，鄭罵曰：「王師吊伐，義夫節婦，宜加旌賞。君侯爲國上將，乃欲加非禮於婦人乎？願速見殺。」查大慚，求其夫而付之。《括異志》

董年，秦淮絶色，與小宛姐妹行，艷冶亦相頡。《板橋雜記》

龐景明女，名化生，奇色也。《魏書》

江都王孫女姑蘇主，嫁江都中尉趙曼。主與馮萬金私通，有娠。一産二女，長曰宜主，次曰合德。宜主長而纖便輕細，舉止翩然，人謂之飛燕。飛燕、合德二人，皆出世色。《趙飛燕外傳》

趙飛燕姊妹二人，並色如紅玉，爲當時第一。《西京雜記》

齊武帝與寵姬荀昭華言：昔所私通司馬氏女有國色。昭華意不悦，逼帝迎之。及至，衣裳補結，粧梳不與，宫内相參。昭華盛飾，見之登階，便相笑侮。呼帝入視，又以醜辭嘲帝。帝甚慚，即遣還外。《女世説》

王承昇有妹，國色。德宗納之，不戀宫室。德宗曰：「窮相女子！」乃出之，後果流落。《劉賓客嘉話録》

徐耕二女皆有國色。耕教爲詩，有藻思。王建納於後房，姊生彭王，妹生衍。姊爲淑妃，妹爲貴妃。衍即位，封貴妃爲順聖太后，淑妃爲翊聖太后。衍既荒於酒色，而徐姊妹亦各有倖臣，

不能相規。《幸蜀記》

張天錫疾篤，閻、薛二姬並國色，天錫謂曰：「吾死，汝二人豈可更爲他妻？」皆曰：「請效死尊前。」二人自殺，天錫瘳，進悼二姬，葬以夫人禮。何集《續帝王世紀》

蔡將軍敏榮之妻，國色也，相傳爲吳宮舊人。《隨園詩話》

後唐莊宗破夾寨，於潞州得符道昭妻侯氏，有才色，時稱夾寨夫人。《五國故事》

王皇后始嫁金王孫，生一女矣。相工見后而嘆曰：「天下貴人也，當生天子。」《漢武故事》

梁皇后入掖庭，相工見之，驚賀曰：「此所謂日角偃月，相之極貴者也。」《東觀漢記》

劉焉入蜀，聞善相者言，吳壹妹當大貴，爲子納之。先主定益州，以爲夫人。《蜀志》

鄭太后本姓朱氏，相者言於李錡曰：「朱氏有奇相，當生天子。」錡取致於家。錡死，后入掖庭，爲郭太后侍兒。憲宗愛幸之，生宣宗。《東觀奏記》

符后初爲守真子婦，術者見之大詫，曰：「母后相也。」守真曰：「吾婦乃爾，吾可知矣。」及守真破，符氏歸柴世宗。《畫墁録》《五代史補》曰：「符彥卿女，相者曰：『此天下母也。』李守真素有異志，爲子娶之。」

葉紈紈，字昭齊，其相端妍，金輝玉潤。《午夢堂集》

秦有七娥之臺。秦晉之間，美色謂之「娥」。《方言》

赤烏氏，美人之地也。赤烏獻女於天子，爲嬖人。《穆天子傳》

衆嫭，衆美女也。《漢樂歌》注

《管子》云：「毛嬙、西施，天下之美人也。」自管子至吴越二百一十三年矣，如果一西施，不應先及。《讀書考定》

《莊子》注：「西施，越姬也。句踐獻吴。」又毛嬙，司馬云：「古美人，一曰越王美姬。」則二女皆越産矣。《粧樓記》

句踐索美女以獻吴，於諸暨苧蘿山得賣薪女西施、鄭旦，作土城貯，令賢傅母教習。《吴會分地記》

旋波、移光，越之美女。與西施、鄭旦同進於吴王。《升庵外集》

西施，越之美女。過市，欲見者先輸金錢一文。《孟子注疏》

吴人呼西施爲娃。娃，美女也。《吴地記》

越納西施、鄭旦於吴，吴易其名曰夷光、修明。越既入吴，二人方止苑中。兵士望見，以爲神女。《蓉槎蠡説》

杜牧詩：「西子下姑蘇，一舸逐鴟夷。」世傳西施隨范蠡去，因此詩而附會也。按《墨子》曰：「越破吴，沉西施於江。」《吴越春秋》曰：「吴亡，西子被殺。」《修文殿御覽》引《吴越春秋》逸篇云：「吴亡後，越浮西施於江，令隨鴟夷以終。」蓋西施隨鴟夷者，子胥之譖死，西施有力焉。胥死，盛以鴟夷，沉西施，所以報子胥之忠。故云：「隨鴟夷以終。」范蠡去越，

亦號鴟夷。杜牧遂以子胥鴟夷爲范蠡之鴟夷，乃影撰此事，以墮後人於疑網也。《丹鉛總録》

東坡詞：「五湖聞道，扁州歸去，仍攜西子。」嘗疑之別無所據，惟《越絶書》云：「吳亡後，西施復隨范蠡，因泛五湖而去。」及觀唐《景龍文館記》、宋之問《浣紗篇》，又以爲：吳亡，西子復還會稽。《藝林學山》

楊用修辨「一舸鴟夷」之誤，歷證西施沉江。陳晦伯《正楊》證西施隨范蠡以去。各有所出，難以臆斷。第陳引《吳地記》：「句踐令范蠡取西施以獻夫差。西施於路與范蠡潛通，三年始達於吳，遂生一子。至一亭，其子一歲，能言，因名語兒亭。」此大可笑。《宛委餘編》

初，光武聞陰麗華美，心悦之。歌曰：「娶妻當得陰麗華。」後爲皇后。《東觀漢記》

世傳吕布妻貂蟬，史傳不載。唐李長吉《吕將軍歌》：「傅粉女郎大旗下。」似有其人也。《丹鉛總録》

貂蟬事不經見，然羽傳注稱：「羽欲娶布妻，曹公疑布妻有殊色，因自留之。」則非全無所自。《莊岳委談》

阿修蘿之女，容顔美無比。面上姿媚八萬四千，左右前後，姿媚各有八萬四千。《觀佛三昧經》

晉武帝楊后，諱芷，字季蘭，婉孌才色，美映椒房。《太平御覽》

武帝選良家女以充後宮。時卞蕃女有美色，帝語楊后，后妒，因曰：「蕃三世后族，不宜枉以卑位。」《晉中興書》

緑珠井，汲此井者，誕女美麗。識者以美色無益，以石填之。後産女，雖有美者，而七竅不完。《嶺表録異記》

語曰：「欲知莫愁美，但看阿侯容。」阿侯，莫愁子也。《女紅餘志》

杜詩：「佳人屢出董嬌饒。」《玉臺新詠》：「宋子侯有《董嬌饒》詩。」毛晃韻新增「嬈」字，誤引此詩作「妖嬈」。《杜集箋注》

夢蘭，古之美人。見《東陽雜志》。庾信詩云：「何年迎弄玉，今朝得夢蘭。」《女紅餘志》

明皇遣使擇天下姝好，號「花鳥使」。《表異録》

何康女美色，將嫁，衍取之，其夫一慟而卒。《幸蜀記》

至聰修行十年，一日下山，見美人紅蓮花，一瞬而動，遂與合歡。至明，僧與婦人俱化。《侍兒小名録拾遺》

女子晁試鶯美而文。一尼出入其家，言：「試鶯不施朱粉，而面貌如畫；不佩芳芷，而體有恒香；不簪朱翠，而鬟髮自治。常夏月著單衣，左手攀竹枝，右手持蘭花扇按膝上。注目水中遊魚，低吟竹枝小詞，若乳鶯學囀也。」《女世説》

占城、真臘兩國交界有婆律山，石壁中裂美女二人，姍姍而出，其貌傾國。占城人得之，以獻於王。真臘興兵爭鬭，殺傷甚衆。《夷堅志》

陳玉英，名士蘭，素質嬌波，修軀高髻，聲色具美。《曲中志》

一少年疾入膏肓，忽道士過之，取鐵鎚鎚病者頭。鎚下，輒有一美婦人長二寸許，自口中躍出而滅。凡百鎚，口出百婦人，少年立愈。《池北偶談》

《漢書》：李延年歌曰：「北方有佳人，絶世而獨立。一顧傾人城，再顧傾人國。寧不知傾城與傾國，佳人難再得！」注云：「非不吝惜城與國，但以佳人難得，愛悦之深，不覺傾覆。」余謂此説非也。所謂傾城與傾國者，蓋一城一國之人皆傾心而愛悦之，非謂佳人解，傾人城、傾人國也。《甕牖閑評》

京師婦女美者，謂之「搭子」。蓋搭子者，「女」傍着「子」，爲「好」字也。《袖中錦》

婦人三上、三中、三下，皆易爲美。牆上、馬上、樓上，旅中、醉中、日中，月下、燭下、簾下。《袖中錦》

《西厢記》「顛不剌」，釋者以「顛不剌」爲美女。《言鯖》

司馬長卿《美人賦》：「臣之東隣，有一女子，玄髪豐艷，蛾眉皓齒，顔盛色茂，景曜光起。」《司馬文園集》

杜詩：「暖老須燕玉。」謂燕趙美婦人如玉也。《留青日札》

天下之女，白不如越溪之肌皙。《風俗通》　杜甫詩：「越女天下白。」

明德馬皇后青白色。《東觀漢記》

衛瓘女端正而長白。王隱《晉書》

寧王宅左有賣餅之妻，纖白明媚。王厚遺其夫，取之。環歲，問復憶餅師否？默然不對。王召餅師，見之，其妻注視，雙淚垂頰，若不勝情。因以妻還餅師。《本事詩》

謝皇后生而黳黑。理宗將選爲后，忽病疹。及愈，膚脱，瑩白如玉。《天中記》

卞賽賽之妹曰敏，頎而白如玉肌肪，風情綽約。人見之，如立水晶屏也。《板橋雜記》

女國女人容貌端正，色甚潔白，髮長委地。《夷俗考》

日本婦人不施粉自白。《臺灣府志》

左思《嬌女詩》：「吾家有嬌女，皎皎頗白皙。」《玉臺新詠》

宫人李陵容，形長而色黑，同輩皆謂之「崑崙」。《晉陽秋》

張祐嘲李端端云：「黄昏不語不知行，鼻似煙囱耳似鐺。愛把薑芽梳掠鬢，崑崙山上月初生。」端請更之，乃更贈云：「覓得黄騮被繡鞍，善和坊裏取端端。揚州近日渾成異，一朵能行白牡丹。」或曰：「李家娘子纔出墨池，便登雪嶺，何其一日黑白不均？」《雲溪友議》

劉鋹宫人波斯女，年破瓜，黑腯而慧，光艷絶人。性善淫，曲盡其妙。鋹嬖之，賜號「媚猪」。《清異録》

商家林有妓名黑丫鬟。《諧鐸》

妓女金樹兒病起，甚黄。丘少鶴詩云：「可憐顔色黄如菊，不枉名呼金樹兒。」《詩話類編》

梁鴻妻孟光，醜黑而肥。《東觀漢記》

曹嵩之妻肥。郭頒《世語》

明皇在百花院便殿，覽《漢成帝内傳》。時妃子後至，以手整上衣領，曰：「看何書？」上笑曰：「乃是漢成帝獲飛燕，身輕欲不勝風，恐其飃翥，爲製七寶避風臺。爾則任吹多少！」蓋戲妃之微有肌也。《太真外傳》

貴妃有姊三人，皆豐碩修整。《太真外傳》

楊國忠冬月令肥大婢妾遮風，謂之「肉陣」。《開元天寳遺事》

有酒妓肥大，杜牧贈詩云：「一車白土將泥臉，十幅紅綃補破裩。」《太平廣記》《南部新書》作崔立言詩。

樊夫人鬢翠如雲，肥潔如雪。《女仙録》

夏均文泛舟載肥妓，其詩曰：「妓壓畫舡低。」《詩説集録》

夏屠死，妻陸氏結帨於梁，引頸就縊。身肥重，帨絶墮地。時炎暑，流汗沾衣，乃坐而搖扇曰：「余且一凉。」既復取帨，結之而盡。《快雪堂雜録》

吳地大水，上命内官教宫女數十人，氅服雲璈，演習禳醮。仍選軀體豐碩者一人，飾爲天神，仗劍登壇行法。不能勝介胄之重，結錦繡爲之。《天啓宫詞注》

顧小喜體態豐華，人謂之「肉屏風」。《板橋雜記》

王于一狎一臝妓，或嘲之，王曰：「近代美人尚肥。」《今世説》

女肥謂之「乳娕」。《事物異名》

周昉仕女圖多穠麗豐肥，有富貴氣。《畫鑒》

周昉畫美人極精妙，然多失之肥。《東坡詩話》

周昉寫婦女多豐厚，蓋關中纖弱者少。《宣和畫譜》

周昉畫美人多肥，蓋當時宮禁貴戚所尚。《揚子卮言》

仇英《漢宮春曉圖》，姬御皆豐妍而寡綽約。《少室山房類稿》

舞者媚兒，容質雖麗，而軀幹甚偉。東坡戲爲四語，云：「舞袖蹁躚，影搖千尺龍蛇動；歌喉婉轉，聲撼半天風雨寒。」妓赬然不悦。《遯齋閑覽》

大食國仕女，魁偉壯大。杜環《經行記》

和熹鄧后自遭大憂，羸瘦骨立。《東觀漢記》

酒糾雲娘，瘦而善歌。李宣古詩云：「長嘴出歌遲。」《雲溪友議》

李少雲喜煉丹砂，後瘦病骨立。僕曰：「子丹成，欲仙乎？惟甚瘦，則鶴背能勝也。」笑曰：「忍相戲耶！」《許彥周詩話》

有官妓極瘦，朱世英目爲「生色骷髏」。《浮物》

婦人瘦損，煎地錦服之。《本草拾遺》

高翥《題小妓扇》云：「慶娘顰翠眉，春瘦怯羅衣。」《菊磵小集》

俞娘幼婉慧體弱，常不勝衣，迎風輒頓。十三苦疽，既差，而神愈不支。媚婉之容，不可逼視。《梅花草堂筆談》

朱妻顧氏，每夜有巨人來共寢，日漸羸憊。一夕，婦俟與交時，拔其頭上物，藏於席下。明旦視之，乃紗帽翅也。朱尋至土地廟，見判官失翅。碎之，血流。《耳新》

季歷之妃，文王母，身長十尺。《帝王世紀》

齊田常選民間女七尺以上者爲妾。《瑯琊曼衍》

明德馬皇后、和熙鄧皇后，俱長七尺三寸。《宛委餘編》

何皇后長七尺二寸。《後漢書》

陸琇母赫連氏長七尺九寸。《魏書》

劉曜劉皇后，年十三，長七尺八寸。《十六國春秋》

太始中，博選良家女以充後宮。楊后惟取長白。《晉書》

柳皇后，諱敬言，美姿容，身長七尺二寸。《陳書》

明皇詔力士選女子之頎長潔白者五人，以賜太子。而章敬吳皇后在選中。《明皇十七事》

唐妹長一丈二尺。《桯史》

馬伉娶長妻。《席上腐談》

吳人娶婦欲長，楚人欲矮。《七修類稿》

夏五甚短，妻極長。每同立，僅齊妻乳。《無用閑談》

馮猶龍有《黃鶯兒》嘲長妓，云：「仰面覷妖嬈，出蘭房，須曲腰。粉牆半露花容貌，也不是雲粧髻高，也不是繡鞋底高。拜如折竹因風倒，好姣姣，太湖石畔有個女曹交。」《名賢珠玉集》

田元鈞狹而長，魚軒，富彥國女弟，闊而短。石曼卿目爲「龜鶴夫妻」。《隣幾雜志》

王玉梅善唱慢調，身材短小，而聲韻清圓，故鍾繼先有「聲似磬圓，身如磬槌」之誚。《青樓集》

李香身軀短小，膚理玉色，慧俊婉轉，調笑無雙。人名之爲「香扇墜」。《板橋雜記》

嫫母、倭傀，善譽者不能掩其醜。《四子講德論》

仳倠，醜女也。《楚騷綺語》

齊孤逐女者，齊即墨之女。狀甚醜，爲齊相妻。《列女傳》

鍾離春者，齊無鹽邑之女，極醜。自詣宣王，陳時政。王拜爲后。《拾遺記》《新序》曰：「齊有婦人極醜，號無鹽。」

黃承彥女醜，諸葛孔明擇而娶之。鄉里諺曰：「莫學孔明擇婦，正得阿承醜女。」《襄陽耆舊傳》

孔明娶承彥醜女，必有過人，而史傳失載。《野客叢書》

賈充女醜而短黑。王隱《晉書》

許允婦，阮衛尉之女，奇醜。禮竟，不復入房。桓範勸使入，須臾便起。妻捉裾留之，許曰：「婦有四德，卿有幾？」答曰：「新婦所乏者，容耳。士有百行，君有幾？」許曰：「皆備。」婦曰：「君好色不好德，何爲皆備？」允慙。《世説》

南里先生取妻求全，一旦爲媒氏所誤，娶得醜女。艾子往賀之，曰：「賢閤庚甲，願以見諭，當爲推之。」南里先生閉目，搖首而答曰：「辛酉、戊辰、乙巳、癸丑。」《艾子後語》

滇中女子貌陋者，投人以藥，能變蕩子之目，視奇醜之物，美如西施。又有戀藥媚藥飲之者，則守其户而不忍去，號曰「留人洞」。有老姬蕭歪嘴，能解和合藥。人或誤飲狂藥，而其父兄子弟必欲其棄醜物而歸里者，密與歪嘴計之。歪嘴灌以藥物，大吐，毒盡，復視醜物，則棄如糞土矣。《南中雜記》

京師婦女嫁外方人爲妻妾者，初看時以美者出拜，及臨娶，以醜者易之，名曰「戳包兒」。《菽園雜記》

宋玉賦登徒子：「妻蓬頭攣耳，齞脣歷齒，旁行蝺僂，又疥且痔。登徒子悦之，使有五子。」《文選》

劉思真《醜婦賦》：「膚如老桑皮，耳如側兩手。」《事文類聚》

山谷《詠侍兒》云：「鳩盤荼樣施丹粉，只欠一枝萵苣花。」其醜陋可想。《苕溪漁隱叢話》

朱凝妻美色，時有酒家婢極陋，朱悦之，忘寢食。《朝野雜記》

官妓王英英貌甚陋，故梅堯臣贈詩有「不學常流事梳洗」之句。《隱居詩話》

某妓潔白而陋，人號「雪獸頭」。《江隣幾雜志》

有僕嫌其妻之陋者，主人聞之，以銀杯、瓦盞各一，酌酒飲僕，問曰：「酒佳乎？」對曰：「佳。」曰：「銀杯者佳乎？瓦盞者佳乎？」對曰：「皆佳。」主人曰：「杯有精粗，酒無分別。汝既知此，則無嫌於汝妻之陋矣！」《鶴林玉露》

京師婦女陋者，謂之「七」。蓋「七」字不成「女」字，謂其不成婦女也。《袖中錦》

奩史卷三十三

東吴王初桐于陽纂述
新安程嘉謨雪坪校刊

容貌門二

態度

种氏，名時光，性警悟，通書計。常靚粧去飾，而態度閑雅，宛若神仙。《南唐書》

王蕊梅生而淑美，丰姿清麗，精神秀發。雖容色嬌媚，而氣度瀟灑，綽有朱粉態。《曲中志》

婦人以姿制爲主，澹秀天然，獨有圓圓耳。《婦人集》

王團兒爲假母，有女數人，長曰小潤，次曰福娘，次曰小福，並有風態。《北里志》

梁冀妻孫壽色美，善爲妖態，作愁眉啼粧、墮馬髻、折腰步、齲齒笑，以爲媚惑。《女世説》

丞相河南公妻晉國夫人，才辨强明，資質瑰秀。嘗登樓軸簾，俯瞰阡陌。經過樓下者若不自安，而晉國治態自恃，無羞避色。《唐闕史》

袁寶兒，年十五，腰肢纖墮，呆憨多態。《南部煙花記》

袁寶兒在煬帝側，注視虞世南。帝曰：「寶兒多憨態，卿可嘲之。」世南爲詩曰：「學畫鴉黄半未成，垂肩嚲袖太憨生。緣憨却得君王惜，長把花枝傍輦行。」《隋朝遺事》

江南季氏有女樂三部。一妓之飾，千金具焉。及笄，散配民家，嬌憨之態，未能盡除。《觚賸續編》

士女之工，在於得閨閣之態。嘗見周文矩《宫女圖》，置玉笛於腰帶中，目觀指爪，情意凝竚，知其有所思也。《畫鑒》

張翀畫士女，得穠纖婉淑之態。《續金陵瑣事》

廢帝皇后宇文氏，周文帝女也。幼有風神，周文曰：「每見此女，良慰人意。」《魏書》

張如英丰神秀發，容色光生，而無纖穠妖冶之態。體度春融，儀文典雅，而無閨房兒女之習。動若無所爲，靜若無所思，天然性真，不可以摹擬。《曲中志》

周炤，字寶鐙，丰神纖媚，蓋天人也。《周寶鐙傳》

一曰品，典則勝。寇四、楊超、范潤、衛朝、傅寶、楊昭、鍾留、郝賽、衛馥。二曰韻，丰儀勝。馬小、大寇、白頭鳳、劉文沙、明玉京、顧美、崔六、田七、林珠。三曰才，調度勝。王昭、顧翠、鄭妥、馬媚、馬愛、楊元、王鳳、楊章。四曰色，穎秀勝。郝寶、馬嫩、衛皎如、傅七、蔣酉。《金陵妓品》

劉英，字宛宛，北方佳人，兼得江南之度。《燕都妓品》

煬帝每倚簾視吴絳仙，移時不去。顧内謁者云：「古人言秀色可餐，若絳仙，真可療飢矣！」《隋遺録》

梅妃淡粧雅服，而姿態明秀，筆不可描畫。《梅妃傳》

明宗同王淑妃看花，一花無風搖動，衆葉翻然覆之。明宗笑曰：「此淑妃明秀，花見亦爲之羞也。」自後宫中呼爲「花見羞」。《女紅餘志》

崔科有天然韶秀之致。《板橋雜記》

王黼撰《明節和文貴妃墓志》云：「六宫稱之曰韻。」時以婦人有標致者爲韻。《清波雜志》

虢國夫人不施粧粉，自矜美艷，嘗素面朝天。《太真外傳》

安樂公主光艷動天下。《唐書》

崔婦鄭氏厚張生之德，命其女鶯鶯以兄禮出見。始以疾辭，久之乃至。常服睟容，不加新飾。垂鬟接黛，雙臉斷紅而已，顔色艷異，光輝動人。坐於鄭傍，以鄭之抑而見也。凝睇怨絶，若不勝其體。張生稍以詞導之，不對，終席而罷。張自是惑之。《會真記》

郝筠，宋林宗東院人，大有丰姿，豔驚人目。《燕都妓品》

荆溪有二人友善，而貧富不同。貧者有妻而艷，富者欲之，乃薦貧者爲某山主計吏，具舟載妻而往。富者引貧者偕上山，宛轉行林中，出鉞斫之。哭下山，謂婦曰：「若夫噬於虎矣，吾試同往覓。」婦哭而從之。又宛轉引至險寂處，擁而求淫。忽虎出叢柯間，噬富者去。婦返舟中，俄

而其夫從山中出，乃相攜大慟。《義虎傳》

睞娘姿體未嘗假脂粉，而浮香發艶，盈盈欲仙。《觚賸》

樂府有「昔昔鹽」。昔，夜也。鹽，古艶字，言美色也。《蟫精雋》

襄陽樂云：「大堤諸女兒，花艶驚郎目。」《玉臺集》

王彦泓《贈左卿阿瑣》云：「素艶乍看疑是月。」《疑雨集》

青琴，宓妃之徒，絶殊離俗，冶閑都麗。《司馬文園集》

九侯獻女於紂，紂大喜，以爲天下之麗莫若此也。以問妲己，妲己懼其奪己愛也。泣曰：「君王年既老耶，明既衰耶，何貌惡若此而謂之好也？」紂遂以爲惡。妲己恐天下愈進美女，因曰：「九侯之無道也，乃欲以惑君王也。弗誅，何以革後？」紂遂脯女而烹九侯。《潛夫論》

步非煙容止纖麗，若不勝羅綺。《三水小牘》

紅苗女子之麗者，飛燕、太真亦無能出其上。《滇黔紀游》

鮑昭賦：「東都好姬，南國麗人。蕙心紈質，玉貌絳唇。」

沈約《麗人賦》：「狹斜才女，銅街麗人。」

杜甫《麗人行》：「三月三日天氣新，長安水邊多麗人。」

唐人畫飛燕姊妹，爲嬌困相倚之狀。《畫史》

秦韓出異妹，嬌妍委靡，消魂奪目。《女紅餘志》

燕昭王二美人，旋娟、提嫫，並綽約而窈窕，絶古無倫。《拾遺記》

司隸馮方女有國色，袁術甚嬖之。諸婦害其嬖，紿之曰：「我將軍素貴志節，故憎人見齒。若時時噫嗚，必常見憐。此媚訣也。」馮以爲然，見術輒垂淚。術以爲有心志，益哀之。《女世説》

董茜姬工媚客，客與處皆鍾情。《曲中志》

錢唐婦女尚嫵媚，號「籠袖嬌民」。《太平清話》

朱淑真詞：「嬌癡不怕人猜，和衣倒在人懷。」《斷腸集》

秦姬胡芳來，端麗如木偶，人因目之爲佛。《友古詞》

王嬌與中表申純私，然清麗瘦怯，持重少言，佇視動輒移日。每相遇，純不問，則嬌不答。《女世説》

成王五年，因祇國獻女工一人，體茂輕潔，被纖羅雜繡之衣，長袖修裾。風至則結其衿帶，恐飄飄不能自止也。《拾遺記》

飛燕身輕，帝爲造水晶盤，令宮人掌之而歌舞。《太真外傳》

唐詩：「錢塘蘇小小，人道最夭邪。」又「長安女兒雙髻鴉，隨風趁蝶學夭邪。」夭，音歪。《野客叢書》

美人之儀容輕麗者，謂之「波俏」，蓋「痡峭」之誤也。《言鯖》

奩史卷三十四

東吳王初桐于陽纂述
京口高　雲青士校刊

容貌門三

舉止

北都有妓美色，而舉止生梗，人謂之「生張八」。魏處士贈詩曰：「君爲北道生張八，我是西州熟魏三。」《捫掌録》

南京院妓吴娟，舉止輕捷，人呼爲蝴蝶兒。《鴻書》

元稹《贈劉採春》詩：「舉止低回秀媚多。」《全唐詩話》

帝嚳妃鄒屠氏，行不踐地，常履風雲，遊於伊洛。《拾遺記》

成王宫人子晉，行動有常，遂立爲夫人。《韓子》

齊東昏主寵潘玉兒，鑿金爲蓮花以帖地，令玉兒行其上，曰：「此步步生蓮花也。」及東昏遇害，玉兒亦自盡，潔美如生，輿隸皆行淫穢。《女世説補》

趙王琇以諸品奇香搗爲塵末，遍篩地上，令飛燕行其上，笑曰：「此香蓮落瓣也。」《花史》

蛇行，史形容蘇秦嫂耳。《金罍子》

元稹《贈劉採春》詩：「緩行徐踏皺紋波。」《全唐詩話》

韓偓詩：「憶行時背，手挼金雀。」《香奩集》

孔平仲詩：「小女作蟹行。」《後蟹録》

有與曾參同名者殺人，人告曾參母，母投杼走。《戰國策》

王超見女子，年十七八，著木履走，疾若飛鳥。《劇談録》

李夫人卒，方士致其神。帝遙望見好女，如夫人之貌，益悲感。作詩曰：「是耶非耶，立而望之，翩何姍姍其來遲。」姍姍，行步貌。《詩紀》

趙后體輕腰弱，善行步。昭儀不能及也。《西京雜記》

趙后腰骨尤纖細，善踽步，行若人手執花枝顫顫然。他人莫能學也。《趙后遺事》

梁冀妻孫壽作折腰步。折腰步者，足不任體。《風俗通》

元嘉中，京都婦人作折腰步。折腰步者，足不在體下，始自梁冀家所爲，京都歙然，諸夏皆放效。《後漢志》

長安妓女步武極小，行皆遲緩，所度茶必冷，故過其地者謂之「吃冷茶」。《軒渠録》

《古詩詠焦仲卿妻》云：「纖纖作細步，精妙世無雙。」《詩紀》

陸士衡詩：「雅步擢纖腰。」《海録碎事》

傅玄《有女篇》云：「有女懷芬芳，媞媞步東廂。」《傅鶉觚集》

紂之時，婦人坐之綺席。《六韜》

皇后、慎夫人同坐，袁盎却慎夫人坐，慎夫人怒，不肯坐，盎曰：「夫人乃妾，妾、主豈可同坐！」《漢書》

元順帝后宏吉剌氏，居坤德殿，終日端坐。《輟耕録》

昇宫中，席地以蘇薰薦錦褥於上，宫人不用凳兀，以此爲坐。《雲蕉館紀談》昇，明玉珍子。

萬鹿園幸姬素好道，平日焚香掃地而坐。《雨航雜録》

虞長孺祖母秋夜露坐，見有三人挨月而過，異之，呼婦同觀。婦出遲，僅見其二。須臾，俱入月中。《具區集》

張氏女年十三，異夢之後，坐忘四十年。《中州集》

有老嫗年百三十歲，晝夜危坐，形如嬰兒。《居易録》

楊方《合歡》詩：「居願接膝坐。」《樂苑》

錢芳標詞：「鬬頭兒，坐已魂銷。」《湘琴詞》

文帝宴請文學，酒酣，命甄后出拜。《文士傳》

《禮》曰：「男拜則尚左手，女拜則尚右手。」是古者男女之拜一也。孫甫《唐書》云：「武后欲尊婦人，始易今拜。」是則女不屈膝，始於唐武后。《事物紀原》

宋太祖問：「拜禮何以男子跪，而婦人不跪？」王貽孫曰：「古詩云：『長跪問故夫。』即婦人亦跪也。唐天后朝，婦人始拜而不跪。」《渤海記》

後周天元靜帝，詔命婦皆執笏，其拜宗廟及天臺，皆俯伏如男子。據此，特令於廟跪，則他拜不跪矣。《戰國策》：「蘇秦嫂四拜，自跪而謝。」《隋志》：「皇帝册后，先拜後起。」則古婦人拜皆跪伏也。《程氏考古編》

漢呂后見周昌，爲跪謝。至周宣帝時，婦人已不跪矣，云始於則天，非也。《燕語證誤》

劉熙《釋名》云：「拜，於丈夫爲趺，趺然屈折，下就地也；於婦人爲扶，自相扶持而上下也。」是則當熙時，男女已異拜矣。《世説》：「賈充妻不覺脚自屈，因跪，再拜。」則晉已異於漢。蓋婦人拜，昔嘗不屈膝矣。武后時，特復其制耳，非創始於武后也。《雲谷雜記》

古者婦女以肅拜爲正，謂兩膝齊跪，手至地而頭不下也。拜手亦然。南北朝有樂府詩説婦人曰：「伸腰再拜跪，問客平安否？」「伸腰」亦是頭不下也。周宣帝令命婦相見皆跪，如男子之儀。不知婦人膝不跪地而變而爲今之拜者，起於何時。觀王建《宮詞》云：「男兒跪拜謝君王。」則唐時婦人拜不跪矣。《鶴林玉露》

婦人跪拜之制，疑後周始變，唐初因之，武后乃復其舊。然王建《宮詞》云：「一半走來爭

跪拜。」是武后以後，婦拜猶跪禮，特行於宫掖耶？《愛日齋叢抄》

或問：《禮》「婦人肅拜」，古婦人拜亦伏地。范質之姪舉古樂府云：「長跪問故夫」，以爲古婦女皆伏拜。看來此説不然。樂府只説「長跪問故夫」，不曾説伏拜。《禮記》注云：「肅，俯手也。」蓋婦人首飾盛多，如副笄六珈之類，自難以俯伏地上故也。《朱子語類》

肅拜者，如今之婦人叩頭。《七修類稿》

《周禮·九㨶》有端肅㨶，今人止以爲婦人之禮。《池北偶談》

鄭氏注《周禮》「肅拜」云：「若今婦人撎。」據鄭氏所謂，「撎」正今時婦人揖禮也。婦人之拜，不過如此。或者乃謂自唐武后始不令拜伏，妄矣。周天元時，令婦人作男子拜。則知古婦人本不作男子拜也。今之婦人，以古婦人之拜爲揖，故其拜也，加之以拳，曲作虚坐之勢。《項氏家説》

古詩：「長跪問故夫。」前輩引此以證古者女子未始不跪拜。僕謂不特此也。如《吴越春秋》：「女子知子胥非常人，長跪以餐與之。」此正女子長跪事。《野客叢書》

趙婕妤每見趙后，必爲兒拜。《女世説》

後周制：令宫人庭拜爲男子拜。《復齋漫録》

明肅太后欲被衮冕謁廟，薛簡肅公問：「陛下大謁之日，還作男子拜耶，女子拜耶？」議遂格。《石林燕語》

高句麗婦人、僧尼皆男子拜。《文獻通考》

今世女人拜稱「斂衽」，衽非女人所專也。蘇子瞻詩：「斂衽竊聽獨激昂」，則男子亦稱斂衽矣。《天香樓偶得》

男子一拜，婦人答兩拜，名曰「夾拜」。《清波雜志》

夾拜者，男子一拜，婦人四拜，男子一拜。《江隣幾雜志》

本朝命婦入朝，贊行四拜，皆下手立拜。惟謝賜時一跪，叩頭耳。《穀城山房筆麈》

賀方回詞：「艷歌淺笑拜嫣然。」《東山寓聲樂府》

李賀詩：「西施曉夢綃帳寒，香鬟墮髻半沉檀。轆轤咿啞轉鳴玉，驚起芙蓉睡新足。」唐詞亦有「一枝嬌臥醉芙蓉」之語。《野客叢書》

李長吉詩：「小閣睡娃僮。」《昌谷集》

秦觀詞：「髻子偎人嬌不整，眼兒失睡微重。」《淮海詞》

宋子京詞有「春睡騰騰，困入嬌波慢。隱隱枕痕留一綫，膩雲斜溜釵頭燕」。分明寫出春睡美人也。《詞品》

李獻可六歲能詩，孝宗召入宮。時宮人正午睡，帝命爲詩，獻可即賦云：「御手指嬋娟，青春白晝眠。粉匀香汗濕，髻壓翠雲偏。柳妒眉間緑，桃嫌臉上鮮。夢魂何處是，知繞帝王邊。」帝拊其背曰：「何不作我家兒？」命宮人繡御掌於背，以賜歸。《吉安府志》

韓偓《佳人半睡》云：「宵分未歸帳，半睡待郎看。」《韓內翰别集》

楊維禎有《楊妃春睡圖詩》。《鐵崖集》

孫綽家婢辟邪夜眠，如夢囈語半時，云見一老公，瞑目切齒，云是韓非。《侍兒小名録》

梁簡文帝《内人晝眠》云：「夢笑開嬌靨，眠鬟壓落花。簟女生玉腕，香汗浸紅紗。」《梁簡文帝集》

齊劉后每臥，人見有羽蓋蔭其上，如雲氣結成。《南史》

宋汴都料匠喻皓，有女方年十歲，每臥則交手於胸，爲結搆之狀。如是逾年，遂撰成《木經》三卷。《女世説補》

甄后每寢寐，髣髴有人持玉衣覆其上。王沉《魏書》

裴珪妾趙氏有美色。曾就張璟藏卜年命，藏曰：「夫人目長而漫視，准相書，猪視者淫。婦人目有四白，五夫守宅。夫人終以姦廢，宜慎之。」趙笑而去，後果與人姦，没入掖庭。《朝野僉載》

王夫人有婢名喜兒，能於昏夜視物，洞如白晝。《諧鐸》

楊坦畫天女，明睇將瞬。《酉陽雜俎》

司馬相如《美人賦》：「微睇綿藐。」《司馬文園集》

徐嫗好聽稗官小説。王行爲嫗誦之，嫗喜。《蜩笑偶言》

桀置末喜於膝上，聽用其言。《列女傳》

殷高宗惑後妻言，放其賢子，致死，天下哀之。《尸子》

延娟、提嫫皆辯口麗辭，善歌巧笑。《拾遺記》

楚子滅息，以息嬀歸，生二子，未言。楚子問之，對曰：「吾一婦人而事二夫，縱弗能死，其又奚言？」《女世説》　孫廷銓《詠息夫人》詩云：「無言空有恨，兒女粲成行。」

趙昭儀弱骨豐肌，尤工笑語。《女世説》

石崇常擇美姿容者數十人，各含異香，行而語笑，則口氣從風而颺。《拾遺記》

桓冲不好著新衣，浴後，婦故送新衣與之，冲怒，催使持去。婦更持還，傳語曰：「衣不經新，何由而故？」《女世説》

劉剛未仙時，姮娥降，共語如人語，不解其章。《神仙傳》

岳侯以檜妻王氏一言而死，有何立者，恍惚人引至陰司，見夫人帶枷備刑，語立曰：「告相公，東窗事發矣。」《野客叢書》　《丘氏遺珠》曰：「有方士見檜荷鐵枷，屬方士曰：『傳語夫人，東窗事發矣。』」

萊兒利口巧言，詼諧臻妙。《北里志》

崔嫣然，小字媚兒，艷之者目曰：「嫣然弱質麗姿，見賓肅客，言笑動止，不爽尺寸。」《曲中志》

寧庶謀逆，妃婁氏泣諫，不聽。及就擒，嘆曰：「紂用婦言亡，我不用婦言亡！」《今言》

吳子元妻妹，初生即能言。《信徵録》

許顧言妾捶死一狗，妾忽作狗言。《述異記》

蘇軾王夫人曰：「月色春勝於秋，秋月令人凄慘，春月令人和悦。」軾曰：「此真詩家語！」《後山詩話》

左思《嬌女詩》：「嬌語若連瑣。」《玉臺新詠》

劉禹錫《採蓮女》云：「笑語娃嬌顧晚暉。」《中山集》

方干《美人詩》：「些些私語恐人知。」《元英先生集》

周邦彦《贈舞鬟》詞：「惺鬆言語勝聞歌。」《浩然齋雅談》

營妓曹盼，潔白純靜，或病其訥。《九華山録》

燕人育二女，皆謇極。一日，媒氏來約婚，戒二女曰：「慎箝口勿語。」既，媒氏至，坐中忽火爇姊裳，其妹期期曰：「姊，而裳火矣。」姊目攝妹，亦期期言曰：「父屬汝勿言，胡又言耶！」二女之吃卒未掩，媒氏謝去。《應諧録》

錢塘娼家女，有美而啞者。一大木賈倍價聘之，挾之歸。賈侍姬百十人，聞啞娼至，皆掩口胡盧之。未幾，啞娼寵顓門，諸姬雖心忌，又咸德其不能言皂白於主，故又心幸之。《鐵崖集》

徧山上有啞女塔，舊傳有啞女至此，忽能言，其家爲之置塔。《岳陽風土記》

王皋妹生不能言，有道人云善治啞，王以妹請。道人取水油爲丸，授王妹服之，傾刻能言。《筠廊偶筆》

桀爲酒池，牛飲者三千人，醉而溺死，則妹喜笑。《列女傳》

妹喜好聞裂繒之聲而笑，桀日發萬繒裂之，以觀其笑。《帝王世紀》　一作周幽王褒姒事。

紂作銅柱，然炭，令男女裸形緣之，則妲己笑。《通鑑》

戎寇，周幽王舉烽，諸侯皆至，褒姒笑。王欲褒姒之笑，數數舉烽。諸侯至，無寇，褒姒益大悦而笑。及真寇至，舉烽而諸侯不來，遂爲戎所滅。《吕氏春秋》

楚莊王賢其相虞丘子，樊姬掩口笑，王問故，對曰：「妾執櫛巾十年，求美女進王。賢於妾者二人，同列者二人。虞丘子相楚十餘年，未聞進賢，妾是以笑。」《女世説》

楚成王以黄金買夫人笑。《韓子》

武帝與麗娟看花，而薔薇始開，態若含笑。帝謂麗娟曰：「此花絶勝佳人笑也。」麗娟曰：「笑可買乎？」帝曰：「可。」麗娟遂命侍兒取黄金百斤，作買笑錢，奉帝爲一日之歡。薔薇遂名爲「買笑花」。《女世説》

元嘉中，京都婦女作「齲齒笑」。所謂齲齒笑者，若齒痛樂不欣欣。始自梁冀妻孫壽所爲，京都歙然，諸夏放效。《漢書・五行志》

王敦初尚主，如廁，見漆厢中盛乾棗，本以塞鼻，王食之。既還，婢擎金澡盤盛水，琉璃碗

盛澡豆，敦因倒著水中而飲之。群婢皆掩口而笑。《世説》

武將張敬兒聞當內遷，乃於密室中屏人學揖讓答對，空中俯仰，妾侍竊窺笑焉。《齊書》

煬帝幸月觀，中夜凭蕭妃肩，説東宮時事。適有小黃門映薔薇叢，調宮婢，衣帶爲薔薇刺骨結，笑聲吃吃不止。帝望見腰肢纖弱，意爲寶兒有私。帝披單衣，亟行擒之，乃宮婢雅娘也。《大業拾遺記》

軒轅集常坐御榻前，宮人有笈集貌古者，忽變成老嫗，髮鬖皤然。宮人謝之，容質復故。《杜陽雜編》

李文玉，小名元兒。人訪之，一笑相迎，風韻可掬。《曲中志》

鄭應尼遊曲中，馬湘蘭遇之不以禮。尼作《白練裙》雜劇，極其調謔。湘蘭觀之，微笑而已。《板橋雜志》

葉紹翁嘗延泐庵大師，問亡女瓊章何以與張婿有緣，又何以終不得合？師曰：「瓊娘本月府侍書女寒簧也。張郎前身姓鄭，曾修玉京女史。寒簧即於其讀書樓下，一現仙女天身。鄭生偶出狂言，寒簧不覺失笑。已而即自深悔，上界切責其笑，故有是緣。因其自悔，故終不得合也。」《續窈聞》

竇家濆，賣漿婦，故保定伯家婢也。伯常饜毛奇齡，毛不解食生炙臯，索脯淘之，婢以笑被杖。婦善擘阮，汾州人。《本事詩》

宋玉賦：「天下之美者，莫如臣東家之子。嫣然一笑，迷陽城，惑下蔡。」《古文苑》

司馬相如《美人賦》：「皓齒燦爛，宜笑的爍。」《司馬文園集》

白居易《長恨歌》：「回頭一笑百媚生。」《長慶集》

施肩吾詩：「媚賴吳娘笑是鹽。」關中人謂好爲「鹽」。《唐詩紀事》

陸游詩：「戲語佳人頻一笑，錦城已是六年留。」注云：韓退之詩：「越女一笑三年留。」《劍南詩稿》

張元幹詞：「相見嫣然一笑，眼波先入郎懷。」《蘆川詞》

西施病心而嚬，醜婦見而美之，歸亦捧心而嚬。《莊子》

美女顰眉，額痕成串。梁簡文詩：「長嚬串翠眉。」《徐氏筆精》

西王母善嘯。《山海經》

太上道君授嘯於西王母，西王母授嘯於南極真人。《嘯旨》

因霄國婦人嘯聞五十里，如笙竽之音。《拾遺記》

禪黎王女，有神人教以嘯術。國中大旱，女爲仰嘯，天降洪水，遂化形隱景而去。《靈寶經》

曹植《美女篇》：「長嘯氣若蘭。」《陳思王集》

栗姬罵上老狗。《漢武故事》

賈充母柳氏重節義。以魏主髦爲成濟所弒，恒追罵濟，言則切齒。《女世説》

孫秀妻蒯嘗妒，罵秀爲貉子。《郭子》

齊有病忘者，其妻患之，謂曰：「聞艾子多智，盍往師之？」其人行未一舍，内逼而便，便訖，反向歸路而行。須臾抵家，徘徊門外，曰：「此何人居，豈艾夫子所寓耶？」其妻適見之，知其又忘也，罵之。其人曰：「娘子素非相識，何故出語傷人？」《艾子後語》

何湛聞婦人呼曰「婆惜你得」，蓋罵詞也。《夷堅志》

寇白門臥病，召所歡韓生來，綢繆悲泣。欲留之同寢，韓生以他故辭，執手不忍别。至夜，聞韓在婢房笑語，奮身起喚婢，自箠數十，咄咄罵韓生負心禽獸，行欲囓其肉。未幾死。《板橋雜記》

閩婦人罵新婦，曰「貌如貓叫聲」。《石田雜記》

王莽女爲漢平帝后，莽篡位，后極口肆詈。《談薈》

吕婆，吕正己之妻。淳熙間，京畿有二漕，一吕摺，一吕正己。摺家諸姬甚盛，必約正己通宵飲。吕婆踰牆詈之，摺子一彈碎其冠。事徹孝宗，兩漕即日罷。吕婆有女事辛幼安，以微事觸怒，逐之。今稼軒《桃葉渡》詞，因此而作。《貴耳録》

烏蒙四女至賴雩山，望鄉嘆息，霧結三峰。《雲南山水志》

魯漆室女倚柱而哭，隣婦謂曰：「欲嫁乎？」女曰：「非也。吾憂魯君老太子少。」婦曰：「此魯大夫憂，若何與？」女曰：「魯弱，禍將及人耳。」三年，魯果亂。《列女傳》

孔子聞婦人哭聲，曰：「此非獨哀，有離別聲。」問之，乃父死賣子以葬。《白帖》

齊襲莒，杞殖戰死。其妻無所歸，乃就其夫之尸於城下而哭，十日而城爲之崩。《莒州志》

王凝之夫人謝氏，頻亡二男，哭泣甚過。忽見二兒皆若鎖械，於是哀痛稍止而勤功德。《異苑》

王炎封侯，其妻哭於室，以炎富貴，將更取妾也。《金壘子》

泰娘工歌舞，尤善琵琶。歸蘄州刺史張愻。愻謫居武陵，卒，泰娘無所歸，日抱樂器而哭。劉禹錫《泰娘歌序》

伶玄妾樊通德有才色，頗能言趙飛燕姊弟事。玄曰：「當斯人疲精力弛，鶩嗜慾蠱惑之事，寧知終歸荒田野草乎？」通德顧視燭影，以手擁髻，悽然泣下。《女世説》

盛吉拜廷尉，夜省刑狀，妻執燭。吉持筆，妻泣謂吉曰：「君爲天下執法，不可使一人濫罪。」《會稽典録》

伏后被收，被髮徒跣，行泣。謝承《後漢書》

曹丕篡漢，其妹爲孝獻后，以璽抵軒，涕泗横流。《玉璽譜》

晉武帝簡良家女以充内職。胡奮女被選，泣，左右止之曰：「陛下聞聲。」芳曰：「死且不避，何畏陛下！」《女世説》

衛宣尚世祖女繁昌公主。楊駿欲奪宣公主，上會諸妃主議，問主：「宣待汝薄，今欲離，汝意云何？」主素訥，不能自申，但泣。泣是不欲離。諸主因言：「泣是婦人重於再出，故泣耳。」於是遂離。與姑妹書稱「故新歸」。《晋讚》

朱瑾討殺徐知訓，被族。瑾妻陶氏，臨刑而泣。其妾曰：「何爲泣乎？今行見公矣。」陶氏欣然就戮。《女世説》

董姬置酒桃葉水閣，在坐爲眉樓顧夫人、寒秀齋李夫人。是日，新演《燕子箋》，曲盡情艷。至霍、華離合處，姬泣下，顧、李亦泣下。《影梅庵憶語》

焦仲卿妻詩：「手巾掩口啼。」《玉臺新詠》

楊維禎有《玉頰啼痕詩》。《復古香奩集》

周昉畫美人，有背立欠伸者，最爲妍絶。《後山詞》

周昉《欠伸美人圖》，薄粧淡抹，意態閑逸，兩袖互舉，作欠伸狀，回身側顧，略露半面，微馨襲人。《江村銷夏録》

今人嚏噴者，必云「有人説我」，婦人尤甚。此古之遺意也。《終風》詩：「寤言不寐，願言則嚏。」《容齋隨筆》

戎太后嚏噴時，近臣齊道「治夔離」，漢語「萬歲」也。《燕北録》

衛武有一妓，聲音清高，而情性酷惡。欲殺則愛才，欲置則不堪。於是選一人聲及之，便殺性惡者。《叙小志》

帝行次平順州，見一胡歸攜數女子，皆艷麗，其聲音皆東京人也。或吹笛，或謳歌，在席持杯勸酒，得錢食皆歸之胡婦。胡婦不知爲帝也，遣一女子入室中，對衆嗚咽，吹不成曲。帝問女子曰：「汝是東京誰家女？」女顧胡婦稍遠，乃曰：「我魏王孫女也，嫁欽慈皇后姪孫。京城陷，被擄至此，賣與此婦。在此日夕求酒錢食物，不足，必遭箠楚罵詈。」因問帝：「官人本是東京人，想亦被擄至此也。」帝泣下，遣去。《竊憤録》

章宗元妃李氏師兒，大定末，以監户女子入宮。是時宮教張建教宮人，師兒與諸宮女從之學。故事，宮教以青紗障蔽内外，不得面見。有問，自障内映紗指字以請，宮教自障外口説教之。諸女子中，惟師兒易爲領解。建不知其誰，但識其聲音清亮。章宗問建：「女子誰可教者？」建對曰：「就中音聲清亮者爲最。」章宗以建言求得之，遂大愛幸，封元妃。《金史》

元宵，宣德樓掛燈毬，宮嬪嬉笑之聲，下聞於外。《東京夢華録》

瑤卿月夜過橋朗吟，其聲清亮，居民但記其兩句，云：「遙隔美人家，數竿修竹處。」自此橋名竹隔。《内觀日疏》

張五星瞽而慧。聞婦人聲，即知其美惡性情。趙丞相專俾，置姬妾。《癸辛雜識》

合德善音辭，輕緩可聽。《飛燕外傳》

東陽詩：「誇腕絞羅袖，示音呼玉奴。」玉奴，梅奴也。《女紅餘志》

曼殊生而慧甚，能效百鳥音。《西河合集》

澤澤啖啖，女子氣也。《望氣經》

秦時，後宫萬有餘人，婦人之氣，上衝於天。《開元占經》

有夫婦向酒甕内取酒，皆有人影。二人相妒，謂甕内藏人，相打不休。破甕無人，夫婦意解。《雜譬喻經》

張麗人好吟唐人「銅雀春深」之句，自名「二喬」。或謂二喬是雙稱，麗人指鏡中影曰：「此亦一喬也。」《寓圃雜記》

董小宛在樂籍中時，常攬鏡自語其影，曰：「吾姿慧如此，猶作飄花零葉乎？」《螢芝集》

王策詞：「姗姗影並爐煙弱。」《香雪詞》

靈巖山有西施跡。《靈巖山志》

孟姜女石有婦人跡，相傳孟姜女尋夫處。《永平府志》

朝女山，朝祖女於此山得道，足跡尚存。《郡國志》

楊勍掠一婦人，欲犯之，婦人誓死不受污，遂遇害，横屍道傍。賊退，人爲收瘞之，而其屍枕籍處，痕跡隱然不滅。每雨，則其跡乾，晴即濕，宛如人影。《能改齋漫録》

楊維禎有《芳塵香跡詩》。《復古香奩集》

秦嘉爲郡掾，其妻徐淑寢疾，還家不獲面别。淑贈詩云：「妾身兮不令，嬰疾兮來歸。」辭多悽愴。《藝圃萃盤録》

荀奉倩與妻至篤。冬月，婦病熱，乃出中庭自取冷，還以身熨之。《世説》

長孫后疾亟，太子請度僧以資佛事。后曰：「若爲善可延，吾不爲惡；若善或無報，求福非宜。」遂已。《女世説》

密雲令有女，年十七，姿色絶人。女病踰年，醫不愈。聞北山道者有道術，令往請之。道人既至，與之方，女病立已。居月餘，女夜臥，有人與之寢而私焉。其人每至，女則昏魘，及明人去，女復如常。如是數夕。女懼，告母。母以告令，乃移床近己，伺之。覺床動，掩焉，擒一人，乃北山道者。縛而訊之，道者曰：「吾居北山六百載，未嘗到人間。昨見公女，不可自抑，於是往來。吾能隱形，所以家人不見。」令殺之。《牛氏紀聞》

南曲顏令賓疾病且甚，值暮春，命侍女扶坐於砌前。顧落花而長嘆數四，索筆題詩云：「氣餘三五喘，花剩兩三枝。話别一樽酒，相邀無後期。」因教小童曰：「爲我持出宣陽、親仁二門，逢見新及第郎君及舉子，即呈之。云：『曲中顏家娘子，扶病奉候郎君。』」逡巡至者數人，遂涕泗交下，曰：「我不久矣，幸各制哀挽送我。」即卒。得書數篇，其母拆視之，皆哀挽詞。母怒擲之街中，曰：「此豈救我朝夕也！」《北里志》

范文正公孫女病狂，常閉於室中。窗外有大桃樹，花適盛開。一夕，斷欞登木，食桃花幾盡。明旦，人見其單身坐於樹上，以梯下之，自是遂愈。《蓼花洲閑集》

蘇子由婦病祟三年，何殿直治之。見四鬼，何築壇追捕，鞭笞之。是夜，婦如醉而醒。《孫公

談圃》

縣令女病邪，令謂董奉曰：「若治之，便以妻君。」奉召一大白鼉，斬之，女病即愈，遂以妻之。《神仙傳》

有女病邪，躶形奔馳。召巫者禁咒，忽見一蟾蜍，大如椀，縛之，女忽叫云：「何縛我婿。」一將油熬之，女差。《説鏡》

閩中女子多有癩疾。凡覺面色如桃花，即此證之發見也。或男子不知而誤與合，即男染其疾而女瘥，所謂「過癩」也。《癸辛雜識》詳見《猥談》。

曼殊得奇疾，每疾作，遍體作熥，使婢按摩之。不足，以帔作兜，負之行；又不足，縋筐而坐之，東西推挽，若鞦韆然。《西河合集》

李大娘，字宛君，性豪侈，有俠妓聲，後歸吳天行。天行鉅富，體羸善病。後房麗姝甚衆，大娘鬱鬱不樂。曩所歡胥生者，賂僕婢，通音耗。托疾，薦胥生能醫，生得入見大娘，大娘以金珠納藥籠中以出，與生訂終身約。天行死，卒歸胥生。《板橋雜記》

鈎弋夫人死，其屍香聞十餘里。《雲陽記》

鄭奇道遇一婦，乞得寄載車上，從之。詣郵卒樓，夜共樓宿。明日婦死，卒集衆診之，乃西北八里吳氏婦新卒，夜殯，滅火，火至失之。《風俗通》

天寶中，博陵崔咸齋中夜坐。忽有一女子，年十六七，踰垣而入。或疑其奔者，藏之。將旦而斃，咸驚懼，乃出，私問失女之家。見六七婢喪服行語，若尋求者。相與語曰：「死猶逃，況生乎？」咸從而問之，答曰：「吾家小娘子喪三日，昨夜方殮，尸出不知所向。」乃歸之。《通幽記》

明初，有女子病死復生，遂以文史知名。時西安布政喪偶，遂娶之。一日，布政見老蝎伏榻上，輾轉間又成好女。乃出拜曰：「身本蝎魔，得罪冥道，賴大士救免，因假女屍侍左右。覬公建一蘭若，報大士之德。」布政頷之，女子遂隱，乃爲建寺。《庚巳編》

秦時，唐叔偕女死三年復活，壽一百三十歲。《搜神記》

獻帝時，武陵女子李娥死已四十年，行人聞其塚中有聲，發出，遂活。《續漢書》

元始元年，女子趙春病死，既棺殮六日，忽出棺外。自言見亡父，曰「不當死」。《搜神記》

竇建德發鄴中一墓，見婦人顔色如生，可二十餘，似有氣息，乃收養之，三日而生，能言，曰：「我魏文帝宮嬪。」説甄后見害，了了分明。其後建德爲太宗所滅，帝將納之，辭曰：「妾幽閉黄壤已六百年，微竇公，何緣復見天日，死可再也。」遂飲恨卒。《窮神秘苑》

蘇調女死三年，自開棺還家。《酉陽雜俎》

劉長史女，二十病死官舍中。劉與司丘掾高廣相善，秩滿，同歸，劉載女喪還。高廣子見一女自船後出，遂加款密。忽謂高曰：「兒本長史女，命當更生，使爲開棺。」高詣劉，具陳其事，劉初深拒，夢女云：「命當更生，天許配合。」劉如言，開棺見女，姿色鮮明。漸暖氣，稍

開目。至暮能言，數日如故。《廣異志》

太原人破棺得一生婦人，視其墓，可三十年。《續博物志》

張廣遭亂，有女四歲，不能行，棄塚中。後開塚，女復活，將女還。初食，小腹痛，久乃習之。《異聞記》

龍門婦司牡丹死三年，借袁馬頭之屍復生。《明史》

胡氏婦死復蘇，與家人皆不相識，亦不容其夫近前。詢之，則陳氏女之魂借尸回生。女不肯留胡氏，胡氏持鏡使自照，見形容皆非，乃與胡爲夫婦。《灤陽銷夏録》

通州顧氏婦，病卒忽甦，曰：「我常熟蔣小姐，小字金娥也。」錢遣人密訪蔣府，果有小姐名金娥病卒。《子不語》

婦化爲石，自有情而之無情也。《譚子化書》

辛女崖，相傳高辛氏女於此化爲石。《楚記》

塗山氏見禹爲熊，慙而化爲石。禹曰：「歸我子！」石破而生啓。《淮南子》

秦王遺蜀王美女五人，蜀王遣五丁迎之。至梓潼，五女並化爲石。蜀王築臺望之，因名「五婦臺」。《蜀記》

秦世有數女取螺，風雨晝晦，一女化爲石。《搜神後記》

石婦山，狀如婦人，舊傳謝氏女所化。《廣德州志》

三姑石，相傳秦時有三女遊此，化爲石。《武夷山志》

夫婦山，舊傳有夫婦同入山，皆化爲石。《漢中府志》

吳龕嘗於溪中見五色浮石，取置床頭。至夜化爲女子，自稱是河伯女，與龕爲夫妻。《幽明録》

昔有夫婦荒年而死，化成青絳，俗呼美人虹。《述異記》

淄湛婢見一嫗，向婢流涕，無孔竅。婢駭怖，告湛。湛抽刀逐之，化成紫虹，宛然長舒，上没霄漢。《異苑》

後魏時，有晚虹下飲於溪，化爲女子。明帝召入宫，見其容美，欲逼幸之，化爲虹而上天。《八朝窮怪録》

望苑驛王申，有兒年十三，忽白其父：「路有女子。」因令呼入。女少年，衣碧襦，白幅巾，自言「家在此南十餘里，夫死無兒，將適馬嵬訪親，丐衣食」。申留飯之，謂曰：「今日暮夜可宿此，達明去也。」女欣然從之。其妻遂納之後堂，呼之爲妹。倩其成衣數事，自午至戌悉辦。針綴細密，殆非人工。申大驚異，妻尤愛之，乃戲曰：「妹能爲我家作新婦乎？」女笑曰：「身既無託，願執井竈。」申即日賃衣貰禮爲新婦。其夕夜半，申妻夢其子披髮訴曰：「被食將盡矣。」驚欲省其子，申怒之曰：「老人得好新婦，喜極囈言耶。」妻還睡，復夢如初。申與妻秉燭呼其子及新婦，悉不復應。啓其户，有物圓目鑿齒，体如藍色，衝人而去。其子惟餘腦骨及髮而已。《酉陽雜俎》《耳目記》曰：「羅刹魅也。」

吳生遊會稽，娶劉氏女爲妾。初以柔婉聞，凡數年，其後忽獷烈自恃，不可禁。生出宰鴈門，借劉之官。一日，吳獵於野，獲狐兔甚多。劉取狐兔，生啖之且盡，生疑劉氏爲怪。有縣吏獻一生鹿，生命置於庭，而潛身伺之。見劉氏散髮袒肱，目眥盡裂，狀貌頓異。左手執鹿，右手拔其髀而食之。生大懼，急召吏卒十數輩，持兵仗而入。劉氏盡去襦袖，挺然立庭下，一夜叉耳。目若電光，齒如戟刃，筋骨盤蹙，渾身青色。吏卒俱戰栗不敢近。夜叉乃東向而走，不知所之。《宣室志》

奩史卷三十五

東吳王初桐于陽纂述
毘陵黄景仁仲則校刊

容貌門四

肖形

李夫人早卒，上憐閔焉，圖畫其形於甘泉宫。《漢書》

金日磾母死，詔圖於甘泉宫，曰休屠王閼氏。《兩漢筆記》

元帝後宫既多，不得常見，乃使畫工圖形，案圖召幸。諸宫人皆賂畫工，獨王嬙不肯，遂不得見。匈奴入朝，求美人爲閼氏，於是上案圖以昭君行。及去，召見，貌爲後宫第一，善應對，舉止閑雅。帝悔之，而名籍已定。帝重信於外國，故不更人。乃窮案其事，畫工毛延壽等皆棄市。《西京雜記》

《前漢·元帝紀》：「竟寧元年，匈奴虖韓邪單于來朝，詔賜以王嬙爲閼氏。」應劭注曰：「王嬙，王氏女，名嬙，字昭君。閼氏者，如漢皇后也。」《匈奴傳》曰：「王昭君，號寧胡閼氏。」而《後漢・南匈奴傳》曰：「王昭君，字嬙。漢元帝時，以良家子選入掖庭。時呼韓邪來朝，帝敕以宮女五人賜之。昭君入宮數歲，不得見御，積悲怨，乃請行呼韓邪。臨時大會，帝召五女以視之。昭君丰容靚飾，光明漢宮，顧影裴回，竦動左右。帝見大驚，意欲留之，而難於失信，遂與之。」《五臣注文選》曰：「昭君，后妃之位也。」案《後漢書》及《文選注》皆誤，蓋王嬙者，名也，非字嬙。昭君者，字也，非后妃之位。至於《西京雜記》殺畫工毛延壽之事，尤不可信。案匈奴和親乃漢家大事，若以宮女妻之，而憑畫圖以定事，恐當時君臣不如此之鹵莽。漢賜單于閼氏，乃披圖擇貌陋者賜之，亦非和親之意。《學林》

謝幼輿折齒之後，猶不能忘情。戴安道先嘗見此女採桑，思所以解謝。閉目想像，下筆即肖。造幼輿曰：「僕近娶一妾，姿色頗亦不惡，偶貌一圖示卿。」幼輿見之，心知此女爲安道有也，自後更不思矣。《致虛閣雜俎》

貴妃瘗後，上令畫工寫妃形於別殿，朝夕視之而欷歔焉。《太真外傳》

梅妃生前自畫真，亂後，上皇得之，言甚似，但不活耳。《梅妃傳》

劉瑱妹爲鄱陽王妃，伉儷甚篤。王誅，妃追傷成疾。時有殷蒨善寫人面，與真不別。瑱令畫王像，並王平生所寵姬共照鏡狀，如欲偶寢，使乳媪示妃。妃視之，唾罵云：「故宜早死。」於是恩情即歇，病亦瘥。《語林》

有士人見屏上婦人悉下踏歌，歌曰：「長安女兒踏春陽，無處春陽不斷腸。舞袖弓腰渾忘却，蛾眉空帶九秋霜。」其中雙鬟者曰：「如何是弓腰？」歌者乃反首髻及地，腰勢如規焉。士人叱之，忽然上屏。《酉陽雜俎》

趙顔於畫工處得軟障，圖一婦人，甚麗。顔謂畫工曰：「如可令生，願納爲妻。」畫工曰：「此名真真，呼其名，百晝夜不歇，必應之。應則以百家綵灰酒灌之，必活。」顔如其言，遂呼之百日，晝夜不止，乃應曰：「諾。」急以百家綵灰酒灌之，遂活。下步言笑，飲食如常。終歲，生一兒。年二歲，友人曰：「此妖也，必爲患。余有神劍，可斬之。」其夕，真真曰：「妾南岳仙也，無何，爲人畫妾之形，君又呼妾之名，既不奪君願。君既疑妾，妾不可住。」言訖，攜子即上軟障，嘔出先所飲百家酒。覩其障，惟添一孩子，仍是舊畫焉。《松窗雜録》

馮延巳入宫，有宫娥著青紅錦袍當門而立，不敢進。諦視，乃八尺琉璃屏，畫《夷光獨立圖》也。《丹青記》

汴妓部六，即蔡奴。元豐中，命圖其貌入禁中。《後村詩話》

潘子賤《題蔡奴傳神》云：「嘉祐間，風塵中人亦如此。」然蔡實元豐間人。仇氏初在民間，生子爲浮屠，曰了元，即佛印禪師也。已而爲廣陵人李問妾，生定；出嫁郜氏，生女蔡奴，故京師人謂蔡奴爲部六。《老學庵筆記》

秦妙觀，宣和名娼也，畫工多圖其貌售於外。《玉照新志》

葛棠張桃花仕女古畫，戲曰：「誠得是女捧觴，豈吝千金夜飲。」半酣，見一美姬進曰：「日間重辱垂念，兹歌以侑觴。」棠曰：「吾欲一杯一詠。」姬乃連詠百絶。棠沉醉而臥，曉起，視畫上忽不見仕女，少焉復在。《花史》

徑行寺僧見畫女人，戲曰：「世間女人得如此者，我必作妻。」其夕有款扉者，曰：「蓮花娘子來。」從一侍婢，蓮花顧侍婢曰：「露仙可準備幃賬。」《補侍兒小名録》

翟望嘗夢一麗人，翳修竹而立，隔溪語望云：「茗之榮兮，春日陂遲。濕汀蘋以建址兮，冒卿雲以爲帷。吹浩香以渡漢兮，示秀色與華姿。居誰與復兮，挽明月以揚輝。悵谿風兮，聊詠言於兹。」歌畢，一笑而逝。後望至天清寺北軒，有一姬先在，容色鮮麗，疑若素識。姬笑曰：「室有酒餚，能少駐否？」望欣然從之。稍情洽，望被酒諷「茗之榮」以自喜，忽不見姬，但見軒壁挂《玉女觀泉圖》。蓋畫之靈云。《松隱文集》

溫州監郡之女疾卒，命畫工寫其像。任滿，偶忘取去。新監郡之子未婚，忽得此，心竊念曰：「娶妻能若是，足矣。」因以懸於臥室。一夕，見女從軸中下，遂與好合，自此無夜不來。踰半載，形狀羸弱。父母詰責，以實告，且云：「至必深夜，去以五鼓。或齎佳果啖我，我答與餅餌，則堅却不食。」父母教其此番須力勸之。既而女不得辭，爲咽少許。天漸明，竟不可去，宛然人耳。遂真爲夫婦，而病亦無恙矣。《輟耕録》

王爕庵得《王母獻桃》一軸，王母艷粧時服，絶無尊嚴道德之氣。傍一小嬛，額髪垂肩，執桃而侍，亦非天妃玉女之儔。懸之書室，室有兩僮寢處其中。每夜，有兩女子與之狎，兩僮秘不言。及爕庵死，喪中，衆宿於此，見兩女子從畫下，冉冉逼人，狂叫遂滅。《見聞録》

薛素素，小字潤娘，嘉興妓，有異才。范夫人贈詩云：「重開別院貯文君，寶絡千金換翠裙。非雨非雲香滿路，前身應是薛靈芸。」嘗侍沈景倩巾櫛，又爲李征西所嬖。其畫像傳入蠻峒，酉陽彭宣慰深慕之，費金錢無算欲致之，不得也。《静志居詩話》

周寶鐙小影，雲鬟霧鬢，髣髴洛妃。《本事詩》

唐寅《題半截美人圖》：「誰家妙筆寫風流，寫到風流意便休。想是當年相見處，杏花村裏短牆頭。」《六如集》

南岳行宮裝塑宮娥，未得其貌。偶一富婦來廟獻香，匠即塑其貌。婦後偶患腦瘡，百藥不效。醫者曰：「南岳有一宮娥，狀貌宛如令閫，今爲雨漏濕像之首。」富家亟往視之，果然。即命匠者修之，瘡遂愈。《夷堅志》

殷文亮刻木作妓女，唱歌吹笙，皆能應節。《朝野僉載》

張爲遊長沙，有女奴奔而歸之，若豪家之青衣，張遽惑焉。歲餘，寢成羸疾。有毛仙翁者以鮑南海丸一粒授爲，於香爐焚之，郁烈之氣，聞數百步。張之魅妾長號一聲，蹶然而斃。視之，乃木偶人也。《唐詩紀事》

曹惠有二木偶人，長尺餘，工飾甚巧。惠食，木偶引手請之，惠曰：「爾何作怪？」曰：

「輕素與輕紅，廬山神索爲舞妓久矣。」請命畫工，賜以粉黛。惠令工人飾之。笑曰：「此去非論舞妓，亦當爲彼夫人矣。」《補侍兒小名録》

吴主孫皓以張布女爲美人，有寵。皓問曰：「汝父何在？」答曰：「賊已殺之。」皓大怒，棒殺之。後思其顏色，使巧工刻木作美人形像，恒置座側。《江表傳》

幽妍，小字勝兒，撫於楊媪，書綉彈棋，不督而能。年十六，遇張勝清而悦之，私禱云：「得耦此，生死可矣。」聖清乃聘爲少婦。入室病甚，强起薰香澣衣，劈箋滌硯。忽索鏡自照，曰：「勝兒止於斯乎？」遂卒。聖清號痛，雕刻紫檀小像，置座隅，或懷之衣袖衾裯間。《楊幽妍别傳》

李夫人死後，帝常思夢之。李少君得暗海潛英之石，刻作夫人形像，置於輕紗幙裏，宛若生時。《拾遺記》

百花潭有石刻浣花夫人像。《成都紀事》

蜀先主時，河南獻玉人，高三尺，乃取玉人置甘后側，擁后而玩玉人。后與玉人潔白齊潤，觀者殆相亂惑。嬖寵者非惟嫉於甘后，亦妒於玉人也。《拾遺記》

宜興故相妾，轉嫁平湖。攜一宋製白玉太真睡像，秘藏枕函中六十餘年。《筠廊偶筆》

林丙卿好遊俠邪。燕姬劉鳳臺者，有聲教坊，一見林歡甚，託以終身，林納爲妾。久之，去遊吴越間。聞姬死，疾馳至燕。日夜哀慟，刻玉爲主，賦長短句鐫於上。未幾，林遊粤西，爲舟人陳亞三所殺，沉屍於江。蒼梧司理者，丙卿友也。夜半忽見婦人稱冤狀，因呼邏卒嚴捕之。搜亞三橐，得玉主，大驚，索黨伏辜。葉向高《林季公傳》

柳崇瘍生於頭，召術士觀之，云：「有婦女緑裙在君窗下，急除之。」崇訪窗下，止見一瓷妓女，極端正，緑裙爲飾。碎而焚之，瘡遂愈。《朝野僉載》

劉光廷有棗園，果熟時，月夜見紅衣女子從牆外飛入，摘納口中。光廷大喝，紅衣者飄瞥颼去，至一土祠而隱。光廷入祠追索，諸土偶積埃盈寸，惟右側紅衫侍女露首如沐。繫破其像，獲腹棗斗許。《荒史》

餘姚富翁延師訓子，館中有山塘泥美人一座，神采生動。師一夕坐讀，忽有美婦人來，向師調笑，遂相燕好。美人贈師詩箋云：「妾家生長在姑蘇，飄泊如今未有夫。每恨生辰纏水土，還憐身世入泥塗。何緣珍重藏金屋，衹可淒其伴玉爐。一自畫眉人去後，消磨脂粉孰重敷。」主人訝師精神恍惚，偶見詩箋，疑泥美人爲祟，擲而碎之。後師夜讀，無復美人求矣。《煙粉靈怪》

妓燕採瑜才色雙絶，因雪閑坐，塑一雪美人爲戲。一士過之，題詞云：「可憐化去没人收，隨着江兒水走。」採瑜見之慘然，萌從良之願。《青泥蓮花記》

雨久，以白紙作婦人首，剪紅緑紙衣之，以苕幕苗縛小帚，令攜之竿，懸檐際，曰「掃晴娘」。《帝京景物略》《增補中州集》：李俊民《掃晴娘》詩：「卷袖搴裳手持帚，掛向陰空便搖手。」

西洋人善以本國皮帛製羸婦，長短如人，秘之匣中。抽匣捧之吹氣，則癟者忽然肥澤，通體如《秘辛》所云「抱膩頸」，擁之衾中，謂之「出路美人」。《曠園雜志》

嚴分宜父子溺器，皆用金銀鑄婦人，而空其中，粉面綵衣，以陰受溺。《笑林》

奩史卷三十六

東吳王初桐于陽纂述
豐潤劉翰周東屏校刊

性情門一

性情

趙飛燕姿性醲粹。《飛燕外傳》

永福公主與上會食，對上折匕筯，其性如此。《東觀奏記》

李道樞母盧夫人性喜鞭人。道樞在班列，往往賓客至，值公方受杖。《何氏語林》

顧莒州妻朱夫人性挾風霜，尤攻文藻。《梅花草堂筆談》

錢唐一官妓，性善媚惑，人號曰「九尾野狐」。《侯鯖録》

孟淑卿性疎朗，不忌客，世以此譏之。《折醒漫録》

余季女《寄夫歌》云：「秉貞潔兮妾之性。」《席帽山人集》

俗罵婦人爲「冠子蟲」，謂性若蟲蛇，有傷無補。《清異録》

晉女子子夜篤於情愛，作歌多枕席纏綿之詞。《樂府解題》

任昉眷一妓，未嘗暫離。而妓以老嫗間隔，謂昉曰：「吾二人情重，莫若尋一利刃，共死一處。」昉姑諾之，後以木刀裹銀紙置枕下。擇日就死，妓深諾之，昉遷延時日。妓生疑，開視之，乃木刀也，遂大慟，絶昉。昉懷惓惓，作《雨中花》遺妓，妓遂如初。《詩話類編》

先主李昇受吳主禪，吳太子璉妃封永康公主，聞人呼公主，則悲傷流涕。璉卒，永康終身縞素，惟誦佛書，自稱未亡人。朝夕焚香，對佛自誓，曰：「願兒生生世世莫爲有情之物。」《玉壺清話》《十國春秋》「永康」作「永興」。

韓少師謳柳三變「多情到了多病」之句，有老婢云：「我天將風雨，輒體中不佳，非多情致病耶？」《明道雜志》

西湖長橋，常有情人雙投橋下，故名「雙投橋」。《七修類稿》

紀家橋酒肆陶氏女與裴氏子，合著衣裳，投雙繯於梁間，且先設二神位，題自己及此女姓名，炷香燃燭，酒果羹飯，燭燃未及寸而殂。《癸辛雜識》

麟州凡育女稍長，暗有期會，家不之問。情之至者，必相挈奔逸於山巖掩映之處，並首而臥，紳帶置頭，各悉力緊之，倏忽雙斃。二族尋見，不哭，謂：「男女之樂，何足悲悼？」用綵繒包裹，擇峻嶺，架木高丈餘，呼爲「女柵」，遷屍於上，云「于飛昇天」。《荒史》

傅九與娼女林小姐綢繆，約竊負而逃。林母防其女嚴緊，志不得遂。因夜宿，用幔帶兩條接連，共縊於室內。明日，母告官，驗實收葬。後三年，有蘇客素識兩人，忽逢兩人於酒肆，爲主家當罏供役。問之，笑而不答。明日再往尋之，則已竄走矣。《夷堅志》

朱無瑕，桃葉渡邊女子。多憐人自憐之，以世無司馬相如輩足以尚之，雖爲情死，何益情事。閉門深思，有鬱鬱不可解者。《曲中志》

趙連城，名綵鴛，情思深鬱，有雅尚。《曲中志》

姜賓竹修而姱秀，慧而婉媚，眉嫵而意傳，目轉而心結，一見知爲多情。《曲中志》

周亮工姬人王氏，年十五歸周，二十二疾死。絶命時，言：「妾爲情累，誓不願再生此世界，幸祝髮以比丘尼葬。郎君《城上詩》猶能默識，幸書一通，並妾所和詩置諸左，茗椀、古墨及素所佩刀置諸右，覆以大士像。左持念珠，右握郎君名字章，仗佛力解脱，非願再世作臂上環也。」一語悽切不忍聞。《賴古堂集》

張增波神情湛若秋水，故又以秋水呼之。《本事詩》

葉小鸞云：「情種愁苗，乃是入獄根本。」《續窈聞》

奩史卷三十七

東吳王初桐于陽纂述
福山王燕緒詒堂校刊

性情門二

德

鄧后先爲貴人，與陰后同時進見，不敢正坐，行則僂身自卑。帝每有問，常逡巡，後陰后對。帝嘆曰：「修德之勞乃如是。」《東觀漢記》

甄后年十歲時，兵亂饑饉，百姓皆賣金銀珠寶，后家大有儲穀，頗以買之。后白母曰：「世亂而多買寶物，何爲？不如以穀振給親族鄰里。」《魏書》

唐鄭太常恒暨崔夫人鶯鶯合祔，墓在淇水西北。明成化間，土崩石出，秦給事貫所撰志銘在焉。志中盛稱夫人四德咸備。乃一辱於元微之《會真記》，再辱於王實甫、關漢卿《西廂記》。歷久而志銘顯出，爲崔氏洗冰玉之耻，亦奇矣。《曠園雜志》《金石文字》記崔鶯鶯年七十六與鄭恒合葬。

閩刺史章仔欲斬二將，夫人練氏密擿使亡。後將南唐兵攻建州，仔已死，乃以金帛厚遺夫人，且送一白旗，曰：「我將屠城，乞植此爲識，當弗犯。」夫人反旗與金帛弗受，曰：「君念舊恩，當施新德。此州萬骨，乞將軍肉之，誓不闔郡死而吾家生也。」二將感其言，止不屠。《東都事略》參用《後山談叢》。《十國春秋》作「章仔鈞妻練𥨊」。《夢溪筆談》作「章某妻連氏」。

黄氏女曰：「女德一而已，言則長舌，容則誨淫，工則墮巧，德一而已。何四爲？」《啓禎野乘》

有嫗好修善，或見魚鱉鳥雀，皆贖而放之。後令其子放一龜，龜入田穴中，嫗子探之，得白金二鋌。《靈應傳》

隆國黄夫人初爲榮邸媵妾，一幸而生度宗。然自處謙抑，雖處貴盛，常以「嬭子」自稱。《齊東野語》

汝敦妻賢，敦嫂貪愎，敦妻勸以所受田宅、奴婢三百餘萬皆讓於兄。《列女傳》

牛僧孺子蔚與鄧敞相善，強以女弟妻之。牛氏甚賢，鄧元配李氏亦婉順有謙德。牛、李二人各以門第年齒相讓，結爲姊妹。《玉泉子》《莊岳委談》曰：「事與高則誠《琵琶記》合。」

鄧敞先娶李評事女，又娶牛相僧孺女。及歸家，牛氏僕驅其輜橐入内鋪設。李氏驚問，答以「夫人將至」。李知別娶，大慟頓地。牛至，知其賣己，請見李氏，曰：「吾父爲相，兄弟皆列郎省，豈無一嫁處？獨夫人不幸耶！今願一與夫人同之。」遂歡如姊妹。《螺江雜記》

蔡節度微時，與牛僧孺之子善，才蔡生，欲以女弟字蔡。蔡已有妻趙矣，力辭不得。既而牛、趙相讓，牛能將順於趙，趙亦無妨於牛。高東嘉爲作《琵琶記》。《説郛》《愛日齋叢説》曰：「《琵琶記》爲王四棄妻而作。」

孫澤年五十未有子，夫人杜氏屢請再聘，公不允。聞寡居王安人者，美而宜子，夫人自爲公謀聘之。既歸，長夫人數歲，推讓正寢以居之。相處雍睦，宛若姊娣。越明年，夫人生子良禎，王氏即出道家冠服一襲，請辭。夫人固留不得，乃聽王氏去，奩資萬金悉返之。自是出居一女道庵，戒行嚴謹，人未嘗見其面，而夫人歲時問遺彌至。後良禎貴，迎歸，事之如親母。《輟耕録》

魏卞夫人每語外親曰：「吾事武帝四五十年，行儉日久，不能自變爲奢。」《女世説》

杜晦辭赴淮南，路經常州，李瞻方爲郡守，晦辭於祖席。忽顧營妓朱娘，大哭，瞻乃以步輦隨而遺之。晦辭步歸舟中，以告其内子。其内子性仁和，聞之無難色，遂履而迎之。《金華子雜編》

王蕊梅家多殊色，諸姊逞艷自媒。蕊梅獨處靜室，未嘗衒容售合，而和氣著人，自能隨情偎傍。《曲中志》

蘇軾妻王氏諱弗，年十六歲歸軾。其始，未嘗自言知書也。見軾讀書，則終日不去，亦不知其能通也。其後，軾有所忘，君輒能記之。問其他書，則皆略知之。由是始知其敏而靜也。《東坡外傳》

屈二，字文若，西院人，質固溫雅，性復幽靜。髮膚手趾，無處不佳，真具美女之態。《燕都妓品》

董白，字小宛，一字青蓮。天姿巧慧，容貌娟妍。七八歲時，阿母教以書翰，輒了了。少長，針神書聖，食譜茶經，莫不精曉。性愛閑靜，遇幽林遠澗，片石孤雲，則戀戀不忍捨去。慕吳門山水，徙居半塘，小築河濱，竹籬茅舍。經其户者則時聞詠聲或鼓琴聲，皆曰：「此中有人。」已而爲冒辟疆側室，年二十七死。辟疆作《影梅庵憶語》二千四百言哭之。《板橋雜記》

曼殊好貞靜，十二歲從廟歸，路人觀者嘖嘖稱好，姑則大愠，歸不再出。《西河合集》

齊桓公與管仲謀伐衛。入宮，衛姬脱簪解佩，請衛罪。公曰：「無故。」對曰：「妾望君之入也，足高氣強，有伐國之志也。見妾而有動色，伐衛也。是以請。」《吕氏春秋》

齊執魯使臧文仲，將襲魯。文仲陰使人遺公書，恐齊得之，乃繆其辭，公及諸大夫皆莫解。召文仲母問之，母泣下曰：「吾子拘，有木治矣。書云『斂小器，投諸台』者，言取郭外萌內之城中也。『食獵犬，組羊裘』者，言趣饗戰鬬之士而繕甲兵也。『琴之合，甚思之』者，言思妻也。『臧吾羊，羊有母』，是告妻善養母也。『食我以同魚』者『同』，其文錯，錯以治鋸，鋸以治木，是有木治，係於獄矣。『冠纓不足，帶有餘』者，頭亂不得梳，飢不得食也。」齊聞，釋文仲歸。《搚堅集》

何憲母，王敷之女，聰明有訓識。《齊書》

冬日雪霽，檐溜皆結爲冰條，妃子使侍兒敲下二條看玩。帝問：「所玩何物？」妃子笑而答曰：「冰筯也。」帝曰：「妃子聰慧，比象可愛。」《開元天寶遺事》

陳恭公當國日，曾魯公由起居注除待制。恭公弟婦，王冀公孫女，曾出也。歲旦拜恭公，公迎謂曰：「六新婦，曾三除從官喜否？」王固未嘗歸外家，輒答曰：「三舅甚荷相公收録，但太夫人不樂，責三舅曰：『汝三人及第，必是全廢學，丞相媚家，備知之，故除待制也。』」恭公嘿然。未幾，改知制誥。蓋恭公不由科舉，失於夷考。女子之警敏如此。《何氏語林》

朱延壽姊以黠慧侍楊行密，封燕國夫人。《十國春秋》

宋朱雲楚雖妓，警慧知書。嘗會客，几上有炮栗，趙時逢指之曰：「栗綻縫黃見。」雲楚即取几間片藕以進，曰：「藕斷露絲飛。」《女世説補》

益部孫氏女，三歲患瘡痘入眼，遂成盲。父母憐其聰慧，常教念佛書，鞠養甚厚。《茅亭客話》

陳文殊，名素芳，行五，院中出色第一人也。賦性聰慧，幼即穎異，不與凡女同調。沉厚晦默，瀹然如無所事者。雖賓客闐駢，而隨物應酬，未嘗錯亂。《曲中志》

曹娥秀，京師名妓也。賦性聰慧，色藝俱絶。一日，鮮于伯機開宴，座客皆名士。鮮于因事入内，命曹行酒。適遍，公出自内，客曰：「伯機未飲。」曹亦曰：「伯機未飲。」客笑曰：「汝以伯機相呼，可謂親愛之至。」鮮于佯怒曰：「小鬼頭，敢如此無禮！」曹曰：「我呼伯機

便不可，却只許爾叫王羲之也。」一座大笑。《青樓集》

陳孟賢有侍姬，辨慧知書，號梅花居士。孟賢苦吟，忽忽多遺忘，姬輒能記之。《折酲漫録》

崇禎時，史弱翁在都門娶燕姬，明慧善曲，字曰今宵。盧世漼賦《傾城悦名士》詩贈之。《本事詩》

有姬黄秀雲好詩，繆謂老儒陳體方曰：「我必嫁君，君肯爲詩百首贈我，以爲聘資乎？」體方信之，爲賦至六十餘篇而没。然是妓性實黠慧，利於多得其詩而已，本無嫁意也。《蘇談》

張麗華本兵家女，爲龔貴嬪侍兒，陳主悦之，得幸，爲貴妃。每參訪外事，人間有一言一事，妃必先知。不惟儀容絶世，且才識明敏如此，真尤物也。《徵景堂史測》

林玉衡，林初文女，幼聰敏，善讀書。七歲時，初文建梅花樓落成，值雪後月，命之吟，應口成絶句云：「梅花雪月本三清，雪白梅香月更明。夜半忽登樓上望，不知何處是瑤京。」《吟堂博笑集》

桓玄后劉氏有智鑒。《通鑑》

煬帝蕭皇后婉順有智識，頗知占候。《隋書》

陶真人妻奇醜多智術，好居間，公卿皆畏之。《居易録》

鄒僕與妻策驢至芒蕩澤，憩樹下。有五六盗掩其不備，襲殺僕，妻矯而大呼曰：「快哉！吾良家子，遭其俘掠致此，今日方雪我耻也。」盗信而不殺，驅以南，邁近五六十里，至孤莊南而

息。婦佯言謀食，徑入村人中堂，泣拜其總首，且告夫嬰酷狀，盜一時擒戮。《女世說》

有智尼擁高資，曾一罹暴客，隣人集炬捍之。既散，尼酬一金。自是歲每一二發，酬金如故。一少尼嫌其非盜，實隣者僞張以取酬，因欲相訐。尼曰：「不可。吾歲捐所餘以豢若曹，令遠近知之，盜終不勝捍，猶樹兵意也。訐之，是自撤備而樹怨，吾不復安枕矣。」《蓬窗夜話》

吳正獻夫人智識過人，其子傳正欲論時事，夫人聞而促之，傳正由此遂貶，《紫薇詩話》

三尹劉公夫人，性敏辨。劉公一日發審姦情事，夫人自內覘之。劉責治姦夫事畢，退堂，夫人謂之曰：「纔所决事，係女之惑男，非男子之咎。大抵女子立志不移，男子自無由近之。」劉服其明智，遂反招焉。《葭鷗雜識》

主事丘鵬妻楊氏，性妒多智，鵬畏之。母以未有孫謀蓄妾，楊不可，母與鵬憤鬱而死。御史尚維持聞之，遣吳同知令楊自盡。楊鳳冠霞服，手執敕命而出。問曰：「奉旨來乎？」曰：「非也。御史有後命。」楊笑謂曰：「妾六品命婦，御史七品官耳，敢擅殺人？妾死不難，恐先生亦不得辭其責。」同知唯唯而退，白御史止之。《耳剽集》

涿州農家石磙破，中空，涵水一盂，清洌異常。婢竊飲之，膚潤面腴，髮黑如漆，通知未來事。聲聞於外，遠近填門。部使者表聞，中使下迎，婢忽不見。《耳譚》

曇陽子，王荊石女也。一日謂父曰：「明日當雨朱雪。」明日作雪，他處皆白，惟庭中色若胭脂。和雲母，照耀人面，暈若桃花。《見只編》　王弇州《曇陽子傳》不及此事。

仙婆名滿道，善知休咎，人多就決。《貴州通志》

暹羅婦人智在男子上，夫聽於妻。《島夷志》

安南婦人多智，與男子迥殊。《鄭開陽雜著》

徐婕妤七夕雕鏤菱藕作奇花異鳥，攢於水晶盤中以進，極其精巧。太宗稱賞，賜珍寶無數。《續補侍兒小名録》

女伶孟思賢，巧黠人也。嘗爲王制之寵貯。制之所私伊宙，遊思賢舍，思賢遂私焉。《致虚雜俎》

唐有淨尼出奇思，以盤釘簇成山水，每器占《輞川圖》中一景。人多愛玩，至腐臭不食。《女世説補》

衛靈公與夫人夜坐，聞有車聲至闕止，過闕復有聲。夫人曰：「此必遽伯玉也。忠臣不爲昭昭變節，不爲冥冥惰行。」公使問之，果是。《列女傳》

潘炎爲户部侍郎，夫人憂懼禍至，户部解諭再三，乃曰：「試會爾同列，吾觀之。」因遍招深熟者至，夫人垂簾視之，喜曰：「皆爾之儔也，不足憂矣。」又問：「末座慘緑少年何人？」曰：「補闕杜黄裳。」夫人曰：「此人全别，必是名宰相。」《幽閑鼓吹》

元世祖后識趙孟頫爲「小頭書生」。《玉芝堂談薈》

高麗臣林貞杞死，王妃聞之，有凄愴色。時宰相洪寘女爲尼，適在側，獨曰：「貞杞死固

當，以血成身，其死必速。」謂其性好聚斂，割民血以立身也。《女世説補》

黄皆令辭婚張天如時，謂父曰：「字誠不可，然張公才名山斗，以帳窺之可乎？」及見，嘆曰：「張誠名士，惜旦暮人耳。」數月，張果卒。《畫徵録》

黄子由夫人胡氏，俊敏强記，經史諸書，略能成誦，自號「惠齋落士」。《齊東野語》

蘇養直有孫女曰蘇溎，其嚴毅不可當。三五十年朝報奏疏，琅琅口誦，不脱一字。《貴耳録》

小春宴，姓張氏，天性聰慧，記性最高。《青樓集》

李芝秀，聰慧廣記，記雜劇三百餘段。《青樓集》

謝幼槃妻董氏，賢而知學。幼槃每與客論古事，有所遺忘，妻必能記之。一日語及五代時有沙陀將臥病，僚佐見其錦衾，曰：「爛兮。」怒曰：「我沙陀，安得謂我爲奚。」偶忘其姓名，遣稚子問之，董氏曰：「康福也。」《撫州府志》

陳宣帝微時，娶吴興錢氏女。後仕梁元帝，復以長城公主女柳氏配帝。及即位，立柳爲后，拜錢貴妃。妃甚寵，后傾心下之。每尚方供奉上者，皆推貴妃，而己御其次。《吴興統記》

吴鼎臣與李京通家。一日，發京私書奏之，京坐貶。未行，京妻謁鼎臣妻取别，鼎臣妻慙不出。京妻立廳事，召鼎臣幹僕，語之曰：「我來，既爲往來之久，欲求一别，亦爲乃公嘗有數帖於吾夫禱私事，恐汝家終以爲疑。」索火焚之而去。《濟南府志》亦見李元綱《厚德録》。

李太宰邦彦父曾爲銀工，既貴，其母嘗語昔事，諸孫以爲耻，母曰：「宰相家出銀工則可

耻，銀工家出宰相何耻焉！」《青巖叢録》

楚王欲聘老萊子，授以政。其妻不可，投畚而去。老萊子呼之還，不顧。至江南而止，曰：「鳥獸之解毛可績而衣之，据其餘粒足以食也。」《女世説》

戴良五女皆有隱者之風。《後漢書》

鄧元起爲益州刺史，迎其母。母事道，方居館，不肯出。元起拜請同行，母曰：「汝貧賤家兒，忽得富貴，詎可久保？我自樂此，不能與爾同棲火樹也。」後元起至州，果及禍。《甂甀洞稿》

淳化中，詔徵种放。其母恚曰：「嘗勸汝勿聚徒講學，遠魚鳥而近人。今果被人知，不能安枕。我將棄汝入山，孤棲雲水耳。」放遂稱疾，轉居幽曠。《劍溪野語》

尹焞應舉，見發策有「誅元祐諸臣議」，不對而出。以告母，母曰：「吾知汝以善養，不以禄養也。」遂終身不令就舉。《秀水閑居録》

劉原父女嫁爲江鄰幾子婦，有男三人，不令從科舉，優游於圍城數畝之田，人皆高之。《居易録》

馮銀，字汝白，瓊山唐繼祖妻也。讀顔子「簞瓢陋巷」，舍書而作曰：「吾居陋巷，朝焉命僕以耕，則有餘食矣；暮焉督婢而織，則有餘衣矣；暇與子觀書，則有餘樂矣。吾其與顔氏之子同儔哉！」《静志居詩話》

黄皆令有《離隱》詩。《湖上草》

楊桓女爲凉王吕纂后，豔且烈。纂爲族人超所殺，欲納后，謂桓曰：「后若自殺，禍及卿宗。」桓以告后，后曰：「大人本賣女於氐，以乞富貴。即今就死，猶可冰玉吾躬，忍使女一身點於二氐乎？」遂自殺。《女世説補》

燕吴王垂妃段氏性烈，素與太后不睦，誣以巫蠱，下大長秋。獄訊，將連污垂，段氏志氣確然，榜掠日楚，終無撓辭。垂愍之，私諭令承服。段氏慨然曰：「死者，一往之痛。若惡逆自誣，上辱先人，下累於王，雖碎首流腸，誓不呼服也。」辨答益明，故垂得免禍。《十六國春秋》

諸葛亮有《貞潔記》一卷。《國史經籍志》

朝鮮婦女貞潔不淫。《漢書・地理志》

李十娘，初名湘真，後易名貞美。刻一印章曰「李十貞美之印」，余戲之曰：「美則有之，貞則未也。」十娘曰：「君知兒者，何出此言。兒之不貞，命也。」言已，泣下。《板橋雜記》

宋若莘姊妹五人，性皆素潔，鄙薰澤靚粧。《唐詩紀事》

舒王吴夫人有潔疾，嘗裂綺縠製衣，皆珍異也。忽有貓臥衣笥中，夫人即叱婢揭衣置浴室下，竟腐敗無敢收者。《可談》

吴夫人性好潔成疾，王任真率，每不相合。自江寧歸私第，有官藤床，吴假用未還。王一旦跣而登床，偃仰良久。吴望見，即命送還。《何氏語林》

耶律氏，名常哥，能詩文。自誓不嫁，常曰：「女非潔不韻。」《宣和使金録》

賽天香，李魚頭之妻也。善歌舞，美風度，性嗜潔。玉骨冰肌，纖塵不染。倪元鎮有潔病，亦甚愛之。《青樓集》

莆田吳荔娘，庖人之女也。性愛潔，能詩。陳豹章聘爲旁妻。《隨園詩話》

姗姗幼有潔癖，薰香浣衣，惟恐弗及。《艾庵存稿》

李師師慷慨飛揚，以俠名傾一時，號「飛將軍」。《女世説補》

襄毅公陷邊，善一胡婦，婦曰：「君欲歸乎？」公曰：「固所願也。」婦曰：「吾頗習途徑，與君俱往。」遂戒餱糧，同公潛行。行且強半，婦曰：「此去邊關尚須四日程，度所齎糧不足供兩人。且共入關，必多盤詰，往則偕斃耳。前途遊騎漸少，達彼甚易，請從此別。」遂以糧授公，竟自刎死。公急救不及，獨行抵關，祀婦於家廟。《遣愁集》

金陵妓趙燕如，名麗華，小字寶英。年十三録籍教坊，容色殊麗，應對便捷，性豪宕任俠，屢散數千金。名士與之遊者，愛好若兄妹。《弇山樵暇語》

寇湄，字白門。娟娟靜美，跌宕風流。能度曲，善畫蘭，粗知拈韻。保國公購之，貯以金屋。甲申京師陷，保國公生降，家口没入宮。白門以千金贖身，匹馬短衣，從一婢而歸，歸爲女俠。《板橋雜記》

河東君輕財好俠，有烈丈夫風。《河東君傳》

李貞麗者，李香之假母，有豪俠氣。《壯悔堂集》

林初文夫人王氏，名娙，字美君。關白之亂，美君寄夫詩云：「海寇無端欲弄兵，滿廷文武策誰成？兒夫自有終軍志，未必中朝許請纓。」亦女俠也。《本事詩》

奩史卷三十八

東吳王初桐于陽纂述
青浦許寶善穆堂校刊

性情門三

凶德

卓文君十七而寡，爲人放誕風流，悅司馬長卿之才而越禮焉。《西京雜記》

典午女子以放誕相尚。王渾妻鍾氏生子濟，嘗趨庭出，渾曰：「生子如此，足慰人心。」鍾氏曰：「若使新婦得配參軍，生子當不啻如此。」參軍，渾弟淪也。然當時禮法並稱鍾、郝，殊可笑。《分甘餘話》

楚兒，字潤娘，素辨慧。近以退暮，爲捕賊官郭鍛所納，置於他所。潤娘在娼中，狂逸特甚。及被拘繫，未能悛心。鍛主繁務，又本居有正室，至潤娘館甚稀。每有舊識過其所居，多於窗牖間相呼，或以巾箋送遺。鍛每知，必極笞辱。潤娘雖甚痛，而殊不少革。嘗一日自曲江與鍛行，前後相去十數步。道遇鄭光業，楚兒遂出簾招之，光業亦使人傳語。鍛覺，曳至中衢，擊以馬箠，聲甚寃楚，觀者如堵。光業遥視之，甚驚悔，且慮其不任矣。光業明日特取路過其居偵之，則楚兒已在臨街窗下弄琵琶矣。駐馬使人傳語，遂持彩箋詩送光業焉。《北里志》

牙娘性輕率，惟以傷人肌膚爲事。夏侯表中因醉戲之，爲牙娘批頰，傷其面。《北里志》

今人見婦人麄率者，戲之曰「碎挼花打人」。唐宣宗時，有婦人以刀斷夫兩足，宣宗戲語宰相曰：「無乃碎挼花打人。」蓋引當時人詞語云。《稿簡贅筆》

齊有一女，兩家求之。東家富而醜，西家美而貧。其父母語女曰：「汝欲東則左袒，欲西則右袒。」其女兩袒，曰：「願東家食而西家息。」《喻林》

袁術謀僭帝位，兩婦預爭爲皇后。《女世説補》

朱素娥初與陳石亭善，聞石亭選入翰林，盡以平生畫緘封寄之。上題云：「昨日個錦囊，佳句明勾引。今日個玉堂，人物難親近。」其風流狡獪可想矣。《無聲詩史》

武昭儀與王后隙，會生女，后憐而弄之。昭儀潛斃女衾下，伺高宗至，陽語笑，及發衾視兒，死矣。因佯驚問左右，皆曰：「后來。」昭儀隨復悲涕，帝不能察，怒曰：「后殺我兒。」遂欲廢后。《漢唐秘史》

後唐晉王劉夫人有寵，其父以醫卜爲業。夫人幼時，晉將掠得之，入於王宫。性狡悍淫妒，從王在魏。父聞其貴，詣魏宫上謁。王以語夫人，夫人方與諸夫人爭寵，以門第相高，耻其家寒微。大怒曰：「妾去家時，妾父死亂兵，今何物田舍翁敢至此！」命笞於宫門。《經濟類編》

太尉夏全討李三，李全行三。賊黨震恐，其妻楊四娘子遣人行成，因盛飾出迎，與全按行營壘曰：「人傳三哥死，吾一婦人，安能自樹？當事太尉爲夫耳。」全心動，乃置酒驩甚。飲酣就寢，如歸遂叛。及事定，四娘子拒之，全狼狽走。《靳史》

秦檜妻王氏素陰險，出其夫上。方岳飛獄具，一日，檜獨居書室，若有思者。王氏窺見，笑曰：「老漢何以無決耶？捉虎易，放虎難也。」檜犂然當於心，即片紙付之。是日，岳王薨於棘寺。《朝野遺記》

劉三嘏尚契丹主。主兇狠，殺其妾，監錮三嘏。《儒林公議》

景直娶宗室女，性兇虐，屢殺婢使。錢功飯於其家，見婢子二人出執酒器，口豁逾寸，耳垂及項，面目淋漓，腰背傴僂，真地獄中囚徒也。《澹山雜識》

成帝御雲光殿，帳使樊嫕進合德，合德謝曰：「貴人姊虐妒，不難滅恩。受耻不愛死。」音辭舒閑清切，左右嗟賞嘖嘖，乃暫歸之。《飛燕外傳》

契丹阿保機妻多智而忍。阿保機死，悉送大將於木葉山下殺之，曰：「爲我見先帝於地下。」《五代史》

王衍妻郭氏剛愎貪戾，聚斂無厭，衍患之而不能禁。時其鄉人李陽大俠，郭憚之，夷甫乃曰：「非但我言卿不可，李陽亦謂卿不可。」郭氏小爲之損。《敬齋古今黈》

淑妃龍瑞嬌性極貪，帝嘗賞賜金帛，比他妃有加。麒麟、鸞鳳、白兔、靈芝、雙角五爪龍、

萬字、福壽字、禎黄等段，以巨萬數。嬌乃開市，發賣諸色錦段，歲得銀數萬。時號爲「麗色多春之市」。《元氏掖庭記》

昔有懶婦睡機上，姑怒之，遂投水，化爲魚。其脂可燃燈燭，照紡績則暗，照歌舞則明。《南越志》《述異記》曰：「婦姓楊氏。」

京師婦人不治女紅，竟日坐火炕上，置牛羊肉、麪果，隨意下飡。暇則弄脂粉、裹足，習以成俗。内無甔石之儲，出有綾綺之服。每候問親戚，自衫襦至中衣，皆有店家可賃。遇有吉席，乘轎，衣大紅蟒衣，作使女婢，即賃衣家姥嫗。意氣奢溢，了不畏人。《舊京遺事》

先儒説《詩》，以「贈之以芍藥」爲男淫女，蓋芍藥令人無子。以「貽我握椒」爲女淫男，蓋椒以養陽。《緗素雜記》

魯莊公夫人内淫兩弟。《春秋繁露》

勾踐以諸寡婦淫佚過犯，皆輸山上。士有憂思者，令遊山上，以喜其意。《吴越春秋》

始皇帝益壯，太后淫不止，吕不韋私求大陰人嫪毐，詐令人以腐罪告之，拔其鬚眉爲宦者，遂得侍太后。太后私與通，絶愛之。《史記》

趙后在遠條館，多通侍郎、宫奴。婕妤傾心翊護，常謂帝曰：「姊性剛，或爲人搆陷，則趙氏無種矣。」每泣下悽惻，以故言后姦狀者，帝輒殺之。侍郎、宫奴鮮絝藴香恣縱，棲息遠條館，無敢言者。《飛燕外傳》

有夷人能日茹一飯，晝夜不臥偃。趙后使問其術，曰：「學吾術者，要不淫與謾言。」后遂不報。《女世説》

公孫述連徵任永、馮信，並托青盲以避世難。永妻淫於前，信侍婢亦對信姦通。及聞述誅，二人目更清，婬者皆自殺。《歷代小史》

婦人事之異常者，淫亂之馮，前有文明，後有孝文。二馮同代又同族也。見《魏書》。《史書佔畢》

何后稟性婬亂，私於左右楊珉之〔一〕，與同寢處如伉儷。珉之又與帝相愛褻，故帝恣之。《齊書》

「夫娘」之稱起於六朝，本謂夫人娘子耳。是時，北則胡后却扇於曇獻，南則徐妃贈枕於瑤光。龜茲王女納於鳩摩羅什，反以爲榮。千金公主偶於淫毒丐僧，不以爲耻。後世以「夫娘」爲惡稱緣此。《丹鉛總録》

武后年六十，盛自拂拭，不覺衰耗。夏姬年踰七十，而雞皮三少，猶與巫臣生女。胡后年踰五十，而妖蠱若二八。《升庵外集》

婉兒與近嬖皆營外宅，衺人穢夫爭侯門下。《景龍文館記》

〔一〕「楊珉之」，原作「柳珉」，據《南齊書》卷二十「列傳第一·皇后·鬱林王何妃」改。下同。

虢國夫人新寡，與國忠宣淫，時人謂之「雄狐」。《孔氏六帖》

河間，淫婦，始有賢行，其族類醜行者謀壞之，乃以車邀之遨嬉，遂入州西浮屠。俄引至食所，先壁群惡少於牖下，降簾，使女子爲秦聲，倨坐觀之。有頃，壁者出宿，選貌美陰大者主河間，乃便抱持河間。河間號且泣，婢夾持之。河間竊顧視持己者甚美，左右爲不善者已更得適意，鼻息咈然，意不能無動，力稍縱，主者幸一遂焉。因擁致之房，河間收泣甚適，自慶未始得也。日且暮，駕車相戒歸。河間持淫夫大泣，齧臂相與盟，而後就車。既歸，不忍視其夫。俄而夫死，河間大喜，闢門召所與淫者倮逐爲荒淫。居一歲，所淫者衰，乃出之。召長安無賴男子，晨夜交，猶不慊。爲酒壚西南隅，凡來飲酒大鼻者，少且壯者，美顔色者，善爲酒戲者，皆與合，且合且窺，恐失一男子也。積十餘年，病髓竭而死。《柳州集》

鄉嬛女子梁小玉，詩多俚俗，至其語風情，陳秘戲，流丹吐齊，備極淫靡。嘗商略古今名娃，奉薛濤爲盟主，以蘇小小、關盼盼配享，顔曰「花壇三秀之祠」。歲時奠而酹之，鄉嬛爲祭主。《樊川叢語》

北人淫南婦，辭歸，以毒置食，約以年月。復還，解以他藥；不爾，死矣。謂之「定年藥」。《續博物志》

四方指南海爲煙月作坊，以言風俗尚淫也。今京師鬻色户將及萬計，遂成蠭窠巷陌。《清異録》

瓊俗甚淫，外江人客於此，欲謀得婦者，瓊人必先問「養漢耶？漢養耶？」如漢養，則所費皆取給於男；如養漢，則諸費皆出於女，而不得禁其外交。《嶺南雜記》

番婦多淫，産後一兩日即與丈夫合。若丈夫適有遠役，過十數夜，其婦必曰：「我非是鬼，如何孤眠？」《嶠南瑣記》

玀玀之女以善淫名者，人爭取之，以爲美。《峒谿纖志》

幽閉者，女子淫亂，執置宫中不得出也。《尚書刑德考》

日南有淫泉，婦女飲之則淫。《拾遺記》

齧貝使女人淫。《相貝經》

鎖陽，生韃靼山地，絶類男陽，淫婦就而合之。《輟耕集》

漢祖在平城爲冒頓所圍，其城一面即冒頓妻閼氏，兵强於三面。壘中絶食，陳平訪知閼氏妒忌，即造木偶人，運機關，舞於陴間。閼氏望見，謂是生人，慮下其城，冒頓必納妓女，遂退軍。《樂府雜録》

吕后妒戚夫人，斷手足，去目，煇耳，爊身，飲瘖藥，名曰「人彘」。《史記》

廣川王去〔一〕立昭信爲后，又有幸姬望卿。昭信妒之，譖望卿鮮衣傅粉，歷指郎吏臥處，疑

〔一〕「廣川王去」，原作「廣川王越」，據《漢書》卷五十三改。

有姦。去即與昭信從諸姬至望卿室，裸形擊之，令諸姬各持鐵共灼之。望卿自投井而死。昭信出之，椓陰中，割其唇，斷其舌，遂解置大鑊中，取桃灰毒藥並煮之，令諸姬觀，麋盡乃止。《漢書》

袁紹婦劉氏性酷妒。紹死未殯，殺其寵妾五人。恐死者有知，見紹於地下，乃髡頭墨面，以毀其形。《魏志·典論》

諸葛元直妻劉氏大妒忌，恒與元直杖。不勝痛，以手摸之，婦誤打指節腫，從此作制，每與杖，輒命兩手各捉綖跗。元直遇見婦捉綖跗，欲成衣，謂當與己杖，失色怖，婦曰：「不也，捉此自欲成衣耳。」乃欣然。《妒記》

英布之禍，興自愛姬生於妒媢。「媢」當作「娼」，妒也。《佩觿》

郭汜、李傕叛，攻破京城，甚相得。傕數設酒留汜宿，妻懼傕與汜婢妾通，思間之。會傕送饋，妻乃以豉爲藥，摘示之，曰：「一棲不二雄，我固疑將軍之信李公也。」遂搆隙。《女世説》

武帝繼室楊后無子。賈庶人爲太子妃時，肆情妒忌，失帝意，欲廢之。后爲妃陳請曰：「賈公有勳於王室，妃是其子。妒忌，婦人之常事，不足以一眚忘大德。」帝納焉。及惠帝即位，賈庶人奏廢太后爲庶人，以絶膳崩。《晉書》《文獻通考》：胡致堂曰：「時張華所議，徑以太后圖危社稷爲辭。」

賈充妻郭氏性兇妒。産子黎民，周歲，乳母抱當閣，充入，就乳母手中戲之。郭遥望見，疑

充愛乳母，即鞭殺之。兒思乳母而死。郭又生一男，乳母抱在中庭，充過拈頰，郭又疑，復殺乳母，男又死。《異苑》

賈妃酷妒，數以戟擿孕妾，子隨刃墮地。《晉氏后妃别傳》

謝安夫人劉氏，幃諸婢，在前作伎使。安暫見，便下幃。安索更開，夫人云：「恐傷盛德。」《世説》

謝安劉夫人性妒。兄子外甥輩皆稱「關雎」、「螽斯」之德，夫人知以諷己，乃問：「誰撰此詩？」答曰：「周公。」夫人曰：「周公是男子耳，若使周姥撰詩，必無此言。」《何氏語林》

馮方女國色也，袁術見而納焉。諸婦害其寵，紿言：「將軍以貴人有志節，但見時示憂色，必長見敬重。」馮氏如其言，術益哀之。諸婦因絞，懸之厠，言自殺。術誠以爲不得志而死，乃厚葬之。《典説》

荀婦庾氏奇妒，無鬚之人不得入門。《玉芝堂談薈》

宋世諸公主莫不嚴妒，明帝疾之。袁慆妻以妒賜死，使虞通之撰《妒婦記》。江湛孫斆尚孝武帝女，上乃使人爲斆作表讓婚曰：「伏承詔旨，當以臨汝公主降嬪。自晉氏以來，配尚公主者，如王敦懾氣，桓溫斂威，真長佯愚以固辭，子敬炙足以求免，王偃無仲都之質，而裸露於北階，何瑀闕龍工之姿，而投軀於深井，謝莊殆自害於矇叟，殷冲幾不免於強鉏。制勒甚於僕隸，防閑過於婢妾。非惟交友離異，乃亦兄弟疎闊。或進不獲前，或入不聽出。不入則嫌於欲疎，求出則疑有別意。召必以三晡爲期，遣必以日出爲限。夕不見晚魄，朝不識曙星。聲影才聞，則少婢奔迸，裾袂向席，則老醜叢來。左右整刷，以疑寵見嫌，賓客未冠，以少容致斥。伏願天慈照察，特賜蠲停。若恩詔難降，披請不申，便當刊膚剪髮，投山竄海。」上以此表遍示諸主，諸主之妒稍解。《南史》謝莊句，《宋書》：「害」作「同」，「叟」作「室」。

長孫稚妻張氏，生二子。後與羅氏私通，遂殺其夫，棄張納羅。羅年大稚十餘歲，妒忌防限。稚雅相愛敬，旁無姬妾。《魏書》

明帝憎婦人妒。尚書右丞榮彦遠婦妒，傷其面，帝曰：「我爲卿治之。」遂賜藥殺其妻。《南齊書》

高祖郗后性妒忌，及終，化爲龍，入後宫井中。通夢於帝，或見形，光彩焰灼，故帝竟不立后。《梁書》

宜城公主下嫁裴巽。巽有嬖姝，主怒，珥耳、劓鼻、斷巽髮。帝怒，斥爲縣主。《歷代公主録》

隋獨孤后性妒。太子勇妃元氏無寵，惟嬖昭訓雲氏生數子。后謂其次子廣曰：「睍地伐勇小名漸不可耐，專寵阿雲。有如許豚犬，若至尊萬年後，使汝輩向阿雲兒前再拜問訊，此是幾許大苦痛耶！」《女世説補》

唐太宗賜任瓌美女二人，妻妒，爛二女髮禿盡。太宗令齎金甌酒云：「飲之立死。若不妒，不須飲。」柳氏拜敕曰：「妾與瓌結髪微賤，更相輔翼，遂致榮顯。若賜之內嬖，俾糟糠故婦，靦顔分憐，誠不如死。」遂飲盡，然非酖也。太宗謂瓌曰：「其性如此，朕亦畏之。」《朝野僉載》

梁公夫人至妒。太宗將賜公美人，令皇后召夫人，告以「媵妾有常制，且司空年暮，帝欲優之」。夫人執心不回，帝乃詔之曰：「若寧不妒而生，寧妒而死？」酌巵酒與之，曰：「可飲此酖。」一舉便盡，無所留難。帝曰：「我當畏，何況玄齡？」《國史異纂》《史書佔畢》曰：「此事因盧氏有妒聲，好事者以瓌婦嫁名房妻耳。不然，太宗之術弗效於柳，而復試於盧，何不憚煩哉！」

大歷已前，士大夫妻多妒悍者，婢妾小不如意，輒印面，故有「月點」、「錢點」。《酉陽雜俎》

韋諷理草鋤地，忽見人髪，掘之，乃一婦人，肌膚容色，儼然若生。再拜而言曰：「某是郎君之祖女奴，名曰麗質，娘子嫉妒，生埋此園中。」《補侍兒小名録》

崔義夫人蕭氏性妒忌，好瞋打婢妾。死，在地獄，或看夫人吞鐵丸，開口咽之，口赤腹熱如火；或看夫人受鐵犁耕舌，出舌二三尺。《法苑珠林》

陸慎言妻沈慘狡妒，號臙脂虎。《名句文身表異録》

崔鉉令家僮演戲，鉉與妻李氏坐觀之。僮以李氏妒忌，令數僮衣婦人衣，曰妻曰妾，列於旁側。一僮則執簡束帶，旋辟唯諾其間。李氏怒罵曰：「奴敢無禮，我何嘗如此？」僮指之且出，

曰：「咄咄！赤眼而作白眼，諱乎？」《北夢瑣言》〔一〕

莊宗有愛姬，美而生子，后心患之。莊宗燕居宮中，愛將元行欽侍側，莊宗問曰：「爾新喪婦，其復娶乎？吾助爾聘。」后指愛姬請曰：「帝怜行欽，何不賜之。」莊宗不得已，陽諾之。后趣行欽拜謝，行欽再拜。起顧愛姬，肩輿已出宮矣。莊宗不樂，稱疾不食者累日。《女世説》

閩嗣王夫人崔氏，貌陋而淫，性妒。嗣王多選良家子爲宮人，夫人幽之別室，繫以大械，刻木爲人手，批其頰。又以練束而鞭之，練染血赤乃止。復爲鐵錐刺人面與臂。一歲中死者八十四人。《五國故事》

杜業妻張氏妒悍，業憚之。烈祖命皇后召張至内庭，誡之曰：「業位望通顯，得置妾媵，何拘忌如此？」張雪涕言曰：「業本狂生，遭逢聖運，多壘之初，陛下所藉者，駑馬未竭耳，而又早衰多病，縱之必貽其患，將誤於任使耳。」烈祖大加獎嘆，以綵緞賞之。《蓼花洲閑録》

陳覺妻李氏妒悍，親執庖爨，不置妾媵。宋齊丘選己之美婢三人與之，李氏無難色，奉事之若舅姑禮。人問其故，曰：「此令公寵倖之人，何敢倨慢？」三婢既不自安，求還宋第。《補妒記》

〔一〕此條出處有誤，《北夢瑣言》未見，應出自唐無名氏《玉泉子真録》，收入四庫全書本《説郛》卷四十六下。上文據此校補。

延平吳氏姊妹六人，皆妒悍，時號「六虎」。其中五虎尤甚，平生手殺婢十餘人，凡三適人，皆不終。夜分常聞堂廡間喧呼聲，同室皆懼，五虎怒曰：「狂鬼敢爾耶！」闢户移榻中庭，持刀獨寢，徹旦寂然。人謂：「五虎之威，鬼猶畏也！」《遯齋閑覽》

王文穆夫人悍妒，貴爲一品，不置姬侍。宅後圃中作堂，名三畏。楊文公戲言曰：「可改作四畏。」公問其説，曰：「兼畏夫人。」《趙槩聞見録》

有士人婦大妒忌，於夫小則罵詈，大必捶打。常以長繩繫夫脚，且喚便牽繩。士人密與巫嫗爲計。因婦眠，士人以繩繫羊，士人緣牆走避。婦覺，牽繩而羊至，大驚。召問巫，巫曰：「娘積惡，先人怪責，故郎君變成羊。若能改悔，乃可祈請。」婦因悲號，抱羊慟哭，自咎悔誓師。嫗乃令七日齋，舉家大小悉避於室中，祭鬼神師，祝羊還復本形，婿徐徐還。婦見婿，啼問曰：「多日作羊，不辛苦耶？」婿曰：「猶憶噉草不美，腹中痛耳。」婦愈悲哀。後復妒忌，婿伏地作羊鳴，婦驚起，徒跣呼先人爲誓，不復敢爾。於是不復妒忌。《江盈科談言》

陳洪裕妻丁氏，因妒忌打殺婢金䖍，潛於本家埋瘞，仍榜通衢，云金䖍逃走。經年遷居夾江，因夏潦漂壞舊居渠岸，見死婢容質不變。鎮將報州追勘，其婢屍一夕壞爛，遂置丁氏於法。《續補侍兒小名録》

淑妃龍瑞嬌酷妒，宫人少有不如意，笞撻至死。有不欲置之死地者，則百計千方，致其若楚。以醋沃鼻，謂之「酸刑」；以穢塞口，謂之「臭刑」；夏則火圍，謂之「蒸骨」；冬則卧冰，謂之「煉肋」；不能酒，強令之飲，多至十碗，是名「醉鬼」；削木埋地，相去二尺，高三尺，令女立上，又以一木拄其腰，兩手各持重物，不得失墜，名曰「懸心之刑」。凡此類者甚多。《元氏掖庭記》

元制，婦人妒者，乘騾車狗部中。《丹鉛總録》

聖祖時，妒悍婦各給木椀一隻、拄杖一條，令沿門求討以作樣。《龍興慈記》

劉指揮疾卒，無子，其妻陳請，乞照例給養。高皇問曰：「汝夫死年幾何？」曰：「五十。」又問：「有妾否？」對曰：「無。」高皇怒曰：「汝夫年至五十尚不蓄妾，非由汝妒而何？給漆椀、木杖，日乞丐於功臣之家，以爲妒婦戒。」《譚輅》

葉薦妻妒，葉七十始蓄一妾，即求離異，築室山後居焉。葉令妾訊之，日落不返。詣其處，門户深扃，破關而入，則妻已化爲虎，食妾盡矣。《虎薈》

開平王常遇春妻甚妒。高皇賜侍女，開平悦其手，妻即斷之。開平憤懼，入朝，色不怡。高皇詰之再三，始具對，高皇笑曰：「再賜何妨，且飲酒寬懷。」密令校尉至開平第，誅其妻，支解之。各以一臠賜群臣，題曰「悍婦之肉」。更賜開平美女數人。《藝林學山》

有貴門一妾患腰重。葛可久視之，臥其女，以椒百斤爲衾褥，上下覆之，數日愈。曰：「此女有寵，群妾妒而啖以水銀，水銀得椒即從毛竅中出。」《稗史》

并州妒女泉，婦人不得艶粧綵服至其地，必興雲雨。一云是介推妹。《述異記》

妒婦津，相傳劉伯玉妻段氏，字光明，性妒。伯玉常誦《洛神賦》，曰：「娶婦得如此，吾無憾焉。」光明曰：「君美水神而輕我耶？吾死，何愁不爲神。」乃自沉而死。有艷婦渡此津者，皆壞衣枉粧，然後敢濟，不爾風波暴發。醜婦雖粧飾而渡，神亦不妒也。故齊人語曰：「欲求好婦，立在津口。婦立水傍，好醜自彰。」《酉陽雜俎》

妒婦津，相傳武后不敢渡，別取道以避之。《分甘餘話》

姑蘇龍王嬖妾爲其夫人妒虐致死，天帝行刑，大風驚潮數百里，田盧盡遭飄溺。《長水日抄》

秀州陸氏婦死而復生，曰：「姑蘇龍王嬖一妾，遭夫人妒忌，以箠死。鞫訊天獄，累年不決，上帝命我詰其情。一問而得之，即就刑。」《夷堅志》

世宗高后悍忌，嬪御有至帝崩不得撫按者。《魏書》

楊俊民妻悍甚，侍婢有孕者，皆手擊殺之。《玉芝堂談薈》

崔冢宰之妻李氏悍甚，崔畏順之。怒，輒跪起拜謝，以冀免。蓋恐傳笑於外，而益養成其惡。《畫眉筆談》

解學士吊友人喪妻，入門曰：「恭喜。」繼曰：「四德俱無，七出咸備，嗚呼哀哉，大吉大利。」蓋其妻悍也。《明語林》

梁冀妻孫壽性鉗忌。《名句文身表異録》

王導曹夫人性甚忌，王乃密營別館，衆妾羅前後。夫人知之，乃命駕，將婢持刀尋討。王亦飛轡出門，以左手攀車欄，右手提麈尾，以柄打牛，狼狽而前。蔡謨戲曰：「朝廷欲加公九錫。」王以爲信，蔡曰：「不聞餘物，惟聞短轅犢車、長柄麈尾。」《妒記》

武歷陽女嫁阮宣，絶忌。家有一桃樹，花葉灼爍，宣嘆美之，即便大怒，使婢取刀斫樹，摧折其花。《妒女記》

妓女玉壺忌魚炙，見之色動。諸妓中更有蓬山忌鼠、金子忌虱尤甚。《盧陵官下記》

亶爰之山有獸曰類，自爲牝牡，食者不妒。《山海經》

赤黍、薏苡等分，爲丸，常服之，令婦不妒。《淮南萬畢術》

太室山有木，其名曰「帝休」，服之不妒。《草木志》

倉鶊爲饍，可以療妒。《在窮記》

梁武平齊，獲侍兒十餘輩。郄后憤恚成疹，左右進言，鶬鶊可療。郄后茹之，妒減殆半。《文苑英華》

乳酪養性，女無妒心。《芻蕘録存徵》

扈統妻荀氏性妒悍。一日，統夢神謂曰：「天上有《化妒神咒經》一卷，今授汝，朗誦之。」統聽受默記。每日清晨奉持，四十九日，荀氏口吐一物，黑如漆，似蛇兩頭，似蠍兩尾，統不解何物。夜復夢神曰：「此是汝妻妒根，今爲佛力拔去，永無妒心矣。」《天池秘集》

《補妒記》八卷，後有治妒二方。《書録解題》

練綱按閩時，有致任郡守投制晉謁，曰：「某妻妒悍，被渠淩辱，無如之何，訴公求治。」綱沉思良久，遣吏至其家，請夫人來。吏至，其婦已知，厲聲曰：「彼固朝廷命官，我獨非命婦乎？」取命服服之。舁至察院，綱呼卒褫其服，呼其夫出，授以杖捶擊。婦體無完膚，泣拜懇免。綱令具供放之。自後無復故態。《學圃識餘》

高穀夫人悍妒無出，置一妾，又不容穀入寢。偶留陳循酌，談及此，夫人聞之，即出詬。循掀案作怒，以一棒撲夫人仆地，數之曰：「汝無子，又不容妾，是欲絶高氏後也，吾當奏聞，置汝於法。」自是妒少衰。《玉堂叢語》

不妒

宋鮑蘇之妻不妒，宋公表其閭曰「女宗」。《粧樓記》

梁后爲貴人，嘗持被引御，從容辭於帝曰：「夫陽以博施爲德，陰以不專爲義，願陛下思雲雨之均澤，識貫魚之次序，使小妾得免於罪謗。」《後漢書》

孫權步后性不妒嫉，多所推進，故久見愛。《太平御覽》

北海王元詳淫於高氏，其母高太妃杖詳，又杖其妃劉氏數十，云：「新婦大家女，何所畏？而不檢校夫壻。婦人皆妒，獨不妒，何也？」劉笑而受罰。《女世説補》

清河郡夫人張氏，李公講肅妻也。性不妒忌，與夫別院。李公院姬妾數十人，夫人亦數十人，潛令伺夫院中。如姬妾稍忤夫指顧，則召而撻之，擇美少者代之。每夫生日，先畜童女曉音律者，盛飾珠翠綺綉，捧觴祝壽，並服玩物同獻之。夫入朝將歸，具裙帔，候之中堂之前側。既接見，如賓禮。夫若困倦，一見便退歸。如相見稍從容，令動樂迎引，歸夫入院，備酒果時新物，多語及前代事。夫愛而憚之。《洛陽搢紳舊聞記》

寶慶公主，太祖最幼女，下嫁趙輝。主性純淑不妒，輝姬妾至百餘人。《壺郵》

聶勝瓊，京師名妓也。與李之問結好。之問歸，勝瓊餞之於蓮花樓。既別，勝瓊作《鷓鴣天》詞寄之。云：「玉慘花愁出鳳城，蓮花樓下柳青青。尊前一唱陽關曲，别個人人第五程。尋好夢，夢難成。有誰知我此時情，枕前淚共堦前雨，隔個窗兒滴到明。」李緘笥中，爲妻所得。問之，以實告。妻愛其語句清俊，遂傾粧奩資夫娶歸。瓊至，委曲以事主母，終身和悦，無少間隙。《奩艷》

劉異將赴鎮，安平公主入辭，以異姬從。安平左右皆宫人，上盡記。忽見別姬，問安平曰：「此爲誰？」安平曰：「劉郎聲音。」上大喜安平不妒，顧左右曰：「别與作主人。」不令與宫娃同處。《語林》

崑山毛氏富於財，以女歸周士淹，奩資巨萬。毛氏年三十餘無子，出數百鐶，納二姬以進其夫。居歲餘未有子，又市四姬以進，合毛共七人。副笄步搖之飾，嫡庶無二，夜則貫魚以當夕。及士淹卒，竟無子。毛氏以禮遣六妾，各贈百金而去。《雨航雜録》

雲南百夷之地，女多美。其俗不論貴賤，人有數妻。妻妾事夫如事君，不相妒忌。夫就妾宿，雖妻亦反服役之，云「重夫主也」。《升庵外集》

長洲潘純拜御史，在京娶穆氏爲妾。穆本宦族，初不知潘有妻也。既而純妻黄氏至，純懼，館於他所，妻亦不知其有穆也。穆氏知之，具鞋帕之禮，執妹禮以見，意甚勤。妻曰：「吾初不知有汝也，吾有子婦，在蘇家有田産，吾當還，汝善事君子。」既而黄氏又以女禮事穆母，母亦悦。《紀善録》

徐敏叔妻周氏甚賢。公一日經某鄉，居民皆起視過客，惟篋工舟中一女不視，公異之。歸語周，周疑公屬意此女，陰爲物色致之。忽謂公曰：「舟中人已在副寢矣。」公大驚，辭不獲已，乃強納之。《柳南隨筆》

奩史卷三十九

東吴王初桐于陽纂述
吴興丁　杰小山校刊

性情門四

七情

憲聖后愛神怪幻誕等書，郭彖《睽車志》始出，洪邁《夷堅志》繼之。《貴耳録》

昔閩中一女有愛山癖，後波斯人發其塚，棺內俱盡，惟心堅如石。鋸開觀之，有山水青碧如畫，傍一女靚粧凭欄。蓋此女朝夕注意，故融結如此。《程氏遺書》

董姬最愛月，每以身隨升沉爲去住。半榻小几，恒屢移以領月之四面。半夜歸閣，仍推窗延月於枕簟間。《影梅庵憶語》

湯義仍《牡丹亭》曲本，當日婁江女子俞二娘酷嗜其詞，斷腸而死，義仍作詩哀之。《静志居詩話》

陳海母嗜音，海每唱山歌娱之。《秋燈叢話》

庾域母好鶴唳。《梁書》

戴叔鸞母好驢鳴，鸞每爲驢鳴，以樂其母。《猗覺寮雜綴》

修微道人最好金石彝鼎，盤匜甗鬲，硃凸斑剥，珪璧斷縑間，亦隨手乞人，不復留意。許玉斧《修微道人生誌銘》

王羲之年十二，讀前代筆説，書便大進。衛夫人見之，涕流曰：「此子必蔽吾名。」《艷雪齋書品》

魚玄機遊崇真觀，覩新及第題名處，慨然垂羨。《三水小牘》

項蘭貞，字孟畹，有《裁雲》、《月露》二草。臨歿曰：「吾於塵世，他無所戀，惟《雲》、《露》小詩，得附名閨秀後足矣。」《吟堂博笑集》

杜秘書工詞，鄰家小女名酥香，凡才人歌曲，悉能吟諷，尤喜杜詞，遂成踰牆之好。後杜流河朔，述《永遇樂》詞決别，女持紙三唱而死。《填詞名解》

柳枝，洛中里娘也。生十七年，塗粧綰髻未嘗竟，已復起去。吹葉嚼蕊，調絲擫管，作天海風濤之曲，幽憶怨斷之音。余從昆讓山比柳枝居爲近。他日，下馬柳枝南柳下，詠余《燕臺》詩。柳枝驚問：「誰人有此？誰人爲是？」讓山謂曰：「此吾少年叔耳。」柳枝手斷長帶，結讓山，爲贈叔乞詩。明日，余比馬出其巷，柳枝丫鬟畢粧，抱立扇下，風鄣一袖，指曰：「若叔是耶？後三日，鄰當去濺裙水上，以博山香待，與郎俱過。」余諾之。既而，不果。近聞爲東諸侯

取去矣。《李義山集》

鄭畋女覽羅隱詩，諷誦不已，畋疑有慕才意。隱貌寢陋，女一日簾窺之，自此絶不詠其詩。《全唐詩話》

李益至霍小玉家，小玉自堂東閣子中出，若瓊林玉樹，精彩射人。小玉母謂曰：「汝嘗愛念『開簾風動竹，疑是故人來』，即此十郎詩也。終日吟想，何如一見。」玉乃低鬟微笑，細語曰：「見面不如聞名。才子豈能無貌？」益曰：「小娘子愛才，鄙夫重貌，兩好相映，才貌相兼。」母女相顧而笑。《霍小玉傳》

閩王延彬多蓄聲妓。將求妓，必圖己形而書歌詩於側，題曰：「才如此貌。」如此以是冀其見慕。《五國故事》

歌妓瑞卿慕歐陽彬之才，延於家，以家財資彬。《五代史補》

惠州溫都監女，名超。超年十六，不肯字人。聞子瞻至，喜曰：「此吾婿也。」夜聞子瞻諷詠，則徘徊窗外，子瞻覺，則亟去。未幾，子瞻過海，議姻不諧，其女遂卒，葬於沙際。子瞻念之，爲作《卜算子》云云。「揀盡寒枝」，言擇偶也；「寂寞沙州」，言葬所也。《女紅餘志》

東坡遊西湖，有小舟至前，一婦人甚佳。見坡，自敘少年景慕高名，以在室，無由得見。今已嫁爲民妻，聞公遊湖，不避罪而來。善彈箏，願獻一曲，求賜小詞，以爲終身之榮。坡因成《江神子》。《甕牖閑評》

長沙有一妓，雅好秦少游樂府。後少游謫長沙，偶過其家，見几上文一卷，目曰「秦學士詞」。環視無他文，少游故問曰：「彼秦學士亦遇若乎？」妓曰：「使得見秦學士，雖爲之妾御，死復何恨？」少游曰：「我是也。」妓大驚，張飲甚歡。臨别囑曰：「妾誓潔身以報。」因杜門謝客。後少游卒於藤州，妓夢少游來别。泣曰：「秦死乎？」遂衰服以赴，拊棺一慟而絶。《女世説》

吳氏女才色俱麗。父早世，誓必歸儒家。時鄭進士僖已娶矣，賦《木蘭花》一闋，托媒嫗贈之。女和前詞，令乳母來視，言女憐君才，雖二室不辭也。其母堅不從，女憤悒成疾。臨終謂青衣梅蕊曰：「我愛鄭郎，生也爲鄭郎，死也爲鄭郎。我死後，汝可以鄭郎詩詞書翰密藏我棺中，以成吾意。」遂卒。《春夢録》

蕭淑蘭，張世英妻也。世英嘗館於蕭公讓家。淑蘭，讓妹也。慕張之才，賦《菩薩蠻》詞。世英見詞，輕裝泛西陵。淑蘭憶之，復賦云：「有情潮落西陵浦，無情人向西陵去。去也不教知，怕人留戀伊。憶了千千萬，恨了千千萬。畢竟憶時多，恨時無奈何。」後卒諧配偶。《朱鳥逸史》

張紅橋，閩縣良家女也。聰敏善屬文，豪右爭欲委禽。紅橋不可，語父母曰：「欲得才如李青蓮者事之。」福清林鴻道過其居，留宿東隣。適見張焚香庭前，托隣嫗投詩。張捧詩，爲之啓齒，援筆而答。嫗將詩賀鴻，曰：「張娘子案頭詩卷堆積，曾未揮毫，今屬和君詩，誠所希有。」鴻大喜過望，使媪通殷勤，越月餘始獲命。鴻遂舍其家，以外室處之。自是唱和推敲，情好日篤。一年後，鴻遊金陵，張感念成疾而卒。《暇老齋雜記》

內江有一女子，自矜才色，不輕許人。讀湯若士《牡丹亭》而悦之，徑造西湖訪焉，願奉箕帚。若士以年老辭，女不信。一日，若士湖上宴客，女往觀之，見若士皤然一翁，傴僂扶仗而行。女嘆曰：「吾生平慕才子，將託終身，今老醜若此，命也。」遂投水死。《哤語》

吴江有名妓徐佛者，能琴，善畫蘭。嫂東張西銘訪之，佛他適。楊愛，其弟子也，色美於徐，綺談雅什，亦復過之。西銘一見傾意，繾綣而别。愛於是心喜，自負謂：「三吴之間，簪纓雲集，皆傖父耳。惟曠代逸才，我乃從之。」《河東君傳》

吴薗次詞云：「把酒祝東風，種出雙紅豆。」梁溪顧氏女見而悦之，日夕諷詠，時因目薗次爲「紅豆詞人」。《菰香詞》附録

孟嘗君舍人有與君之夫人相愛者，或謂君殺之，君曰：「覩貌而相悦，人之情也。」《戰國策》

宋玉東家之女，登牆窺宋三年。《事文玉屑》

司馬相如客臨邛，富人卓王孫有女文君新寡，相如以琴心挑之，文君竊從户窺，心悦而好之，乃夜亡奔相如。《琴操》

潘岳妙有姿容。少時挾彈出洛陽道，婦人遇者，莫不連手共縈之，擲果至盈車。左思絶醜，

亦效岳遨遊於是，群嫗齊共亂吐之，委頓而返。《世說新語》

衛玠至下都，婦女觀者如堵牆。玠先有羸疾，體不堪勞，遂成病而死。時人謂「看殺衛玠」。《玉唾壺》

《楊叛兒歌》者，本童謠也。北齊隆昌時，女巫之子曰楊旻，隨母入内。及長，爲太后胡氏所寵愛。童謠云：「楊婆兒共戲來所歡。」語訛，遂成「楊叛兒歌」。《南北朝詩話》

西家有女悦東舍之王昌。《晏殊類要》

陳忠女名豐，鄰人葛勃有美姿，豐與數女共聚絡絲戲，相謂曰：「若得婿如勃，可無恨也。」《誠齋雜記》

韓昭以便佞恩傾一時，出入宮掖。太妃愛其美風姿，而專有嬖陽之寵。《幸蜀記》

鄂州茶店僕彭先，姿相絶美。對門富人吴氏女，每於簾間窺覘而慕之，無由可通繾綣，積思成瘵而死，葬於百里外，凶儀華盛。有樵者利其瘗物，遂謀發塚。既啓棺，扶女尸坐起剥衣。女忽開目相視，謂曰：「我賴爾力幸活，切勿害我，抱歸爾家，將息安好，便做爾妻。」樵如其言，仍爲補治塋穴而去。及病愈，據以爲妻。布裳草履，無復昔日容態，然思彭生之念未嘗暫忘。因紿樵云：「我去南市久，汝辦車載我一遊。」樵與俱行。纔入市，徑訪茶肆。登樓，適彭攜瓶上，女使樵下買酒，急邀彭並膝，道再生緣由，欲與之合。彭知其已死，批其頰曰：「死鬼，爭敢白晝現形？」女泣而走。逐之，遂墜於樓下。視之，死矣。吴氏聞而悉來，悲哭。捕樵

送府，以破棺論死。《夷堅志》

有一女已嫁，後從父母家歸。步行衢中，遇一緑衣少年尾之行。女微睨之，心動，遂相期爲私。少年言：「汝入門可託疾，遽入房，我當隨入。」女如其言，隨閉户而交。交既，少年即去，女亦不省何從而出也。《祝允明語怪》

福府林濤，少年美貌，因下鄉取租，宿於莊佃家。偶出閑步歸，見案上有蘭花一枝，不知其所從來。明日，見小女子出窺，因問之曰：「昨日書案中花枝何來？」小女笑曰：「此吾姊所贈者。」因問：「汝姊年幾何？何故贈花？」小女曰：「吾姊年十六，昨見相公風姿秀美，思欲一會，先以此奉贈。」林曰：「可一見乎？」小女曰：「我試往問之。」未幾，出曰：「可於東厢相候。」傍晚，果有女嫣然而至。林一見銷魂，因共談諧，約以明日，父兄入城，晚夕可從屋後繞入内房，即其寢室，當焚香瀹茗以待。林如期而往，則陋室精潔，香味氤氳，共至榻前，各敘心曲。正欲成好，林忽念曰：「我已有妻，彼尚未嫁，一時亂之，有傷陰德。」一念轉移，如冰雪溉體，即婉辭而出，連夜入城。自此足跡不至，女亦無由寄訊，一病幾死。《信徵録》

吴江葉元禮，少日過流虹橋，有女子在樓上見而慕之，竟至病死。氣方絶，適元禮復過其門，女之母以女臨終之言告葉。葉入哭，女目始瞑。《江湖載酒集》

伯常子避仇爲漁父，其妻思之，作《釣竿歌》。《樂府解題》

元甫遠行，吴氏女思之，製《吴思元》之曲。《女紅餘志》

石南葉，女子不可久服，令思男。《名醫别録》

台州媪鄭行婆，自幼不茹葷，長誦《金剛經》。因往報恩寺聽悟長老説法，中路見屠者臠割牛肉，戲語同行曰：「以此肉切生，用鹽醋澆潑，想見甘美。」進到寺，悟問：「汝安得吃牛生？」媪曰：「和尚如何有此説？」悟命取藥注湯，調使服之，吐出牛肉，媪始悔妄想。《稗史彙編》

李益初與霍小玉婚，誓不再娶。後登科，授鄭縣主簿。將之官，玉謂益曰：「君此去必就佳姻，然妾始十八，君纔二十有二，逮君壯歲之秋，猶有八歲，一生歡愛，願畢此期。然後妙選高門，亦未爲晚。妾便捨棄人事，剪髮被緇，夙昔之願，於此足矣。」《霍小玉傳》李清摘本

參政孟庾夫人徐氏有奇疾，發於見聞，即舉身戰慄，至於幾絶。最惡聞打銀、打鐵聲。嘗有一婢，使之十餘年，甚得力，極喜之。一日偶問其家所業，婢曰打銀，疾亦遂作，更不可見，竟逐去之。《南唐近事》

夢見新箪，婦女憙。《夢書》

仙女井，撫掌則觱沸，俗云仙女憙也。《吴郡諸山録》

館陶郭公姬人薛氏，幼有玉色，發於穠華。聞瀛臺有孔雀鳳凰之事，瑤情悦之。《陳拾遺集》

《神女賦》：「頩薄怒以自持兮，曾不可乎犯干。」頩，斂容怒色也。柳子厚有「奇女頩爾怒」之語。《容齋三筆》

東坡《紅梅詩》：「玉人頳頰固多恣。」頳，怒色。見《神女賦》「婦人怒則面赤」。《苕溪漁隱叢話》

杜根諫和熹鄧后以安帝宜親政事，太后大怒，囊盛撲殺之。《東觀漢記》

賈充前婦是李豐女，名婉，字淑文，淑美有才行。豐被誅，離婚徙邊，復娶配郭氏女，即廣城君，名玉璜。後李以赦得還，帝特詔充置左右夫人。郭怒，不許，充乃爲李築室於永平里而不往來。《詩話類編》

裴敞疾，夏榮曰：「夫人早須禳之。」崔夫人曰：「禳須何物？」榮曰：「使娶二姬。」夫人怒曰：「此獠狂語。」榮曰：「命有三婦，若不更娶，於夫人不祥。」夫人曰：「乍可死，此事不相當也。」其年夫人亡，敞更娶二姬。《朝野僉載》

張卯善伺美人喜怒。一日，偶觸李大娘，大娘手碎其帽，擲之於地。卯徐徐拾取，笑而戴之以去。《板橋雜記》

桓大司馬將廢海西公，以奏褚太后，太后索筆答奏云：「未亡人罹此百憂，感念存没，心焉如割。」《女世説》

蘇小妹能詩，代婢作《愁苦詩》答秦少游。世傳蘇小妹爲秦少游妻。《兩山墨談》《戒庵漫筆》曰：「考《淮海集·徐君主簿行狀》云：徐君女三人，嘗嘆曰：『子當讀書，女必嫁士人。』以文美妻余，如其志」云。則少游之妻乃徐氏，非蘇小妹也。

謝文君獨處無侶，製《採蓮曲》以解其悲愁之思。《內觀日疏》

王爽妻葉氏工詩，有《寄愁集》八卷。《福清縣志》

吳淑姬詞：「心兒小，難著許多愁。」《陽春白雪》

霍小玉與李十郎初定情之夕，低幃暱枕，極其歡愛。中宵，玉忽流涕顧生曰：「妾以色愛，託其仁賢。但慮一旦色衰，思移情替。歡極之際，不覺悲至。」生乃引臂替枕，徐謂玉曰：「平生志願，今日獲從。粉骨碎身，誓不相捨。請以素縑，著之盟約。」玉因收淚，命侍兒櫻桃褰幄執燭，授生筆硯。又取珠絡縫綉囊，出越姬烏絲欄素段三尺以授生。生素多才思，援筆成章，引諭山河，指誠日月，懇切動人。命藏於寶篋之內。自爾婉孌相得，若翡翠之在雲路也。《霍小玉傳》

營妓劉蘇哥有約終身，而其母禁之，至苦不勝鬱悒。方春物暄妍，馳駿馬出郊，登高冢曠望，長慟而卒。晏元獻作詩吊之。《西清詩話》

歌妓王桂雅有風情，與常熟徐于交好，遂許嫁于。于家貧，不果娶，桂乃歸嘉禾富人子，悒悒不得志。且死，召于與訣別。于歲揖紙錢墓下，有句云：「柳絲不斷西陵夢，掛紙年年到秀州。」《六語》

代宗以郭尚父勳高，兼連姻帝室，每中使內人往來，必詢其門內休戚。尚父二愛姬南陽夫人、李夫人嘗競寵，互論其公私佐助之功，忿不相面，尚父不能禁。上知之，賜金帛及簪環，命

宫人載酒以和之。方飲，令選人歌以侑酒。一姬怒未解，歌未發，遽引滿，置觴於席前，曰：「酒盡不須歌。」《因話録》

湖南某倅妻，生一子，已周歲，夫婦甚愛憐之。偶一日，倅攝郡事，會隣郡太守過郡，開晏命妓。妓中有一秀慧者立侍倅側，倅顧與笑語。忽鈐吏擎生肉二盤置賓主前，倅愕問其故，則子肉也。蓋妻忿夫與妓語，乃手刃其子，封肉以獻。《虛谷閑抄》

楊堅女名麗華，爲周宣帝后。知堅有異志，意頗不平，形於顏色。及行禪代，憤惋尤甚。《太平御覽》

霍小玉自李生負約，懷憂抱恨，遂成沉疾。日夜涕泣，都忘寢食，期一相見，竟無因由。冤憤日深，委頓床枕，而生終不一往。後爲一豪士攝至其居，抱持而進，報云：「李十郎至也。」一家驚喜，聲聞於外。先是，一夕，玉夢黄衫丈夫抱生來，至席，使玉脱鞋。驚寤而告母，因自悟曰：「鞋者，諧也，夫婦再合。脱者，解也，既合而解，亦當永訣。由此徵之，必遂相見，相見之後，當死矣。」凌晨，請母粧梳。粧梳才畢，而生果至。玉沉綿日久，轉側須人。忽聞生來，欻然自起，遂與相見。含怨凝視，不復有言。羸質嬌姿，如不勝致。頃之，有酒殽數十盤自外來，悉豪士所致也。因陳設，相就而坐。乃側身轉面，斜視生良久，遂舉杯酒而言曰：「我爲女子，薄命如斯！君是丈夫，負心若此！韶顏稚齒，飲恨而終。慈母在堂，不能供養。綺羅絃管，從此永休。徵痛黄泉，皆君所致。李君李君，今當永訣。我死之後，必爲厲鬼。使君妻妾，

終日不安。」乃引左手握生臂，擲杯於地，長慟數聲而絕。母乃舉屍寘於生懷，令喚之，遂不復蘇矣。《霍小玉傳》

徐中山第三女，名妙秀。當靖難時，金川門失守，宮中火起，傳言駕崩。女憤痛曰：「當御正殿以俟之，奈何出此。」數日不食。迨其姊仁孝后殁，永樂聞其美而賢，具玉幣聘之，佯病面壁臥不起。《冬夜箋記》

昭君至匈奴，恨帝始不見遇，作怨思之歌。《樂府解題》

謝邈妻郄氏妒，以邈娶妾，怨懟，與書告絕。《晉陽秋》

趙昭儀聞許美人生兒，謂成帝曰：「常紿我言，從中宮來，許美人兒何從生耶？」懟，以手自擣，以頭擊壁，從床上自投地，啼泣不肯食。曰：「今當安置我，我欲歸耳！」帝遂害兒。《趙后遺事》

昭君入匈奴後，追恨毛延壽，爲書報成帝云：「臣妾失意丹青，遠竄異域，誠得捐軀報國，何敢自憐。獨惜國家黜陟移於賤工！南望漢關，徒增愴結耳。」《女世説》

王蕊梅每以脱骨於煙花爲恨，作《咏梅花》詩云：「虚名每被詩家賣，素艷嘗遭俗眼嗤。開向人間非得計，倩誰移上白龍池。」《曲中志》

侯夫人有美色，入迷樓數年不見御。積悲怨，常作詩以自嘆，讀者凄感。《迷樓記》

姚月華效徐淑體寄楊達，語多悲怨。《瑯環記》

江都某氏女有國色，爲營將所得。其主從軍，留姬江左，以禮自閑而悲怨，時時見於吟詠，有「死媿鴛鴦塚，生非燕子樓」之句。《本事詩》

曹操殺楊修，命卞夫人致書修母，以慰其心。母答曰：「度子之行，不過父母小兒違越，分應至此，憐其始立之年，畢命埃土，遺孤藐幼。」言之崩潰。《女世説》

唐南窑中一僧夜行，聞呱呱聲，憫而收之，乃飢民所棄女也，哺以牛乳。及長，容色艷麗，爲燕帥劉仁恭取去，猶處子也。及僧卒，哀慟死。《女世説補》

樊重母畏雷，爲石室避之。《荆州記》

子産聞婦人哭，使吏執而問之，即殺其夫也，其僕問何以知之，子産曰：「哭死而懼，知其姦也。」《論衡》

丹陽公主下嫁薛萬徹，太宗嘗謂人曰：「薛駙馬村氣。」主羞之，不與同席者數月。帝聞而大笑，置酒召對，握槊賭所佩刀子，佯爲不勝，解刀以佩之。罷酒，主悦甚，薛未及就馬，遽召同載而還，重之逾於舊。《隋唐嘉話》

妓連蕙蘭因事繫獄，以書與岳石帆，有云：「含羞羞婦，亭前獨語，語兒溪畔。」岳爲致，當路釋之。《簪雲樓雜説》

翁邁十二歲能詩，戲十二歲小妓云：「年未十三四，嬌羞懶舉頭。爾心還似我，全未識風流。」《建寧府志》

韓偓《無題》詩：「羞澀佯牽伴，嬌饒欲泥人。」《香奩集》

韓子蒼詩：「初合雙鬟觸事羞。」《苕溪漁隱叢話》

顧瓊詞：「泥人無語，不擡頭，羞摩羞。」《花間集》

毛熙震詞：「嬌羞愛問曲中名。」《蘭畹集》

周邦彦詞：「嬌羞愛把眉兒蹙。」《片玉詞》

向汲與弟孿生，狀貌酷相肖。一日，汲自外歸，弟婦以爲夫也，迎而呼之，不應，遂批其頰。汲曰：「我乃伯也。」婦惶愧而退。《睽車志》

張伯楷、仲楷兄弟形貌絶相似。仲楷妻新粧竟，從竈至井上，忽見伯楷，乃戲問曰：「今日新粧飾好否？」伯楷應之曰：「我伯楷也。」妻慙。《風俗通》

靈太后頗事粧飾，元順面諍曰：「陛下母臨天下，年垂不惑，過修容飾，何以示後世？」太后慙。《魏書》

車武子妻大妒，夜恒出掩襲車。車後呼其婦兄共宿耶，一絳紗裙衣挂屏風上。其婦拔刀徑上床，發被，乃其兄也，慙而退。《俗説》

後主大周后感疾，其妹小周后恣色尤勝，已出入臥内。偶褰幔見之，驚曰：「妹在此耶！」小周后尚幼，未知嫌疑，答曰：「數日矣。」后恚，至死不外向。胡恢《南唐書》

唐世涵爲諸生，父與擇婚。而中表顧館周氏，周固素封，顧以伊女爲請，而周之戚屬黄敬甫與唐善佐之，周遂允焉。及卜日下定，顧與黄俱之，周氏忽鍵門，弗得入，闃無人聲。及訪比鄰，知彼婦以唐貧，竟夜辱周老。周老晨出，不知所往。二人踟躕久之，黄謂顧曰：「小女頗惠淑，願以解辱命之罪。」顧以告，唐父大喜，從之。世涵登第成進士，授崇明令，娶婦之任。道經周氏，其女尚未字。世涵固年少雋才，而黄女容德無比，爲一時冠絶。周氏婦幾恚死。《簪雲樓雜記》

喜母夢絳霄繞身，因咽之。既覺，口盈味。《關令尹喜內傳》

孟子生時，母夢神人乘雲自泰山來，忽片雲墜而寤，里巷皆見五色雲覆孟氏居。《孟譜》

隴西秦嘉爲曹掾赴洛，婦徐淑歸寧於家。晝臥，流涕覆面。嫂怪問之，云：「適見嘉自説往津鄉亭病亡，二客俱留。一客守喪，一客賫書還，日中當至。」舉家大驚。書至，事事如夢。《幽明録》

竇質夢至華岳祠下，見一女巫，黑而長，自稱趙氏，青裙素襦，迎路拜揖。明日至祠下，有巫迎客，容質粧服，皆所夢也。問其姓，曰趙氏。乃以錢三鐶與之，巫笑曰：「昨夢客從東來，獲錢三鐶，果如所夢。」《三夢記》

獨孤遐叔客遊未歸，其妻白氏夢爲凶暴數輩脅至一寺與飲，且强之歌。白氏悲泣而歌曰：「今夕何夕，存耶没耶？良人去兮天之涯，園樹傷心兮三見花。」歌畢，忽見大磚飛墜，遂寤。明日遐叔歸，知妻所夢，則遐叔是夜宿寺，所見磚，乃其所抛也。《槐亭漫録》

陳彦修侍姬曰小姐，夢少年挾升酒樓。《陶朱新録》

懿德皇后母耶律氏，夢月墜懷，已復東升，升至中天，忽爲天狗所食，驚悟而后生。《焚椒録》

金黄久約母劉氏夢鼠銜明珠，寤而久約生。《女世説》

新羅王金春秋后處室，其女兄寶姬夢登西山，坐旋流遍國内。覺與后言，后戲曰：「願買兄夢。」因與錦裙爲值。後春秋納爲后。《秦氏女訓》

男女互夢，欲令彼夢與己同者，覺則倒番被頭，易枕而臥，以氣三呼，則彼之夢還同己夢。《高陽雜識》

夢神曰趾離貴妃，臨寢呼之，夢清而吉。《致虚閣雜俎》

院妃慶兒，睡中驚魘，若不救者。帝自扶起，問之，慶兒曰：「妾夢帝握妾臂遊十六院，俄時火發，妾奔走，回視，帝坐烈焰中。驚呼救，帝久方覺。」《海山記》

歐陽公夫人夢一雌鶴飛來，而生女。女八歲，忽驚魘，曰：「夢一鶴飛去。」遂卒。《邵氏聞見録》

奩史卷四十

東吳王初桐于陽纂述
同里兄元勳叔華校刊

蠶織門

女工

女星主女工。《群芳譜》

立秋促織鳴，女工急促之候也。《詩紀·歷樞》

魯以執針百人賂楚。註云：執針，善女工者。《莊子》

沈約文：「積絲成綵，散繭騰花。」言女工之妙也。《表異録》

周子充侍妾曰芸香，姓孫氏，精於女工。《南宋相眼》

蠶織

皇后祠先蠶，有蠶壇、蠶宮、繭館、織室。《禮儀志》

先蠶儀，取民妻六人爲蠶母。《宋書》

皇后親蠶，先有事於先蠶。后親享，貴妃亞獻，昭儀終獻。其神則西陵氏、菀菰、寓氏、馬頭娘之屬。《野獲編》

西陵氏，黄帝妃也，以其始蠶，故祀以先蠶。《後周書》

西陵氏儽祖始勸蠶事。王禎《農書》《蠶經》作「嫘」。

蠶神曰菀窳。菀窳婦人，先蠶者也。張儼《太古蠶馬記》

蠶神曰寓氏。《漢舊儀》

漢世祈蠶祀寓氏公主。《路史》

高辛氏時有蠶女，不知姓氏，父爲人所掠，惟所乘馬在。女念父不食，其母誓於衆曰：「有得父還者，以此女嫁之。」馬聞其言，躍而去。數日，父乃乘馬而歸。母以誓衆之言告之，父曰：「誓於人，不誓於馬，安有人而偶非類乎？」馬跑，父怒殺之，曝皮於庭。蹶然而起，捲女飛去。旬日，皮復棲於桑上，女化爲蠶，食桑葉，吐絲成繭，以衣被於人間。一日，蠶女乘雲駕此馬，侍衛數十人，謂父母曰：「太上授我以九宮仙嬪矣。」至今蜀之風俗，宫觀皆塑女像披馬皮，謂之「馬頭孃」，以祈蠶焉。《蜀圖經》

蠶始生，后食之，三灑而止。周遷《古今輿服雜事》

歐絲之野，有女子跪樹而歐絲。郭璞曰：「蠶類也。」《山海經》

始皇后葬，用金蠶二十箔。《三輔故事》

秦觀婦善蠶。《蠶書》

陸游詩「婦喜蠶三幼」注云：「蠶眠曰幼。」《劍南詩稿》

俗謂：蠶爲女兒。《弇州詞》：「柔似女蠶春再浴。」《漁洋山人集》

巧婦鳥窠，燒煙熏手，令婦人巧蠶。《本草拾遺》

蠶箔名璘籍。《女紅餘志》

譚二妻夜起餵蠶，見箔内一蠶，長大與他異，幾至數倍。妻知爲佳祥，取寘諸佛堂。旦起視之，已成馬形，時時勃跳作戲。凡七晝夜，馬不見，但得小佛像，似入定觀音。是幾所得絲絮倍於常年。《夷堅志》

明德馬皇后置蠶室於濯龍中，以爲娛樂。《東觀漢記》

漢皇后桑於東郊苑中。董巴《輿服志》

皇后躬桑，每捋一條，執筐者受桑。至三條，女尚書跪白曰：「可止。」執筐者以桑授蠶母。《皇后親蠶儀注》

皇后採桑壇在蠶宮西南。《晉太康儀》

皇后採桑三條，三夫人五條，列侯夫人九條。《明典禮志》

東方朔《七諫》：「路室女之方桑兮，孔子過之以自待。」王逸云：「路室，客舍也。言孔

子過於客舍，其女方採桑，一心不視，喜其貞信，故以自待。」《楚辭注》

孔子去衛適陳，道逢採桑娘，夫子曰：「南枝窈窕北枝長。」婦曰：「夫子行陳必絕糧。」夫子不答而徐行。婦復曰：「九曲明珠穿不過，回來問我採桑娘。」及至陳，果絕糧。陳侯以九曲明珠俾孔子穿之，不得。謂婦有先見，使子貢反而詢之。至採桑所，婦無覓矣，但見桑間聚泥一，踰尺許，又聚泥三。子貢曰：「桑者，木也；泥者，土也。其杜姓耶。旁復有三，其三娘耶。」適樵者過，子貢問曰：「前村可有杜三娘乎？」樵者曰：「蘆塘荻渚繞華屋，瑤草疏花傍粉墻。行過小橋流水北，其間便是杜家莊。」子貢如其言，獲見三娘，具述前事。婦莞爾而笑曰：「此無難，塗絲以脂，繫蟻以要，使徐徐而度。如不肯過，薰之以煙。」子貢得其術，行以告夫子。夫子如其言，得穿九曲之珠。《衡波傳》　亦見《墨客揮犀》。馬驌《繹史》曰「鄙俚」。

瘤女者，齊東郭採桑之女，項有大瘤。閔王遊東郭，百姓盡觀，獨瘤女採桑如故。王問之，對曰：「妾受母教採桑，不受教觀大王。」王曰：「奇女也。」聘迎之。《列女傳》

魯秋胡納妻五日，去而官於陳，五年乃歸。未至家，見美婦人採桑而悅之，乃遺以黃金。婦曰：「採桑力作，以奉二親，不願人之金。」秋胡至家，奉金遺母。使人呼其婦，婦至，乃採桑者也。婦污其行，投河而死。《列女傳》　劉知幾《史通》曰：「秋胡妻乃凶險之頑人、强梁之悍婦。」

朔遊鴻濛之澤，遇採桑母。俄而有黃眉翁，指母以語朔曰：「此太白精也，昔爲我妻。」《東

方朔傳》

舊説邯鄲女子姓秦名羅敷，爲邑人千乘王仁妻，仁爲趙王家令。羅敷出採桑陌上，趙王登樓，見而悦之，置酒，欲奪焉。羅敷彈箏作《陌上桑》以自明，趙王乃止。今其詞乃羅敷採桑陌上，爲使君所邀，羅敷盛誇其夫爲侍中郎以拒之。與舊説不同。《樂府古題要解》

蠶時，虎皇后將宫人數千出採桑於梓苑。《鄴中記》

有邸嫗採桑，被虎銜入深谷。不傷之，但伸一脚於嫗前。看之，有一竹籤在爪下。嫗爲拔之，迅躍數四，銜至舊所，並無損。至夜，置一鹿於門首去。《靈應録》

吳越郊原，多治蠶桑。少婦倩女，淡粧素手，提筐出採。園田一望，輕裾薄縠，舉袂相屬，笑語之聲相聞。何異「桑間士女圖」也！《郿采館清課》

梁武帝《莫愁歌》：「十四採桑南陌頭。」

皇后採桑鈎二枚，各長五寸，其細如箸。《得寶記》

青琴採桑，攜金籠、玉鈎。《女紅餘志》

園客嘗種五色香草，忽五色蛾集其上，生華蠶焉。至蠶時，有一女自來助客養蠶，以香草食之。得繭一百二十枚，繭大如甕，每一繭繅六七日絲方盡。繅訖，此女自言當爲客妻，與客俱仙去。《神仙傳》

種蠶之女收繭訖，謝祠廟，村野指爲「女及第」。《清異録》

有邀紫姑神者，乩書《詠繭》詩。《仰山脞録》

鶯鶯遺張生書「亂絲一鈎」，表愁緒縈絲之意。《會真記》

有漂母漂於城下，見韓信飢，飯信，竟漂數十日。信曰：「我必有以報母。」母曰：「大丈夫不能自食，我哀王孫而進食，豈望報乎？」《史記》

伍子胥至溧陽，乞食於擊綿女。女知其非凡人，乃發其簞筥，長跪而進之。子胥已餐而去，女嘆曰：「嗟乎！妾獨與母居三十年，自守貞明，何宜饋飯與丈夫也？」遂自投瀨水。《女世説》

梁武帝樊城登樓，望見漢濱，五采如龍，下有女子澼絖，則丁氏女令光也。帝贈以金環，納之。《南史》

伍子胥逃奔，遇女子浣紗，恐後人追之，告女子曰：「後有追者，慎勿言。」女即抱石自殞，令勿疑。《仙里麈談》

儀征有浣紗女廟，女姓馮氏。《元豐九域志》

諸暨縣有浣浦，俗傳西子浣紗於此。《紹興府志》

若耶溪有西子浣紗石。施宿《會稽志》

有女子渚上浣紗，覺身中有異，遂娠。生三物，皆如鮧魚，乃著於盤水中養之。經三月遂大，乃是蛟子。天暴雨，三蛟俱出，不知所之。《續搜神記》

褒女浣紗於瀘水上，雲雨晦冥，若有所感而孕。父母責之，憂患而終。謂其母曰：「死後，願以牛車載送西山。」既没，父母置之車，未及駕牛，其車自行，直上濇口山頂。家人追之，但見五雲如蓋，天樂駭空，幢節導從，其女昇天而去。《集仙録》

西子母浣帛於溪，有明珠射體，感而孕。《翰府名談》

巢寇入京時，一老婦人爲賊所傷，自鼻一半以上，並隨刃去。有人以藥封之，得不死。復坐床心緝麻，運手甚熟。《中朝故事》

世祖道渴，至一帳房，見女子緝駝茸，世祖從覓馬湩，女子曰：「馬湩有之，但我父母諸兄皆不在，難以與汝。」世祖欲去，女子復曰：「我獨居於此，汝自來自去，於理不宜。汝來去宜分明，我父母即歸，姑待之。」須臾果歸，出馬湩飲世祖。世祖既去，奇其識度，嘆息曰：「得此等女子爲人家婦，豈不美耶！」後納爲太子妃。《元史》

女工以木棉紡績爲布，名曰吉貝，始自閩廣松江烏泥涇種之。初無踏車椎弓之製，元時有一嫗名黄道婆者，自崖州來，乃教以做造捍彈紡織之具，至於錯紗配色，綜綫挈花，各有其法，以故織成被褥帶帨。其上折枝、團鳳、棋局、字樣，粲然若寫。人既受教，競相作爲，轉貨他郡。嫗卒，鄉人立祠享之。《輟耕録》

河内二義者，張伯仁、仲仁妻也。伯仁謙苦，仲仁驕戾。二婦紡績得好枲麻，輒別異之，以爲仲仁衣服。《列女傳》

梁武丁貴嬪，少時與隣女月下紡績，諸女並患蚊蚋，而貴嬪弗之覺也。《檢蠹隨筆》

婁后慈愛諸子，躬自紡績，人賜一袍、一袴，手縫戎服，以帥左右。《北史》

衡農之師卒，農欲奔赴，無糧。妻慨然請從行，曰：「吾行止紡績，庶以資郎。雖風鬟雨鬢不辭也。」《列女後傳》

賈易少孤，母彭以紡績自給，日易十錢使從學。《宋史》

芭蕉葉煮之爲絲，女工紡績成布，今交阯葛也。《異物志》

永嘉婦人勤於紡績，有夜浣紗而早成布者，俗呼爲「雞鳴布」。《甌江逸志》

陳雲生母林氏，年一百八歲尚勤紡績。《池北偶談》

莒婦有夫爲莒子殺。及老，托於紀鄣，紡焉以度而去之。及齊師伐莒至，則投諸外。或獻齊將子占，子占使師夜縋而登，遂入紀。《女世説》

舍衛國王宫中美女坐白銀床者，紡白銀縷；坐黃金床者，紡黃金縷。《賢愚經》

楊嫗夜紡，賊入其房，匿床後伺之，忽見一青面鬼，數以圈套其項。嫗即停紡，起身尋繩，穿梁作圈，登杌子尚吊，鬼推杌子，以雙手掣墜其足。盗狂駭，忘己是盗，大叫救人。嫗子齊來解，母得不死。《現果隨録》

「乃生女子，載弄之瓦」。注云：「瓦，紡磚也。」朱子又云：「必紡時所用之物。」舊見人畫，「室女手執一物，如金銀之樣者，意其爲紡磚也。」此説恐不然。余見今世紡車之式，下有木一縱一横，往往以磚鎮之，防其搖動。豈即所謂紡磚乎？《説苑》云：「和氏之璧，價重千

金。以之間紡，曾不如瓦磚。」間紡者，介於紡之中間也。《柳南隨筆》

《漢·食貨志》云：「冬月，婦人相從夜績，女工一月得四十五日。」注謂：「每日又得半夜，爲四十五日也。」《鶴林玉露》

漢后在家，嘗有白燕銜石大如指，墜后績筐中。后取之，石自剖爲二，其中有文，曰「母天下」。《西京雜記》

齊之孝婦，誠感神明，湧泉發於室內。潛以績籠蔽之，人莫之知，由是無谷汲之勞。姑及家人疑而嫉之，值出而搜其室，既無所覩，試發此籠，而泉遂潰，湧流漂居宇。至今名曰「籠水」。《續述征記》

淄川女顔文姜，事姑孝謹。樵薪外，復汲山泉以供姑飲。一旦緝籠下忽湧一泉，時謂「顔娘泉」。《顔山雜記》

少昊母皇娥，處璇宮而夜織。《拾遺記》

孟子既學而歸，孟母方織，以刀斷其織，曰：「子之廢學，若吾斷斯織也。」《列女傳》

薛兼訓爲江東節制，密令軍中未有室者，娶織婦以歸，歲得數百人。由是越俗競添花樣綾紗，妙於江東矣。《唐國史補》

仇池縣庫下，悉安織婢綾羅絹布數十張機。《仇池記》

宋內職官有織帥。《宋書》

荆州受貢織户，有終老不嫁之女。《元氏長慶集》

林願泛海舟溺，願女在家紡織，忽據几寐終日，母問之，曰：「父溺舟，兒救父也。」願歸叩之，信。《榕陰新檢》

古艷歌：「爲君作妻，中心惻悲。夜夜織作，不得下機。三日載疋，尚言吾遲。」《樂府詩集》

徐陵《詠織婦》詩：「纖纖連玉指，脉脉正蛾眉。振躡開交縷，停梭續斷絲。」《徐孝穆集》

趙夫人能於指間以綵絲織成雲霞龍鳳之錦，大則盈尺，小則方寸，宫中謂之「機絶」。《拾遺記》

羊侃姬張靜琬能織奇錦，有金梭、玉躡、伏兔、轆轤，皆人間所無之寶爲飾。《女紅餘志》

雲支婦人善織，以五色絲稍納口中，兩手引而結之，則成文錦。《大業拾遺録》

太宗立新羅王善德妹真德爲王，真德乃織錦，作五言《太平頌》以獻。《唐詩紀事》

蠶池，明時宫人織錦之所。《瑶華集箋》

董永父亡，自賣爲奴以葬。喪畢，欲詣主，供奴職。道逢一婦人，曰：「願爲君妻。」遂與俱至主家。主曰：「婦人何能？」曰：「能織。」主曰：「但令君婦爲我織縑三百疋。」於是永妻織十日，而三百疋具焉。因謂永曰：「我天女也，天令我助子償債耳。」語畢不見。《孝子感通傳》

周仙王與夫人約曰：「一夕之內，爾當織百縑。」至四更，夫人百縑已就。《江西大志》

元佐貴爲相，其母月織絹一匹，示不忘本。《因話録》

《古詩詠焦仲卿妻》云：「十三能織素。」《玉臺新詠》

諸薄國女子織作白氎花巾。《後漢書》注引《外國傳》

佛姨母摩訶波闍波提，手自紡織，作一端金色之氎，奉上如來。《賢愚經》

梁武帝歌莫愁：「十三能織綺。」

鄴中老母村人織綾必三交五結，號「八梭綾」。《摭拾精華》

張籍《江南樂》云：「吳姬舟上織白紵。」《樂府詩集》

雙廟橋有丁氏婦織布最精輭，號「丁娘子布」。《松江府志》

番婦自織布，以狗毛、苧麻爲之，名「達戈文」。《瀛壖百詠》

吉貝，蠻女喜織之，製以自衣，謂之「斑衣」。《嶺表異録》

西藏女子皆紡毛綫織氆氌。《衛藏圖識》

公儀休相魯，見其妻織，乃燔其機。《説苑》

樂羊子學一年復歸，妻貞義，引刀趨機曰：「夫子積學中廢，何異斷機！」《列女傳》

昔有一人尋河源，見婦人浣紗，問之，曰：「此天河也。」乃與一石而歸。嚴君平曰：「此織女支機石也。」《集林》

紀昌偃坐其婦之機下，以目承牽挺。牽挺，機躡。《列子注》

有老姥雨夜紡績，失其銕，姥獨駡曰：「何物鬼偷去。」户外即有應聲，言：「暫借避雨，實不偷銕，宜就覓之。」姥驚懼窺外，略無所見，銕亦尋獲。《異苑》

高氏女有美色，謝鯤挑之，女投梭折其兩齒。《晉書》

織女，星名也，安有機杼之具？武后七夕得金梭於庭，乃宮人爲之耳。《席上腐談》

蔡州丁氏女精於女紅。七夕禱以酒果，忽流星墜筵中。明日，瓜上得金梭。由是巧思益進。《秘閣閑話》

水晶宮瓊華三姑子織綃衣，用九龍雙脊梭。《金玉新書》

梭一名踟躕。《女紅餘志》

奩史卷四十一

東吴王初桐于陽纂述
上海徐長發玉厓校刊

針綫門

針綫

學繡里，俗傳西子入吴刺繡於此。《曝書亭集》

趙飛燕屢爲刺繡獻趙臨。臨，陽阿主家令也。《飛燕外傳》

孫權趙夫人，趙達妹也。能於方帛之上刺繡爲九州圖，時人謂之「針絶」。《拾遺記》

刺繡女紅，婦人正事也。枕頂、禮鞋，皆嫁後拜人之禮，即多不爲過。《婚姻約》

宋内職官有繡帥。《宋書》

繡巷，皆師姑繡作居住。《東京夢華録》

女習㡀繡。《元史》

宋之閨繡畫，山水人物，樓臺花鳥，針綫細密不露邊縫。用絨只一二絲，用針如髮細。《考盤

餘事》

顧姬，上海顧氏妾，刺繡極工。《無聲詩史》

蘇臺韓氏女工繡，吳綺作《韓繡行》。《亭皋詩集》

女子繡花須籠絡枝葉，無過不及乃善。《雲仙雜記》

洞天女詞：「挑盡銀燈情脉脉，繡花無氣力。」《夢遊仙記》

蔡女仙善刺繡，繡鳳畢，鳳即騰躍飛舞，女仙乃乘鳳昇天。《襄陽府志》

文烈公有宫花鶴補，云是田妃手製，精緻異常，明懷宗所賜。《筠廊偶筆》

有人江行，得童女二人。自稱兄妹，兄解捕魚，妹專刺繡。所繡鴛鴦，備極工巧。居歲餘，欲犯之，輒辭年幼。一日，女子題詩云：「覓得如花女，朝朝依繡床。百花渾不愛，只是繡鴛鴦。」其兄曰：「依人爲難，不如且去。」女復題詩曰：「終日繡鴛鴦，懶把娥眉掃。且歸水雲鄉，百年可偕老。」因化爲雙鴛鴦飛去。《獅山掌録》

李氏女，名小惠，喜繡並蒂花。剪刀刺手爪，血涴綾子上，小惠即繡作赤水雲。《聊齋志異》

廣陵余氏女子，名韞珠，刺繡工絶。作神女、洛神、浣紗、杜蘭香等圖，妙入毫厘。《倚聲集》

韞珠繡須菩提維摩詰像，不減吳道子畫筆。《漁洋山人集》

韞珠繡《六賊戲彌陀》圖最工。《池北偶談》

沈闕闕爲顧茂倫刺繡，作《雪灘濯足圖》。《静志居詩話》

王長卿内人精於鉄繡，繡佛則光相衣紋，儼若道玄運管。即謂之針王可也。《甲乙剩言》

曹溪有室女，發願繡千佛衣一襲，奉供憨大師。衣成，而師已遷化，衣留寶林庫。及師肉身自盧山還曹溪，出龕時，紫繒羅衣見風而碎，遂取此衣衣之，光彩如新，在庫已二十年矣。衆謂此女願力所致。《居易録》

毛烈婦名孟，鶴舫女也。年十三時，製繡帽遺柴夫人靜儀。柴夫人臨終，以繡帽囑冢婦朱少君柔則曰：「當藏之篋笥，以垂永久。」康熙己卯春，少君發笥見帽，作七言絶志感。閨秀遞相傳玩，以爲烈婦手澤，相與唱和成帙。朱柔則《順成》詩云：「烈婦從夫向九泉，因看遺繡一潸然。相逢記得持相贈，藏在香奩二十年。」王元禮《禮持》詩云：「一段幽貞麗管彤，針神還與薛娘同。開奩忽墮思君淚，滴向當年手澤中。」嚴懷熊《芷菀》詩云：「深閨昔日贈羅巾，繡出名花不染塵。篋笥頻開香未絶，至今猶憶墮樓人。」吴湘《婉羅》詩云：「花羅半帽抵千金，持贈猶憐一片心。莫遣爾翁覩遺繡，白頭悲汝恐難禁。」《毛貞女墮樓記》附録

盧眉娘能於一尺絹上繡《法華經》七卷。字之大小不逾粟粒，而點畫分明，細於毛髮。《杜陽雜編》

會昌中，邊將張睽防戎十年餘，其妻侯氏繡回文作龜形詩，詣闕進之。帝覽詩，放睽還鄉，賜侯氏絹三百疋，以彰才美。《抒情詩》

張淑媖有《刺繡圖》一卷。《然脂集》

周文矩有《繡女圖》。《宣和畫譜》

朱絳《春女怨》云：「獨上紗窗刺繡遲，紫荆枝上囀黄鸝。欲知無限傷春意，盡在停針不語時。」《唐詩類選》

龍輔詩：「繡窗同刺繡，女伴喜天晴。」《女紅餘志》

白樂天詩云：「倦倚繡窗愁不動，緩隨緑帶髻鬟低。遼陽春盡無消息，夜合花前日又西。」好事者畫爲《倦繡圖》。《娱書堂詩話》

周昉有《内人倦繡圖》。《莊靖先生集》

曹蘊年將及笄，隨母遊乾明寺。見尼作繡，乃爲集句云：「睡起楊花滿繡床，爲他人作嫁衣裳。因過竹院逢僧話，始覺空門興味長。」《楊彦齡筆録》

吴綺詠佳人午睡云：「捲繡帖碧闌干曲。」《藝香詞》

「針指」二字本俗語，《夷堅志》採用之。其記婺州民女云：「夜與母共寢，晝則作針指於牖下。」《甕牖閑評》

薛寬妻牛氏針指引日。《南繼志》

康海《邯鄲美人歌》：「却將針指凑齊紈。」《對山集》

胡令能詠《崔郎中諸妓繡樣》云：「日暮堂前花蕊嬌，爭拈小筆上床描。」《唐詩紀事》

趙聞禮詞：「昨夜新翻花樣瘦，旋描雙蝶湊。」《約月集》

劉鼎臣妻有《剪花送夫省試》詞。《林下詞選》

薛夜來妙於針工，雖處深帷之內，不用燈燭，裁製立成。非夜來縫製，帝則不服。宮中號爲「針神」。《拾遺記》

魏文帝宮人薛夜來善爲衣裳，一時冠絶。《古今注》

肅宗張皇后，産子三日，縫戰士衣。《太平御覽》

《古詩詠焦仲卿妻》云：「十四學裁衣。」

景福寺比丘尼有侍女任五娘，死月餘，空中有聲呼其弟曰：「我五娘也。汝太藍縷，無人縫衣，宜將布來，我爲汝作衫襪。」弟置布於靈床上，經宿即成。《冥報拾遺》

也先忽都者，達魯花赤妻也。紅巾賊至，也先忽都與妾玉蓮爲賊所得，令與衆婦縫衣。罵曰：「我達魯花赤妻也，豈能爲賊縫衣。」賊殺之。玉蓮自縊。《元史》

關陳諫妻呂氏，寇至，俾呂縫衣，呂投剪破賊面，罵曰：「賊敢辱我針黹乎？手可斷，衣不可縫。」賊怒，磔之。《明史》

縫衣詩，自太宗宮人後，惟謝幼睿一首最工。《元散堂詩話》

武帝微時貧甚，納布衣襖，皆是敬皇后手製。《宋書》

開元中，頒賜邊軍纊衣，製於宮中。有兵士於短袍中得詩，云：「沙場征戍客，寒苦若爲眠。戰袍經手作，知落阿誰邊？蓄意多添綫，含情更着綿。今生已過也，願結後身緣。」兵士白於帥，帥進之。玄宗命以詩遍示六宮，曰：「有作者勿隱！」有一宮人自言萬死。玄宗遂以嫁得詩人，曰：「我與汝結今身緣。」《本事詩》

文柔者，季端叔配也。爲東坡所知，呼爲法喜上人。東坡南遷，文柔手自製衣以贐。《姑溪集》

翩翩取芭蕉葉剪綴作衣，即成緑錦。《摭異録》

張阿玄爲帝製繡絲絞布之裘。《元氏掖庭記》

沈約《秋夜》詩：「漢女夜縫裙。」《歲華紀麗》

卜子使妻爲袴，曰：「象吾故袴。」妻因毀新袴如故袴。《韓子》

孟宗少從師學，母爲作厚褥大被。或問故，母曰：「小兒無德，致客學者多貧，故爲廣被，庶可得與氣類接也。」《吴録》《列女後傳》曰：「宗母製十二幅被，以招賢士共卧，庶得聞君子之言。」

桓任後母酷惡，常憎任，爲作二幅箕踵被。《桓任别傳》

子謙《憫農》詩：「村婦看家事綻補。」《筠廊二筆》

葛仙公跣足，屈氏二女夜促成雙履獻之。《神仙傳》

張阿玄爲帝製雪疊三山之履。《元氏掖庭記》

周皇后於內政之暇爲上製履，其履盡去繁飾，只用金綫鎖成龍鳳。太監出宮，見婦女輒曰：

「娘娘勤苦，每日爲皇爺製履。」《酌中志》〔一〕

重慶公主下嫁周景，事姑甚孝，衣履多手製。《快雪堂漫書》

李秀娥夫死，閉户將自縊，隣婦欲生之，排闥曰：「爾尚有所逋，何遽死？」氏啓户應曰：「然請復待一日。」乃紉履一雙往畀之，歸家遂縊死。《郃陽志》

龍輔詩：「脚下繡宮鞋，殷勤爲郎做。」《女紅餘志》

今女工做鞋子者，用紙背硬襯裏剪樣，名「肐膊」。《武林市肆記》：小經紀有賣圪泊紙者。《暖姝由筆》

句踐與妻入臣於吳，妻奉針縷，北面爲妾。《吳越春秋》

婦人佩針縷。《白虎通》

宋太祖置女官，有針綫院。太宗改爲裁縫院。《續文獻通考》

溫夫人年八十餘，耳目聰明，日視針綫。《畫墁録》

賽簾秀，朱簾秀之高弟也。中年雙目無見，然步綫尋針，不差毫髮。《青樓集》

泰州項四自荆湖歸，夜聞有物觸船如人，救之，乃一丫鬟女子也，年可十五六。問之，則曰：「姓徐，父自辰倅解官歸，忽逢劫賊。某驚墮水中，附一踏道漂流至此，父母想皆遭賊手

〔一〕本條《酌中志》未見，出處未詳。

矣。」項欲留爲子婦，遂令獨寢。比歸，告其妻。妻嫌其驕貴家女，欲貨錢以與兒別娶。有金尉者新喪妻，聞此女善針綫，遂求娶之。金尉見其是女身，又宦家兒女，大稱所望，始名爲意奴，又改爲意姐，又以排行呼爲七娘。謂徐氏曰：「若得知汝家世分明，當册爲正室。縱無分明，亦不別娶也。」遂相挈到任。後有徐將仕至，七娘自屏後窺之，甚類其兄，言於金尉。金尉召而問之，將仕備述其父歷任經由，並説及被劫事，有妹落水死，累日尋屍不得。金尉乃引入見之，兄妹相持大哭，而説雙親皆無恙。將仕因問金尉，元直費幾金，當收贖以歸。金尉笑曰：「某與令妹有言約矣，況今已有娠，豈可復令別嫁？」於是將仕發書告父母，遂擇日告祖成婚。《摭青雜説》

曼殊小名阿錢，十歲前村學針綫，把剪即能刻花種人獸，不搆譜，若熟習者。客有以千錢購蕃繡旛燈於前村家，阿錢方學繡，立應之去。《西河合集》

張至龍詩：「拜了夜香郎喚睡，旋收針綫背銀缸。」《雪林删餘》

陳子高《佳人詞》：「旋移針綫小姑前。」《草堂詩餘》

張籍《吳楚歌詞》云：「庭前春鳥啄林聲，紅夾羅襦縫未成。今朝社日停針綫，起向朱櫻樹下行。」今人家閨房，遇春秋社日，不作組紃，謂之忌作。《墨莊漫録》

針綫殿有侍女直廬五所。《大都宫殿考》

内則有綫纊。《太平御覽》

晁氏《中壺針綫纊夾》，乃吳越時人寫本杜詩。《五代詩話》

茅姬《哭侍兒湘雲》詩：「床頭針綫帖，此夜更誰開。」《彤管餘編》

軒轅作針剪。《物原》

孟姜女夫役長城，姜女爲夫製寒衣，引針刺院竹葉盡成絲。《孟姜女集》

許允婦阮氏有古針，一生用之不壞。《女紅餘志》

太乙玉女托許棲巖買虢縣田婆針。田婆亦仙人也。《裴硎傳奇》

鄭侃妻張氏生女，年十六，名采娘。七夕夜，陳香筵祈於織女。是夕，夢雲輿雨蓋蔽空，駐車命采娘曰：「吾織女，祈何福？」曰：「願丐巧耳。」乃遺一金針，長寸餘，綴於紙上，置裙帶中，令「三日勿語，汝當奇巧；不爾，化成男子」。經二日，以告其母。母異而視之，則空紙矣，其針迹猶在。張有數女皆卒，已而復娠，將服藥損之，采娘忽稱殺人，母問之，曰：「某當爲男子，母所懷是也。」母乃不服，采娘尋卒，母遂生一男。有動采娘常戲弄之物，兒即啼哭，乃采娘後身也。《桂苑叢談》

李白遇老媪磨鐵杵，問何爲？媪曰：「欲作針耳。」《輿地紀勝》

昔有姜氏，與隣人文冑通殷勤。文冑以百鍊水晶針一函遺姜氏，姜氏啓履箱，取連理綫，貫雙針，結同心花以答。故《定情篇》曰：「素縷連雙針。」《謝氏詩源》

女流所用之針，惟金頭黃鋼小品最爲精好，大三分以製衣，小三分以作繡。《清異録》

李晝夜過一塚，見穴中有火光，五女衣華服，相坐穿針，俱低頭就燭。晝呼之，五燭皆滅，五女亦失所在。《傳異記》

日本女工所用之針，每一針價銀七分。《日本圖纂》

吳秀蘭畜鴝鵒。一日，使借針於隣女，歸被鷂攫，呼曰：「針落草上。」女覓草上，果得針。《浮梁縣志》

一女誤吞針入腹，諸醫不能治。一人教令煮蠶豆同韭菜食之，針自大便同出。《積善堂方》

武君之女得奇疾，方與母同食，忽投箸稱痛，宛轉不堪忍。俄又稱極癢，母問其處，不能指言。歷數月，求醫巫拯治，悉不效。次年春，一道人聞其聲，謂武君曰：「吾可治。」遂延之入，望見面色正青，取藥兩錢七，使挼捺左股痛處，藥未盡，一針隔皮跳出，女神志頓清，乃道所苦之因，曰：「向來燈下縫裳失針，尋覓不得，便覺股内有物鑽攻，流轉四體。」《稗史彙編》

曹大家有《針賦》。《曹大家集》

劉令嫻有《答唐娘七夕穿針》詩。《古今類傳》

孫蕙蘭詩：「嬌妹嗔人奪繡針。」《緑窗遺稿》

南華《贈美人針》詩：「眼中如得綫，燈下敢辭縫。」《女紅餘志》

針眼割綫者，宜用燈燒眼。《物類相感志》

梁汴京七夕乞巧有雙眼針。《提要録》

漢綵女常以七月七日穿七孔針於開襟樓。《西京雜記》

七夕，婦女穿七孔針。或以金、銀、鍮石爲針。《荆楚歲時記》

七月七日進七孔金鈿針。《唐六典》

唐宮中七夕，妃嬪以五色綫穿九孔針。《長安記》

豔雪，姓田氏，爲王豫嘉侍兒。豫嘉殁，豔雪每入室，恒闔户。人窺之，多料簡針帖中物。越月，竟自經。《陝西通志》

皮大姑著紫紈袴，袴帶上繫針囊。《摭異録》

中宮雜物，雜畫象牙針管一枚。魏武上《雜物疏》

庾信《夜聽擣衣》詩：「鳳翼纏篸管。」「篸」同「針」。《庚子山集》注

楊維禎《理繡》詩：「揀得金針出象筒。」《復古香奩集》

婢子以針卜，伺其尾相屬爲兆，名「針姑」。《石湖居士集》

上元節，婦女召針姑，以卜問一歲吉凶。《熙朝樂事》

「繡床時助綵針攀」，指環詩也。今女工别有抵針。《柳南隨筆》

皇太子納妃，有金鐕二枚。《東宮舊事》

鐕，女人綴衣細竹也。《太平御覽》

南方婦女呼剪刀爲劗刀。《爾雅注》

后梓宫用剪刀六枚。《修復山陵故事》

剪刀池，昔車允讀書於此，婦以女紅佐之，落剪刀於此池。《粧樓記》

太子納妃，有龍頭金鏤交刀四、銀牙鏁綵帶副。《東宫舊事》

潘炕姬解愁有雙龍奪珠之剪。《女紅餘志》

庾信《搗衣》詩：「龍文鏤剪刀。」《庾子山集》

王珪《宫詞》：「一對盤龍落剪刀。」《王岐公詩集》

姑園戲作剪刀，以苜蓿根粉養之。裁衣則盡成墨界，不用人手而自行。《掻手集》

樓愛珠有賓鐵剪刀，製作極巧。外面起花度金，裏面嵌回回字，如潘鐵所遺倭製摺疊剪刀。《厚德録》

顧春娶俞氏。春患瘵不起，囑婦以好事舅姑，言至再三。婦乃潛握剪刀，以利鋒刺於左目，流血滿地，絶而復甦。夫曰：「何乃如此？」曰：「示君信也。」《因樹屋書影》

王生過鄭刺史祠，見壁上題詩有云：「殘魂摇遠夢，弱骨冷空山。」又云：「金刀斷織韓香事，千載銜冤泣月明。」更至别院，有一敗柩。睇其中，丰鬢纖足，女子也。胸壓匕首，剪刀出其左脇。憶壁間詩，殆以此，因以土覆其身。是夜夢女子來謝。《池北偶談》

梅妃有《剪刀賦》。《梅妃傳》

李古廉《詠剪刀》云：「吳綾剪處魚吞浪，蜀錦裁時燕掠霞。深院響傳春晝静，小樓工罷夕

陽斜。」《光獄英華》

袁著夜經廢宅，遇一黑面婦人，自稱裂娘，堆雙髻，衣紅褐，佩兩金環。正語間，忽不見。明日復至其所，見污塵中剪刀一把，乃知昨所遇者，剪刀精也。《巳瘧編》

馬氏二女，修道百丈山，飛昇，有剪尺遺跡。《浙江通志》

吳主亮夫人潔華有雜寶黃金尺。《女紅餘志》

中宫用物，雜畫象牙尺一枚，貴人、公主象牙尺三十枚，宫人象牙尺百五十枚、骨尺五十枚。魏武上《雜物疏》

盈盈有畫尺。《女紅餘志》

唐宫中，以女工揆日之長短。冬至後，日晷漸長，比常日增一綫之功。《唐雜録》

刺繡亭有一綫竿，冬至後，宫人把刺於此。《元氏掖庭記》

索姑有超世之志，一日馳去，遺綫於路。至盩厔，趺坐而化。家人隨綫跡之，得其處，爲立廟。《扶風志》

安南國進皇后方物狀，有金綫三兩。《天南行記》

王建《宫詞》：「自盤金綫繡真容。」《三家宫詞》

正統四年，賜可汗妃各色絨綫等物。《賞賚考》

孫夫人詞：「閑把繡絲撏，認得金針又倒拈。」《林下詞選》

楊維禎《理繡》詩：「生憎昨夜狸奴惡，抓亂金床五色絨。」《復古香奩集》

楊基《春繡》絶句：「笑嚼紅絨唾碧窗。」《眉庵集》

寧獻王《宫詞》：「睡窗絨縷暗留香。」《皇明珠玉》

屈鳳輝《詠嗅嬌娘》詩：「試問今朝有繡絨。」《古月樓詩抄》

周文矩有《唐宫熨帛圖》。《宣和畫譜》

紂作熨斗。《物原》

皇太子納妃，有金塗熨斗三枚。《東宫舊事》

張蕪母捉熨斗爲蕪作袴。《張蕪别傳》

姚月華熨斗名麟首，黄金爲之。《女紅餘志》

吴氏婦性妒忌，怒婢妾，將熨斗烙其面。《葆光録》

虞敬娥有《鈷鉧賦》。鈷鉧，熨斗也。《紅鸞集》

皇太子納妃，有金塗熨人。《東宫舊事》

阮惟德有《宫人熨鐵圖》。《益州名畫録》

教刺繡之變

有人招一尼教女刺繡。女忽有娠，父母究問，云是尼也。告官，屢驗皆是女形。有人教以猪脂塗其陰，令犬舐之，已而陰中果露男形。奏聞，斬之。《楮記室》

有寡婦善女紅，少而艾，履襪不盈四寸，諸富貴家相引，以教室女刺繡。見男子輒羞避，有問亦不答。夜必與從教者共寢，亦必手自鑰户，嚴於自防，由是人益重之。庠生某慕寡婦，必欲與私。乃以厥妻紿爲妹，賂隣嫗往延寡婦。寡婦至，生潛戒其妻將寢，則啓户如厠。妻如戒，生遽入滅燭，婦大呼，生扼其吭，强犯之，則男子也。繫送於官，訊鞫之，蓋自幼即縛足小而爲是圖者，遂置極典。《蓬軒别記》

山陰縣民谷才，以男裝女，隨處教婦女生活，暗行奸宿，一十八年未嘗事發。有桑冲投拜爲師，將眉臉絞剃，分作三綹，戴上鬏髻，粧作婦人。就彼學女工，描剪花樣、刺繡等項，盡得其術。隨有任茂、張虎、張端大、王大喜、任昉、孫成、孫原七人，復投冲學，各散去訖。冲歷大同、平陽四十府州縣，探聽人家出色女子，即投中人引進，教作女工，默與奸宿。若有秉正不從者，隨將迷藥噴於女子身上，默念昏迷咒，使不能言動，即行奸宿。復念醒昏咒，女子方醒，冲再三陪情，女子隱忍不言。住兩三日，又復他之。至高宣家，宣婿趙文舉强淫之。揣胸無乳，摸有腎囊。告官，磔於市，並捕任茂等誅之。《玉芝堂談薈》〔一〕《耳談》曰：「桑冲有魘魅法，行其術十八年，污有名女一百八十二人。」

有藍道婆者，自具陰陽二體，無髭鬚，因束足爲女形，專習女紅，極其工巧。大族多延爲女師，教習刺繡，即與女子昕夕同寢處。初不甚覺，至午夜陽道乃見，因與淫亂。後至一家，女徒伴宿，藍婆求奸，女子不從，尋與父母語其故。因令老嫗試之，果然。首於官，捕至訊實，以巨枷遍遊市里。女子曾失身者，縊死甚衆。道婆仍杖死。《碣石剩談》

〔一〕四庫全書本《玉芝堂談薈》所記與此差異甚大，且「桑冲」作「桑翀」。此條文字見於《庚巳編》卷九「人妖公案」，上文皆據其改。

奩史卷四十二

東吴王初桐于陽纂述
京口高　雲青士校刊

井臼門

操作

恭王妻郭昌號郭主，好節儉，手常操作。《小名録》

馮衍妻任氏悍忌，不蓄媵妾，常自操井臼。《東觀漢記》

麗人薛素素，性好操理繁細。《詩話類編》

江西婦人皆習操作，衣服之上，以帛爲帶，交結胸前後，富者至用錦繡，其實便操作也。《岳陽風土記》

丁新婦者，丹陽丁氏女，年十六，適全椒謝家。其姑嚴酷，使役不能堪。九月九日縊死，遂有靈，發言於巫祝曰：「念人家婦女作息不倦，使避九月九日，勿用作事。」江南婦人祀之，呼爲「丁姑」。是日忌作事，咸以爲息日也。《丁新婦傳》

女狄暮汲得月精，吞之，遂有娠。《遁甲開山圖》榮氏解

伊尹母方孕，行汲，化爲枯桑。其夫尋至水濱，見桑穴中有兒，乃收養之。《尚書大傳》

彭娥負器出汲，賊至，將殺娥，娥仰天大呼，山崩壓賊死。娥捨汲器，化爲石。《幽明録》

王汝南少無婚，自求郝普女。既婚，果有令姿淑德。生東海，遂爲王氏母儀。或問汝南，何以知之？曰：「嘗見井上汲水，容止不失常，以此知之。」《世説》

唐僧圓澤，見婦人錦襠負瓮而汲，曰：「此吾托身之所也。」至暮澤亡，而婦乳。《太平廣記》

峽中婦人汲水，皆負水盎於背。《入蜀記》

蜀中有小吏山行，日將暮，見道傍一婦人攜汲器立溪側。小吏就丐飲，且挑狎之。婦人初無難色，吏引手捫其胸臆間，毛長數寸，冷如冰，驚呼而走。婦人大笑，挈汲器徐步而去。《睽車志》

寧賞嘗以未曉起盥櫛，俄一女子至，荷筠筒候門，徘徊羞怯，將汲井。賞凝睇久之，蓋美色也。欲加以非義，拒不肯，倏爾不見，惟�筒在焉。《愚書》

武廟好微行，遇一婦人汲水，乃口占一詞云：「汲水上南坡，紅裙映碧波。雖然不是俺宫娥，野花偏豔目，村酒醉人多。」《武宗外紀》

錢舜舉有《張麗華侍女汲井圖》。《淵穎集》

呂后囚戚夫人於永巷，髡鉗衣赭，令舂。《漢書》

梁德后醋忌，使貴嬪臼舂，每中程，若有助者。《南史》

江都王宫人，有過者，令以鉛杵舂。《漢書》

齊州劉十郎窮賤，與妻傭舂自給。忽一宵舂杵中折，凌旦，有新杵在臼旁，夫婦驚喜。自是穿地，得隱伏之貨，家累千金。以碓杵爲神賜，寶藏之。《太平廣記》

善卷山之東有大石，曰茉莉夫人鬼磨，傳稱夫人以磨磨麪供養大衆者。或云即茉莉元君。《東還紀程》

黄伯英卒，妻雍氏織紝市餅以養舅姑。嘗攜幼子負荳至水濱，置磨磨之。有鄉人奪其磨處，雍氏號天慟哭，磨爲不轉。其人驚異，遂還之。《漳州府志》

有婦以賣麪爲業，得餘麪以資姑。貧不能畜驢，恒自轉磨，夜夜徹四鼓。姑没後，上墓歸，遇二少女於路，迎而笑曰：「同住二十餘年，頗相識否？」婦錯愕不知所對。二女曰：「嫂勿訝，我姊妹皆感嫂孝心，每夜助嫂轉。不意爲上帝所嘉，得證正果。今嫂養姑事畢，我姊妹亦登仙去矣。」言訖不見。婦歸，再轉其磨，則力幾不勝，非復宿昔之旋運自如矣。《薩摩陂雜記》

周千秋夫人沈氏簸米，見米蟲，聚蟲甕中，糠粞養之。至秋，皆羽化而去。《信徵録》

湖州崔四官妻往石坡口淘米，被暴雷震死。未幾，雷又大作，香氣滿室，妻遂甦。《冥報録》

第五倫妻親執炊爨。《東觀漢記》

司馬懿辭曹操辟，托以風痺。嘗曝書遇雨，不覺自起收之，惟一婢見。妻張恐言洩，乃殺之，而自執爨焉。張名春華，即宣穆皇后，自少有智識。《晉書》

魏元忠婢方爨，出外汲水，還，見老猿爲其守火。《語林》

鄭氏兄弟皆文士。大比之歲，次婦以鏡聽卜，有二人初起，相推爲戲，云：「汝也凉凉去。」及闈後，兄弟皆歸。時暑氣猶盛，兩婦在厨下炊飯餉耕，其熱正苦。忽有報騎登門，報大鄭捷，母入厨唤大婦曰：「大男中矣！汝可凉凉去。」次婦忿惻，泣且炊。俄又有報二鄭捷者，次婦力擲餅杖而起，曰：「儂也凉凉去！」於是鏡聽乃驗。《聊齋志異》

有夫自外歸，見婦吹火，贈詩曰：「吹火朱唇動，添薪玉腕斜。遥看烟裏面，一似霧中花。」《盤洲集》

有婦吹火，筒中蜈蚣入腹，刺猪羊血灌之即吐出。《三元延壽書》

許明奴家有嫗入山採樵不歸。今人樵，或有見嫗，身衣藤葉，行疾如飛。逐之，昇林而去。《林氏野史》

巢氏婢採薪，忽有一人隨婢還家，不使人見，見者惟婢而已。每與婢飲晏，輒吹笛而歌。《幽明録》

王良爲大司徒，司徒史鮑恢過候其家，見良妻布裙曳柴從田歸。恢告曰：「我司徒史，欲見夫人受書。」妻曰：「妾是也。苦掾無書。」恢下拜嘆息。《女世説》

永樂八年，賜寧國長公主柴、炭各三萬斤。《弇山堂别集》

宫人爐炭，用胡麻文鵓鴿青。《劍南詩稿》

陸續母截肉必方，斷葱寸寸無不同。謝承《後漢書》

段文昌庖所曰鍊珍堂，有老婢掌其饌事。《食經》

掌饌姬曰鼎娥。《修詞指南》

宋太祖將北征，京師喧言軍中欲立點檢爲天子。太祖告家人曰：「外間洶洶如此，將若之何？」太祖姊方在厨，引麪杖擊太祖，逐之曰：「丈夫臨大事，可否當自决，乃來家間恐怖婦女耶？」太祖默然而出。《語林》

齊劉皇后嘗歸寧，共營祭食。后助炒胡麻，未及索火，火便自然。《南史》

昔有婢爲主人炒麥豆，羊啗食之，婢每杖羊。一日，空手取火，羊直來觝婢。婢急取火著羊脊上，羊熱，觸突延燒。《雜寶藏經》

梅聖俞有婢善斫鱠，歐陽公等每思食鱠，必提魚往就聖俞家。《避暑録話》

有士大夫於京師買一妾，自言是蔡太師府包子厨中人。一日，令其作包子，辭以不能。詰之曰：「既是包子厨中人，何爲不能作包子？」對曰：「妾乃包子厨中縷葱絲者也。」《鶴林玉露》

蔡姬所造饅頭，有葱味而不見葱。其法，用葱，不切入餡，而留饅頭上一竅，候其熟，即拔去葱，而以麪塞其竅。蔡姬，李滄溟侍兒也。《文海披沙》

嶺南人家教女，不以針縷績紡爲功，但躬庖厨爲大好女，故爭聘者相語曰：「吾女裁袍補襖都不會，治水蛇黄鱔即一條勝一條矣。」《投荒雜録》

鉉翁欲求一容貌才藝兼全之妾，忽有以奚奴者至，姿色固美。問其藝，則曰「能溫酒」。左右皆笑，公漫爾留試之。及執事，初甚熱，次略寒，三次微溫，公方飲。既而每日並如初之第三次。公喜，遂納焉。終公之身，未嘗有過不及時。公死，囊橐皆爲所有，因而巨富。人稱曰「奚娘子」者是也。《輟耕録》

蒲傳正諸婦，閉户不治一事，惟滴酥爲花果等物。每請客，一客二十飣，皆功巧盡力爲之者。只用一次，復速客則更之。以此諸婦日夜滴酥不輟。《師友談記》

陳壽遭父喪，有疾，使婢丸藥，鄉黨以爲譏。《晉書》

楊萬里詩：「江妃有訣煮真珠，菰飯牛酥軟不如。」《誠齋集》

龍輔詩：「獨諳郎食性，厨下自調羹。」《女紅餘志》

費鐵嘴爲巨帥，多行劫掠。至一莊，丈夫悉竄，惟一婦以杓揮釜湯潑之。數十健兒無措，狼狽奔散。婦但秉杓據釜，略無所損。《女世説》

宫中有娠，賜暖水釜五個。《武林舊事》

夢得新銚銷，取婦好也。《夢書》

鍾允章妻牢氏有賢行。貧時，家無釜鬵，止用一銚。後富貴，牢氏出銚以示允章，允章慙。

《十國春秋》

何仙姑爲人飯嫗，故肩掮笊籬。《留青日札》

二月中和節後一日，宫中排辦挑菜御晏。先是，預備朱緑花斛，下以羅帛作小卷，書品目於上，繫以紅絲，上植生菜、薺花諸品。俟晏酬樂作，自中殿以次，各以金篦挑之。后妃、貴人、婕妤等皆有賞無罰。以次每斛十號，五紅字爲賞，五黑字爲罰。上賞則成號真珠、玉杯、金器、北珠、篦環、珠翠、領抹，次以鋌銀、酒器、冠鐲、翠花、緞帛、龍涎、御扇、筆墨、官窑、定器之類。罰則舞唱、吟詩、念佛、飲冷水、吃生薑之類。用此以增戲笑。《乾淳歲時記》

岑琬《松陵道中》詩：「丫鬟挑菜女。」《雪崖集》

閩宫中有茶樹二株，鬱茂婆娑，宫人呼爲「清人樹」。春時，嬪嬙戲摘新芽，設傾筐會。《閩海叢談》

潮州燈節，飾採茶女十二人，手挈花籃而歌。余録其一首，曰：「三月採茶向水濱，娘在房中繡手巾。兩頭繡出茶花朵。中央繡出採茶人。」《嶺南雜記》

楊愛愛，本錢塘倡家女。年十五，尚垂鬟，性善歌舞。七月七日，泛舟西湖，採荷香，爲金陵少年張逞所調，相攜潛遁，旅於京師。逾年，逞爲父捕去，愛愛留巷中，好事者百計圖之不可得。後三年，念逞不置，感疾而死。愛愛死，小婢子錦兒出其繡手籍香囊纈履數物，香皆郁然而新。《侍兒小名録拾遺》

女弟子隊有採蓮隊，衣紅羅生色綽子，繫暈裙，戴雲鬟髻，乘綵船，執蓮花。《宋史·樂志》

陸師道有《西施採蓮圖詩》。《歷代題畫詩類》

南宋寒門陳氏，有三女無男。父病母嫁，三女因年饑，自採菱蓴，貿於市養父。人爭欲娶之，長女傷慨煢獨，誓不肯行。《女世説補》《齊書·韓靈敏傳》作「會稽人」。

玉泉山下西湖中多菱芡。帝夏月避暑，作採菱小船，縛綵爲棚，木蘭爲槳，命宮娥乘之，以採菱爲水戲。時凝香兒亦在焉，帝命製《採菱曲》歌之。遂歌《水面剪青》之調，聲滿湖上。《元氏掖庭記》

郝仙女，魏青龍中人。年及笄，姿色姝麗。採蘋水中，蒼煙白霧，俄失其所在。母哀求水濱，願言一見。良久，異香襲人，隱約波渚間。曰：「兒以靈契，托蹟綃宮，陰主水府。世緣已斷，毋用悲悒。」《野客叢書》〔一〕

昔有女子採薇，有所驚而走，北至回水之上，止而得鹿，家遂昌熾。《楚辭章句》

長山朱郭夫妻採藻澗濱，得二銅釜。《異苑》

宋乾德間，象州傲氏女與嫂獨孤氏赴天蓋山採葛，皆墮泉中死。經月餘，乃於空中呼父母曰：「吾仙女也。有過，謫人間，數滿當還。」《廣西通志》

〔一〕本條《野客叢書》未見，見於楊慎《詞品》卷二及《升庵詩話》等。

九日，婦女以口採茱萸，可治心痛之疾。《西鄉縣志》

章頊妻程氏與二女入山採葉，程爲暴虎銜去，二女寃叫，挽其衣裾，與虎爭力，虎乃捨之。《歙州圖經》

昔有貧女採螺，見衆螺張口嘬其肉，貧女死，因葬水旁，其冢化爲巨石，號「螺女」石。《寰宇記》

搗衣山有玉女搗練砧。《述異記》

張萱有《宮人搗練圖》。《宣和畫譜》

班婕妤有《搗素賦》。《古今文致》

古者，夫婦遠別，婦人臨秋，必擣衣以寄。《驂鸞録》

古人擣衣，兩女子對立，執一杵，如舂米然。嘗見六朝人畫《擣衣圖》，其制如此。今則臥杵對坐擣之。《藝林伐山》

太子納妃，有搗衣碪一枚。《東宮舊事》

秭歸縣屈原宅有女嬃廟，搗衣石尚存。當秋風夜雨之際，碪聲隱隱可聽。《江陵志》

周漢公主病，鬼車鳥飛至砧石即薨。《本草綱目》

太子納妃，有搗衣杵十枚。《東宮舊事》

嵩山有玉女搗帛石，立秋前一夜，常聞杵聲。《嵩山記》

杵之神曰細腰，庾信詩曰：「北堂細腰杵。」《女紅餘志》

孔子南遊至阿谷，有處子佩璜而澣者。孔子抽觴以受子貢曰：「以觀其辭。」子貢曰：「欲乞一飲。」婦人曰：「欲飲則飲，何問婢子。」《韓詩外傳》

漢有女子浣於水濱，有三節大竹流於女子足間。聞有聲，持破之，得一男兒。《水經注》

婦人無以夫衣合浣之，使不利。《龍魚河圖》

蘇耽母潘氏，嘗於江邊澣衣，有五色苔浮水，揚去復來，繞足者三，乃取吞之，遂生耽。《郴陽仙傳》

有女人水次浣濯，爲蛟牽入石中。經數日，雷擊石破，見死蛟及婦人屍。《地理記》

冀國夫人見一僧衣污，夫人爲濯其衣，頃刻百花滿潭，因名百花潭，又名浣花溪。吳中復《冀國夫人任氏碑記》

鄭源令婢萱草浣衣，萱草輒云：「郎君塵土太多，令人手皮俱脱。」《三峰集》

賈似道之父少日，舟過龜溪，見婦人浣衣者，偶調之，遂攜以歸，既而生似道。《齊東野語》

宫人左氏，後爲民間浣衣婦，能言掖庭舊事。《舟車集》

遼景宗睿知皇后蕭氏，諱綽，宰相思溫女，早慧。思溫觀諸女掃地，惟后潔除，喜曰：「此女必能成家。」《續文獻通考》

《戰國策》：「龍陽君釣得十魚而泣前魚。」注：「龍陽君，幸姬也。」長孫左輔、于武陵

等詩用「前魚」，皆以宮人言之。《子史精華》

潘夫人垂釣得大魚，乃曰：「昔聞泣魚，今必有憂。」《拾遺記》

汾州有二小女戲釣溪中，各得一物，若鱣者而毛，若鼈者而鰓。《續酉陽雜俎》

蜀李昭儀，字舜絃，有《釣魚不得》詩，甚工。《十國春秋》

梁蕭棟與其妻執鋤鋤菜。《三國典略》

唐建中間，有村女出耕，紫雲常覆其上。《浙江通志》

仁宗曹皇后性慈儉，重稼穡，常於禁苑種穀。《宋史》

漢中有老嫗年百二十歲，晨出田間栽種。《香祖筆記》

徐亞長，東莞徐姓婢也。奉主命，薙草豆田中。家僮進旺跡而迫之，力拒獲免。既而投江死。《雲宮法語》

番婦耕稼辛苦，常襁負子而扶犁。《番社採風圖考》

昭陽俗，婦人插秧。《確庵文稿》

峽中婦人，足踏水車，手猶績麻不置。《入蜀記》

有姑嫂共刈稻，姑墜深溝中，嫂救之，俱溺死。葬於溝旁，忽生蓮花。里人啓視之，蓮花皆從口出。《揚州府志》

東坡在昌化，行歌田間，饁婦曰：「內翰昔日富貴，一場春夢。」坡然之。里人因呼爲「春

夢婆」。《倿鯖録》

官勝娘夫耨田，勝娘饁之。見一虎方攫其夫，勝娘奮挺擊之，虎舍去，勝娘負夫歸。《泉州府志》

黎俗，貿易，婦女擔負接踵於路，男子則不出也。《海槎餘録》

辰、沅、靖州蠻婦人負物，皆束於背。《老學庵筆記》

惠州婦女挑鹽肩木，往來如織。雇夫過山，輒以女應。紅顏落此，真在羼提劫中矣。《嶺南雜記》

奩史卷四十三

東吳王初桐于陽纂述
蘭陵孫星衍淵如校刊

文墨門一

學術

錢忱妻瀛國夫人唐氏，隨其姑長公主入謝欽聖向后於禁中。先有戚里婦數人在焉，俱從后過受釐殿。同行者皆仰視，讀釐爲離。夫人笑於旁曰：「受禧也。蓋取『宣室受釐』之義耳。」后喜，回顧主曰：「好人家兒女終是別。」《揮麈後録》

則天后持臆説作爲十九字，當時用之。天作𠀑，地作埊，日作𡆠，月作𡝗，星作〇，君作𠺞，年作𠡦，正作𠙺，臣作𢘑，照作曌，戴作𡔮，載作𡕀，國作圀，初作𡔈，證作𨲟，授作𥠢，人作𤯔，聖作𨲢，生作𤯓。《宣和書譜》及《金薤琳瑯跋》 《浩然齋雅談》曰：「《唐史》：『則天自制十二字。』余考《東觀餘論》跋《華嚴經》一段，乃復有證、聖等字。以是而言，則武后自制之字，其數不可知。《學林》曰：『《集韻》載則天自制十八字，於《唐史》十二字之外復有六字，皆見於薛稷所書之碑』。」

武后稱制，徐敬業起兵揚州討之。宰相裴炎與敬業書，惟有「青鵞」字。朝臣莫解，后曰：「此青者，十二月；鵞者，我自與也。」遂誅炎。《唐則天實録》

左芬爲晉武貴嬪，姿陋體羸，常居薄室。然以才德見禮，帝每過之，言及文義，辭對清華。《晉陽秋》

郭曖妻昇平公主有才學，尤喜詩人。曖盛集文士，主必坐視簾中，詩美者賞以百縑。《女世説》

孫夫人幼有淑質，李易安欲以其學傳之夫人，謝曰：「才藻非婦人事也。」《渭南集》

趙凡夫妻陸卿子，學殖優於凡夫。《經義考》

曹世叔妻班昭，博學高才，兄固著《漢書》，「八表」、「天文志」未竟而卒，和帝詔昭踵成之。數召入宫，令皇后、諸貴人師焉，號曰「大家」。《後漢書》

和熹鄧后博覽五經傳記，圖讖内事，風雨占候，《老子》、《孟子》、《禮記·月令》、《法言》，不觀浮華申韓之書。《續漢書》

崔寔母博覽書傳，教寔臨民。《東觀漢記》

李白婦博學强記。白一日賦詩，末云：「不信妾腸斷，歸來看取明鏡前。」婦曰：「君不聞武后詩乎？『不信比來常下淚，開箱驗取石榴裙。』將毋類乎？」又一日，白自誇「草不謝榮於春風，木不怨落於秋天」之句，婦輕諷曰：「暄然而春，榮華者不謝；凄然而秋，凋零者不憾。非劉勰之言乎？」白深異之。《女世説》

仁宗曹后博涉經史，多援以決事。《宋史》

顯宗皇后徒單氏喜老莊學，純淡清懿。《金史》

范君和妻姚氏博通群籍，自號青蛾居士。《玉鴛閣遺稿》

劉妙才博極群書，尤邃於《易》。《啓禎野乘》

王端淑，字玉映，號映然子，思任女也，博學工詩文。順治中，欲援曹大家故事延入禁中，教諸妃主，映然子力辭之。《畫徵録》

春秋之世，婦人多通達古今。如穆姜，淫婦人也，而其論《易·隨卦》云云，夫子作文言取之。《居易録》

崔篆母師氏，能通經學百家之言。王莽寵以殊禮，賜號義成夫人。《漢書》

夏侯勝以《尚書》授太后。勝卒，太后爲服五日。《冬夜箋記》

梁皇后九歲通《孝經》、《論語》，遂治韓詩，大義略舉。《續漢書》

太始中，河南女子得《泰誓》一篇，獻之於伏生。《經義考》

智瓊嘗注《易》七卷，有卦有象，可占吉凶。《天上玉女記》

韋逞母宋氏，家世儒學，父授以《周官音義》，宋氏諷誦不輟。及徙山東，宋氏背負父所授

書以行，教逞成名。《十六國春秋》

劉聰小劉后，殷小女也。童齒聰惠，晝營女工，夜誦書序。母每止之，敦篤彌甚。與諸兄弟論經義，理旨超然。《前趙録》《載記》曰：「殷長女英，字麗芳。小女娥，字麗華。」

宋廷芬五女皆警慧，廷芬教以經義。《唐詩紀事》

蒲鹵母任氏知書，里中號「任五經」。《女世説》

忠懿王妃孫太真好學，通《毛詩》、《魯論》大義。《吴越備史》

洪亶妻文成縣君，李公擇姊也。治《春秋》，博學能文。黄山谷公，擇甥也。有《題姨母畫竹》絶句云：「白頭腕中百斛力」，或即文成耳。《居易録》

鄧洵仁女美且賢，知經術，常隨其母入禁中，宫女呼爲「鄧五經」。《投轄録》

楊直夫之妹通經學，嫁虞氏，生集，爲鉅儒，其學無師，傳於母氏也。《野老記聞》

杭州有黄三姑者，窮理盡性。時徑山有盛名，常倦應接，訴於三姑，姑曰：「皆自作也。試取魚子來咬著，寧有許鬧事！」徑山心伏。或云夏三姑。《唐國史補》

班婕妤誦《詩》及《窈窕》、《德象》、《女師》之篇。師古曰：「《窈窕》、《德象》、《女師》之篇，皆古箴戒之書。」《漢書》注

劉子政最重《左氏》，婦女無不誦讀。《意林》

馬后幼誦《易》經，習《詩》、《論》，尤好讀《春秋》，略記大義。讀《楚辭》，喜賦

頌，疾其浮華，輒摘其要。《東觀漢記》

宣帝太子令宮人皆誦王褒《洞簫賦》。《延州筆記》

和熹鄧后六歲能讀史書，十二通《詩》、《論語》。母常非之，曰：「汝不習女工，乃更務學，欲舉博士耶？」后重違母言，晝修婦業，暮誦經典，家人號曰「諸生」。《後漢書》

鄧太后從曹大家受經書兼天文算數。《太平御覽》

蜀劉炎侍婢數十，悉教誦《魯靈光殿賦》。《珍珠船》

崔浩妻郭氏好誦釋典。《說儲》

文明王皇后，六歲誦詩論，特精喪服。王隱《晉書》

高祖竇后讀《女誡》、《列女》等傳，一過輒不忘。《唐書》

徐賢妃生五月能言，四歲誦詩論，即便通曉。《唐詩紀事》

喬知之寵婢窈娘，好讀書，善屬文。《本事詩》

牛肅女曰應貞，少而聰穎。年十三，凡誦佛經三百餘卷，儒書子史又數百餘卷。初應貞未讀《左傳》，夜初眠，忽自誦三十卷，一字無遺，天曉而畢。當誦時，其父驚駭，數呼之，都不答，誦已而覺。問何故，亦不知。試令開卷，則已精熟矣。後遂學窮三教，博涉多能，著爲文章。每夜夢製書而食之，每夢食數十卷，則文體一變，遂工爲賦頌。年二十四而卒，有《遺芳集》。宋若昭《牛應貞傳》

海龍王諸女及姨姊妹六七人歸過洞庭，宿於洪饒間。有許漢陽者爲龍女所邀，龍女口誦《感懷》一章，云：「海門連洞庭，每去三千里。十載一歸來，辛苦瀟湘水。」遂命青衣取諸卷兼筆硯，請漢陽録之。《博異記》

真宗宴近臣，語及《莊子》，忽命呼秋水。至則翠鬟緑衣小女童也。誦《秋水》一篇，聞者竦立。《荻樓雜抄》

吳皇后年十四入宮，封新興郡夫人，俄進才人，又進婉儀。讀書萬卷，翰墨絶人，遂正位宮壼。《朝野雜記》

曾宏父有雙鬟小顰者，頗慧黠。宏父令誦東坡《赤壁賦》，客至代謳，人多稱之。後鄭顧道教其小婢亦爲此技，曾笑曰：「此真所謂效顰也！」《揮麈後録》

宋方微孫著《女教》十章，以便女子誦習。《鐵網珊瑚》

金顯宗劉后過目不忘，讀書經旬日終卷。《續文獻通考》

甘棠妓溫琬，字仲圭，本良家子。六歲訓以詩書，日誦萬言，能通大義。張公靖贈之詩云：「桂枝若許佳人折，應作甘棠女狀元。」《青瑣高議》

徐彩鸞通經史，每誦文天祥《六歌》，必感泣。後爲賊所執，至桂林橋投水。其詩曰：「惟有桂林橋下水，千年猶照妾心清。」《女世説》

賈嫗雅好讀史，一夜讀至「舜誅四凶」，曰：「堯舜之世，何物四凶敢爾？」忽窗外有四鬼

各道姓名，曰：「某某在此。」啓户視之，寂無所見。《皇華紀聞》

黄幼藻臨終猶誦「殘燈無焰影幢幢」之句。姚旅《露書》

夏雲英五歲闇誦《孝經》，七歲盡通釋典。《誠齋新録》

宗定九母，少嫻家教，讀《五經》、《周禮》、《孝經》、《女孝經》諸書，兼通《通鑑》、《二十一代史》，有《訓子詩》六章。《今世説》

葉小鸞四歲能誦《離騷》。《啓禎野乘》

葉紈紈三歲能朗誦《長恨歌》。《午夢堂集》

陳小憐年十四通《朱子綱目》。《變雅堂集》

焦仲卿妻十六誦詩書。《詩紀》

左思《嬌女詩》：「執書愛綈素，誦習矜所獲。」《玉臺新詠》

羅公升《春日夫人閣》詩：「碧紗窗下讀毛詩。」《滄洲集》

姜夔《陳日華侍兒讀書》云：「繹句尋章久未休，花房日晏不梳頭。」《白石道人集》

洪玉父有侍兒小九，知書，能爲洪檢閲。《菊坡叢话》

李易安與夫趙明誠並研窮書史，每獲一書，易安即日勘校裝輯；得名畫彝器，亦摩玩舒卷，指摘疵病，盡一燭爲率。故紙札精緻，字畫全整，冠於諸家。每飯罷，夫婦坐歸來堂烹茶，指堆積書史，言某事在某書某卷第幾頁第幾行，以中否勝負爲飲茶先後。中則舉杯大笑，或至茶覆杯

中，不得飲而起。《經籍會通》

河東君校讐群書，繙閱爛熟，雖縹緗浮棟，而某書某卷，拈示尖籤，百不失一。《柳南隨筆》〔一〕

魏武以金贖蔡文姬於匈奴，問之曰：「聞夫人家先世多墳籍，猶能憶識之否？」文姬曰：「昔亡父賜書四千許卷，罔有存者。今所誦憶，裁四百餘篇。」於是繕寫送之，文無遺誤。《何氏語林》

盧道虔妻元氏甚聰悟，嘗升堂講老子《道德經》，道虔弟元朗隔紗幃以聽之。《鄴洛鼎峙記》

趙定母多通詩書，常聚生徒數十人，張帷講説。儒生登門質疑，必引與坐，開發奧義，咸出意表。《女世説》

南唐鍾謨女，博通孔老書，尤善講説。後爲洞真宮女道士，名守一。《江南録》

眉州有女僧，姿容明悟，能講《無量壽經》。《十國春秋》

東坡與小妹、黄山谷論詩，妹云：「輕風細柳、澹月梅花，中要加一字作腰，成五言聯句。」坡云：「輕風揺細柳，澹月映梅花。」妹云：「佳矣？猶未也。」黄云：「輕風舞細柳，

〔一〕本條《柳南隨筆》未見，原出於顧苓《河東君小傳》，另《觚賸》以及「香艷叢書」《絳雲樓俊遇》等所載與此同。

澹月隱梅花。」妹云：「佳矣？猶未也。」坡云：「然則妹將何説？」妹云：「輕風扶細柳，澹月失梅花。」二人稱善。《陳日華詩話》

周綺生，名文，口多微詞。值宴集，分韻有用「習家池」者，綺生笑曰：「無乃太遠乎？」舉座拂衣起。綺生嘗有詩云：「掃眉才子多相忌，未敢人前説校書。」《本事詩》

李氏，廖愈達妻也。好讀書，通詩書大義。每女紅閑，則持《女孝經》、《女小學》爲二妾講章句大義，旁及古今、貞淫、善惡、感應事。二妾日供茶果聽講。愈達一日自外歸，聞講書聲，竊聽之，則李氏教二妾識仁字，語諄諄不休。愈達入而笑，李氏正色曰：「志士仁人，有殺身以成仁，毋求生以害仁。」《魏叔子文集》

武陵黃夫人顧氏，名若璞。所著文集，多經濟大篇，有西京氣格。常與婦女宴坐，即講究河漕、屯田、馬政、邊備諸大計。副笄中乃有此人，亦奇。《臥月軒集跋》

中宗正月晦日幸昆明池賦詩，群臣應制百餘篇，帳殿前結綵樓，命上官昭容選一首爲新翻御製曲。從臣悉集其下，須臾紙落如飛，各認其名而懷之。既退，惟沈、宋二詩不下。又移時，一紙飛墜，競取而觀，乃沈詩也。乃聞其評曰：「二詩工力悉敵，沈詩落句云：『微臣雕朽質，羞覩豫章才。』蓋詞氣已竭。宋詩云：『不愁明月盡，自有夜珠來。』猶健舉。」沈乃服。《景龍文館記》

王安石《女見覺範》詩曰：「此浪子和尚耳。」《能改齋漫録》

李易安論列諸詞家，排擊無一免者。《苕溪漁隱叢話》

孟淑卿才辨工詩，自以配不得志，號曰荆山居士。嘗論朱淑真詩曰：「作詩須脱胎化質，女子無鉛粉氣乃佳，朱生故有俗病。」《異林》

周玉簫好談古今節義事，嘗採古列女懿可法佚、可戒者，各爲詩一篇，比於彤管。《吟堂博笑集》

徐小淑論詩，獨不喜子美，謂多俚語，易入學究。《林下詞選》

方夫人維儀有《宫閨詩評》一卷。《然脂集》

吴吴山三婦合評《牡丹亭》，其評無一不佳。《虞初新志》

王凝之妻謝道韞，聰識有才辨。叔父安嘗問《毛詩》何句最佳？答曰：「穆如清風。」安謂其雅人深致。《晉書》

女子紫竹工詞。一日，手《李後主集》，其父問曰：「後主詞中何語最佳？」答曰：「問君能有幾多愁，恰是一江春水向東流。」耳《女世説》

伏生女代父授晁錯《尚書》二十九篇。《漢書》

鄧后以經傳教授宫人，左右習誦，朝夕濟濟。《東觀漢記》

《漢書》始出，多未能通者。馬融伏於閣下，從班昭受讀，班昭教以讀法。《群書考索》

世宗李婕妤在宫，常教帝妹書誦，授經史。《後魏書》

閨秀韓玉父，秦人，家於杭，李易安教以詩。《四朝詩集》

沈瓊蓮《宮詞》：「專把經書教小王。」《胭脂璣》

上官昭容名婉兒，綽有文詞，明習吏事，百司表奏多令參決。中宗即位，又令專掌制令。《唐書》

薛嵩家有青衣紅綫者，通經史。嵩俾其掌箋表，號曰內記室。《紅綫傳》

曾文肅爲懷仁令，有張氏小女甫六七歲，甚爲惠黠，魏夫人憐之，教以誦詩書，頗通解，其後南北暌隔。紹聖初，文肅柄事樞，是時張氏已入禁中，忽與夫人相聞。夫人以夫貴，封瀛國，稱壽禁庭，始相見叙舊，自後幾時遺問。夫人歿，張作詩哭之，云：「香散簾幃寂，塵生翰墨閑。空傳三壼譽，無復內朝班。」《揮麈後録》

郝文珠，字昭文，貌不颺而多才藝。李寧遠鎮遼東，聞其名，召掌書記，凡奏牘悉以屬焉。《弁山樵暇語》

「謝三娘，不識字。」宋時謠也。《江湖載酒集》

書籍

竇太后好黄老書。《史記》

帝見王母巾箱中有一卷書，盛以紫錦之囊。帝問之，王母曰：「此五嶽真形圖也。」《漢武帝

內傳》

九華安真妃侍女，著朱衣，帶青章囊，手持錦囊，盛書。書可十餘卷，白玉檢囊口，上刻字云「玉清神虛內真紫元丹章」。《真誥》

沈皇后諱婺華，聰敏强記。時張貴妃寵傾後宮，後主遇后既薄，后惟尋閱圖史、佛經爲事。《六朝通鑑博議》

太平公主愛《樂毅論》，則天與以織袋，盛置箱中。及籍没，咸陽老嫗竊去。縣吏搜捕，嫗驚懼，投之竈下，香聞數日。《珍珠船》

崔元亮於京都買得《研神記》一卷，有昭容列名書縫處，吕温因賦《上官昭容書樓歌》。《唐詩紀事》

神宗以吕坤《閨範》賜鄭貴妃。貴妃侈上之賜，製序重刊，頒之中外。而忌坤者謂坤以此書私通貴妃，貴妃答以寶鏹五十，采幣四端。《儒學案》

周玉簫孩提時，每啼哭，以書帖示之即止。《文奇豹班》

鄭妥娘手不去書，朝夕焚香持課。《秦淮四美人選稿》

翁孺安，號靜和居士，不事鉛華，室惟書籍。《浣花居遺稿》

朱小大涉獵文藝，粉捂、墨痕，縱横縹帙。《板橋雜記》

山陰沈躬範婦陳夫人好讀書，年二十三夭。卒之日，囑以平日所誦書籍殉冢中。《湖海樓集》

董姬閲詩無所不解，而又出慧解以解之。坐處書周左右。午夜衾枕間，猶擁數十家唐詩而臥。《影梅庵憶語》

高啓有《二喬觀兵書圖詩》。《大全集》

太子妃有漆書臺。《東宫舊事》

著作

《班婕妤集》一卷。《班昭集》三卷。《漢書·藝文志》

《列女傳》十五卷，曹大家注。《崇文總目》及《曾鞏目録序》

班昭作《女誡》七篇，馬融善之，令妻女習焉。《後漢書》

曹大家有《女孝經》。今所傳《女孝經》，乃唐人借名大家，曹書已亡逸矣。《經籍會通》

賈充妻李氏作《女訓》行於世。《世説》

趙嫗作《列女傳解》，號趙母注。《世説》注

馮太后以高祖富於春秋，作《勸戒歌》三百餘章，又作《皇誥》十八篇。《魏書》

《品彙》載劉令嫻，以爲唐人。按劉令嫻者，徐悱之妻。《隋書·經籍志》有《梁婦人劉令嫻集》二卷。《延州筆記》

范靖妻沈滿願有集三卷。《唐書·藝文志》

漢以下婦人文集，據諸家書目，所存者：晉武帝左貴嬪集四卷、太宰充妻李扶集一卷、司徒王渾妻鍾夫人集五卷、都尉陶融妻陳窈集一卷、都水使者妻陳玢集五卷、海西令劉麟妻陳珍集一卷、劉柔妻王邵之集十卷、常侍傅伉妻辛蕭集一卷、成公道賢妻龐馥集一卷、松陽令鈕滔母孫瓊集二卷、太守何殷妻徐氏集一卷、王凝之妻謝道韞集二卷、宋婦人聿氏集一卷、後宫司儀韓蘭英集四卷、梁武帝女臨安公主集三卷、陳後主沈后集十卷、隋劉子政母祖氏集九卷。《少室山房詩藪》

文德后長孫氏，嘗採古婦人善事勒成十卷，名曰「女則」，自爲之序。《唐書》《玉海》作「女則要録」。

唐武帝《垂拱集》一百卷、《金輪集》十卷。《舊唐書》

《列女傳》一百卷，《古今内範》一百卷，《内範要録》十卷，《鳳樓新誡》二十卷，俱則天后武氏撰。《陝西通志》

上官昭容有文集一百卷。《龍城録》

《女訓》十七家有孫夫人《序讚》一卷。《唐書·藝文志》

宋若莘著《女論語》十篇，以韋逞母文宣君宋氏代仲尼，以曹大家等代顔、閔問答，悉以婦道。其妹若昭又爲傳申釋之。《女論語》後序

王博妻楊氏《女誡》一卷。《國史經籍志》

謝希孟集二卷，謝景山之女，嫁陳安國。《郡齋讀書志》

女子胡愔《黃庭五藏内景圖》一卷。《暇老齋雜記》

處士女王安之集一卷。安之名尚恭，簡池王倉之女，年二十未嫁而死。《書録解題》

韋温女續曹大家《女訓》十二章行於世。《枕中秘》

武康常陽細君龍氏，善屬文。外父家多異書，女紅之暇，輒紬繹之。擇其當意者，編成《女紅餘志》。《女紅餘志》小引

易安居士與夫趙明誠撰《金石録》。《歷城縣志》

錢唐曹妙清三十不嫁，文章與風操俱邁。嘗持所著詩文，偕乳嫗，訪楊維禎於洞庭、太湖間，爲歌詩鼓琴，以寫山川荒落之悲，引《關雎》、《雉朝》、《琴操》以和《白雪》之章。維楨大賞，叙爲《曹氏絃歌集》。《女世説》

李公昂妻陳氏，著作最富，有《贈五臺尼姑雲秀峰》詩甚工。《詩話類編》

仁孝徐皇后，中山王達長女。后觀《女憲》、《女誡》諸家，約其要義，作《内訓》二十篇。《名山藏》

《仁孝后詩集》一卷。《貞烈事實》二卷。《章聖太后女訓》一卷。《慈聖太后女鑒》一卷。《國史經籍志》

王玉映所著有《吟紅》、《留篋》、《恒心》諸集，輯《名媛文緯》、《詩緯》、《歷代帝王后妃古今年號名》、《史愚》。《名媛璣囊》

沈靜專，字曼君，宛君之妹，適吳適之。所著名《適適草》，別撰《頌古》一卷。《靜志居詩話》

蔣烈婦者，姜士進妻也，讀書能文。士進死，婦濡首水缸中亦死。有《續劉向列女傳》。《丹陽志》

梁氏娜環，旁摭群書，犁爲八史，自以爲女董狐。一外史，二國史，三隱史，四烈史，五才史，六韻史，七艷史，八誡史。《古今女史》序

草衣道人王修微性好山水，撰《名山記》。許玉斧《修微道人生誌銘》

葉璿工詩，每聞古名媛傳記，各繫以詩，凡百首，曰《停針論古傳述》。《福清縣志》

秦淮董姬，名白，字小宛，才色擅一時，後歸如皋冒推官。居艷月樓，集古今閨幃軼事，薈爲一書，名曰「奩艷」，分上中下三卷。姬後夭，葬影梅庵旁。《南沙集》

董姬遍閱群書，於事涉閨閣者輒録之，書成，名曰「奩艷」。其書瑰異精秘，凡古今女子自頂至踵，以及服食、器具、亭臺、歌舞、針神、才藻，下及禽魚、鳥獸、草木之類，皆歸香麗。《影梅庵憶語》

沙宛在，字嫩兒，桃葉女郎，有《蝶香集》。《白門集》

班昭《補列女傳》一卷、班昭《幽通賦注》一卷、蘇蕙《璇璣圖》一卷、侯莫陳邈妻《女孝經》一卷、預浩《女木經》一卷、沈俶《諧史》一卷、鄭氏《女教篇》一卷、楊慎妻黄氏《錦字

書》一卷、王鳳嫻《東歸紀事》一卷、邢慈靜《黔途略》一卷、徐淑英《女誡雜論》一卷、徐德英《革除紀》一卷、顧若璞《往生紀實》一卷、倪仁吉《宮意圖題語》一卷、季嫻《學古餘論》一卷、季嫻《前因紀》一卷、陶姮儀《放生約》一卷。《然脂集》

奩史卷四十四

東吳王初桐于陽纂述
上海趙秉淵少鈍校刊

文墨門二

詩

《列女傳》以《芣苢》爲蔡人妻作，《汝墳》爲周南大夫妻作，《行露》爲申人女作，《柏舟》爲衛宣夫人作，《燕燕》爲定姜送婦作，《式微》爲黎莊公夫人及其傅母作，《大車》爲息夫人作。《經義考》

采葛之婦傷越王，用心之苦，作《若之何》詩。《吳越春秋》

蘇武作《録別》詩，其妻因賦《答外》詩。《修辭衡鑑》

班姬《團扇》，辭旨清捷，怨深文绮，得匹婦之致。《詩品》

蔡文姬歸董祀後，感傷離亂，作《悲憤》詩。《後漢書》《詩譜》曰：「文姬詩真情極切，自然成文。」

蔡女二詩，明白感慨，類世所傳《木蘭詩》，東京無此格也。又文姬流離，在父没之後。董卓既誅，乃遇禍。今此詩乃云「爲董卓所驅虜入胡」，尤知非真也。蓋擬作者疏略，而范氏荒淺，遂載之本傳耳。《東坡志林》〔一〕

蔡女詩，或疑爲非真，此蓋未嘗詳考於史也。《蔡寬夫詩話》

劉孝綽諸妹，有天人之目。《詩品》

王淑英婦，劉孝綽之妹。春日，淑英之官，劉不克從，寄詩曰：「粧鉛點黛拂輕紅，鳴環動佩出房櫳。看梅復看柳，淚滿春衫中。」《林下詩談》

劉令嫻盛有才名。《玉臺新詠》載令嫻詩，如《光宅寺》云：「長廊欣目送，廣殿悦逢迎。何當曲房裏，幽隱無人聲。」又《有期不至》云：「黄昏信使斷，銜怨心悽悽。回燈向下榻，轉面闇中啼。」正如高仲武所云「形質既雌，詞意亦蕩」者也。《池北偶談》

范靖同妻沈氏，至後園觀灑翠池，又上洗心亭，共爲《映水曲》。沈氏先成，曰：「輕鬢學浮雲，雙蛾擬初月。水澄正落釵，萍開理垂髮。」靖奇之，不復敢作。《林下詩談》

如意中，女子七歲能詩，則天試之，皆應聲而就。其《送兄》詩云：「别路雲初起，離亭葉正稀。所嗟人異雁，不作一行飛。」《唐宋遺史》

〔一〕　本條四庫全書本《東坡志林》未見，載於《仇池筆記》卷上「擬作」。

唐中宗引名儒賜晏賦詩，婉兒常代帝及后、長寧、安樂二公主，衆篇並作，而采藻益新。《景龍文館記》

樂昌孫氏，孟昌期妻也。工吟詠，代夫作《燭》詩、《琴》詩、《酒》詩。一日曰「才思非婦人事也」，併焚其集。《唐詩紀事》

劉長卿謂季蘭爲女中詩豪。《全唐詩話》《閨秀集》：「朱静庵，女中詩豪。」

薛濤爲元稹所喜，酒後爭令，以酒器擲傷公猶子，遂出幕。作《十離》詩以獻，乃復留焉。《鑑戒録》

《簡池志》載薛濤《江月樓》詩：「秋風彷彿吴江冷，鷗鷺參差夕陽影。垂虹納納臥譙門，雉堞眈眈俯魚艇。陽安小兒拍手笑，使君幻出江南景。」又《西岩》詩：「凭闌却憶騎鯨客，把酒臨風手自招。細雨聲中停去馬，夕陽影裏亂鳴蜩。」二首新都抄本所無。《蜀中詩話》

奉慈寺，虢國夫人宅也。楊敬之小女年十三，題詩此寺，自稱「關西孔子二十七代孫，字德隣」。《寺塔記》

「獨持巾櫛掩元關，水帳無人燭影殘。昔日羅衣今化盡，白楊風起隴頭寒。」是耿將軍青衣所作，見《廣記》。而《品彙》以爲臺城妓詩，非也。《二酉綴遺》

花蕊夫人入宋，見太祖，使陳所作，因誦其《亡國》詩云：「君王城上竪降旗，妾在深宫那得知。四十萬人齊解甲，曾無一个是男兒。」太祖嘉賞之。《後山詩話》

李茂復內子甚妒，晚年有詩云：「近來不作顛狂事，免被冤家惡眼看。」《南部新書》

程頤母侯氏詩，獨存《夜聞鳴雁》一篇。《宋文鑑》

劉希孟詩隱約深厚，有古幽閑淑女之風。《歐陽文忠集》

暨氏女子十歲，賦《野花》云：「多情樵牧頻簪首，無主蜂鶯任宿房。」觀者知其後不保貞素。《春渚紀聞》

王綸女爲鬼所憑，有《雪》詩云：「何事月娥欺不住，亂飄瑞葉向人間。」說云天上有瑞木，開花六出。《中山詩話》

一女子爲鬼物所憑，作《金山》詩云：「濤頭風滾雪，山脚石蟠虯。」《困學紀聞》

竇梁賓工詩，盧東表緣而録之。《補侍兒小名録》

楊樸妻送樸《赴召》詩：「更休落魄耽杯酒，且莫倡狂愛詠詩。今日捉將官裏去，這回斷送老頭皮。」《漁隱叢話》

王元甫妻謝氏《送別》詩：「此去惟宜早早還，休教重起望夫山。君看湘水祠前竹，豈是男兒淚染斑。」《青瑣集》

并門徐帥屬內子能詩，林子中爲帥每首唱，徐密寫歸，衆方操觚，內子詩已來，必有可觀。《耆舊續聞》

趙明誠妻李氏善屬文，於詩尤工。如「詩情如夜鵲，三繞未能安。」頗膾炙人口。《風月堂

詩話》

今代婦人能詩者，前有曾夫人，後有易安。《詩説雋永》

李易安有詩云：「兩漢本繼紹，新室如贅疣。所以嵇中散，至死薄殷周。」中散非湯武得國，引之以比王莽。如此等語，豈女子所能？《朱子游藝論》

許義方嘗出，經年始歸。妻劉氏曰：「自君之出，閉門自守。時作小詩，以適情耳。」義方欣然取詩觀之，首篇云「月夜招隣僧閑話」。《拊掌録》

天聖中，有《三英集》。三英者，三哲婦之詩也。《詩話總龜》

《三英詩》：劉元載妻《早梅》云：「南枝向暖北枝寒，一種春風有兩般。憑仗高樓莫吹笛，大家留取倚闌干。」詹光茂妻《寄遠》云：「錦江江上探春回，銷盡寒冰落盡梅。爭得兒夫似春色，一年一度一歸來。」越晟母《惜别》云：「暖有花枝冷有冰，佳人後會却無憑。預愁離别苦相對，挑盡漁陽一夜燈。」《歷代吟譜》《早梅詩》又見《摭遺》。

楊妹子題馬遠畫，語關情思，人或譏之。《書史》

楊妹子有《題劉松年琴鶴圖》詩。《真蹟實録》

吳郡薛氏二女蘭英、蕙英，聰慧能詩，見鐵崖《西湖竹枝詞》，乃效其體作《蘇臺竹枝》十章。《本事詩》

管夫人奉中宮命，題所畫梅詩云：「雪後瓊枝嫩，霜中玉蕊寒。前林留不得，移入月中

看。」《吟堂博笑集》

孫淑，字蕙蘭，能詩。歸傅汝礪，五月而卒。家人出其稿，爲編集成帙，題曰「緑窗遺稿」。《清江集》

新淦范氏婦早寡，召入禁中數年。一日，題《老婦牧牛圖》云：「貴妃濺淚馬嵬坡，出塞昭君怨恨多。爭似阿婆牛背穩，笛中吹出太平歌。」高后見之，曰：「彼不樂居此矣！」封爲夫人，厚賚而遣歸。《霞外麈談》

鐵鉉死後，二女入教坊，數月，終不受辱。有鉉同官至，二女爲詩以獻，文皇乃赦出之，皆適士人。《震澤紀聞》《史乘考誤》曰：「二詩必出好事者。」

藩應昌女自署其詩曰「女郎碧天道人」。《赤城新志》

黄安人，楊慎室。《寄夫》詩云：「雁飛曾不到衡陽，錦字何由寄永昌。三春花柳妾薄命，六詔風煙君斷陽。曰歸曰歸愁歲暮，其雨其雨怨朝陽。相憐空有刀環約，何日金雞下夜郎。」《淑秀集》《梅花草堂筆談》：「黄安人詩獨建旗鼓，雄視一時。」

楊用修戍滇，黄安人作詩寄之，用修詩云：「易求海上瓊枝樹，難得閨中錦字書。」《藝彀》

槎雲，姓張氏，杭州女子。有句云：「殘風殘雪斷橋邊。」其兄見之曰：「我妹必以詩傳，但福薄耳。」孫振《孫槎雲傳》

陸女名涓，《代父送行》云：「津亭楊柳碧毿毿，人立東風酒半酣。萬點落花舟一葉，載將

春色過江南。」《説詩樂趣》

周潔，字玉如，家胭脂巷中。年十四歸張鳴鳳，張擕歸臨桂。數年後，詒父書，寄《雲巢詩》一册。《金陵瑣事剩録》

孔少娥，字文淑，賦《西湖》詩最工。《惠州西湖記》

景翩翩，字驚鴻，建昌妓，有《散花吟》。王伯穀題云：「閩中有女最能詩，寄我一部散花詞。雖然未見天女面，快語堪當食荔枝。」《静志居詩話》

姚淑，字仲淑，工詩，有《鍾山秀才海棠居集》。《明詩綜》

武林女子梁小玉，七歲依韻賦《落花》詩，甚工。《秋谷雜編》

王嬌鸞與周廷章善，往還詩詞最多。後廷章負盟別娶，鸞遂自殉。《林下詞選》

閨詩有英氣者，王秀重女《詠藺相如》是也。《西皋外集》

茅止生姬人楊宛有詩集名《鍾山獻》。《樊榭山房集》

孫瑤華，字靈光。汪仲嘉有《代蘇姬寄怨所懽詩》，詞客屬和盈帙，靈光詩一出，衆皆擱筆。《名媛集》

邢妹者，邢子愿之妹。工詩，有《非非草》一卷。《名閨珠玉》

董少玉嫁周元孚，學詩既成，元孚欲序而行之，少玉笑曰：「妾幸爲君婦，得稍知詩。亦不幸爲君婦，即有一二佳句，人必以爲出君手也。何以詩爲？」《雙橋隨筆》

徐小淑詩，高自標位。陸卿子詩，幽清古澹。《梅花草堂筆談》

方夫人曰：「徐小淑與陸卿子唱和，稱吳門二大家。然小淑所著《絡緯吟》，視卿子尤猥雜。」《宮閨詩評》

鄒賽貞詩，篇什嚴整。其女秀蘭亦工詩。《士齋集》序

吳嚴子，名山，卞琳配，詩文甚富，兼工書法。女夢珏，字元文，亦能詩。《漁洋山人集》

《今世説》曰：「長女元文工詩，次女德基工畫。」

崔重文，字媚兒，一字嫣然，南院妓。《别黄元龍》云：「楓落鵶翻秋水明，長橋獨樹古今情。尋常歌板銀罌地，從此傷離不忍行。」《臙脂璣》

張回，字觀若，金陵妓，以《帆影》詩得名。《宮閨詩選》

朱無瑕，字泰玉，桃葉渡邊女子，工詩善書。己酉，秦淮有社，會泰玉詩出，人皆自廢。《繡佛齋集》

許妹，狀元許筠妹也。七歲能詩，號女神童。有《遊仙曲》三百首。吳子魚《朝鮮詩選》

無瑕詩美麗婉轉，世無其匹。《彤管遺編》

無瑕《寄夫》詩，意調卓邁。《閨閣詩評》

趙瑗妾李氏，號玉峰主人，與許妹爲翰墨交。詩如「兩兩鸕鷀失舊磯，銜魚飛入菰蒲去」，亦佳句也。《玉臺文苑》

姚娟娟五歲能詩，年十五，積詩八百首，一一以蓮花箋書之。《西堂雜俎》

嘉興妓顧娟娟，時作小詩，以書法不工，偶對人口占而已。《吏隱録》

劉暌度妻馮氏，詩甚清婉。《春日即事》云：「閑步小橋東，黄鸝處處逢。梨花風雨後，人在緑楊中。」《隴蜀餘聞》

沈紉蘭仲女雙惠，字柔嘉，髫年禪悦，有詩云：「迦陵可解西來意，又報人間夢不長。」年十六而卒。《雲薖淡墨》

陸姬孟珠，名燕燕，蘇州人，或曰瞟城大家女。曾爲侯門寵伎，侯裁於法，姬流落江海間，凄然擁髻。有《東京夢華想製詩》一卷，自名紅衲道人。《婦人集》

沈宜修，字宛君，吴江葉仲韶妻也。長女曰紈紈，幼女曰小鸞，皆能詩。小鸞字瓊章，一字瑶期，年十七未嫁而夭。紈紈以哭妹死，宛君神傷亦卒。仲韶集宛君之詩曰「鸝吹」，紈紈曰「愁言」，小鸞曰「返生香」。《午夢堂集》

葉小鸞十二歲解賦詩。《啓禎野乘》

黄媛介，字皆令，其詩絶去閨閣畦徑。姊媛貞，字嘉德，亦能詩。《無聲詩史》《國雅》：「李雲田曰：海内閨秀，惟黄皆令、朱中楣二人而已。」

顧若璞嘗於食頃作《七夕》詩三十七首。《今世説》

女郎倪仁吉善畫，尤工篇什。有《宮意圖》詩云：「怨入蒼梧斑竹枝，瀟湘渺渺水雲思。分

明記得華清夜，疎雨銀缸獨坐時。」《池北偶談》

顧姒，字啓姬，適鄂生，著《靜御堂集》。九日，鄂與同人飲，限蟹字韻。鄂詩，顧代作也。末云：「予本澹蕩人，讀書不求解。爾雅讀不熟，蟛蜞誤爲蟹。」《夢蕉詩話》

周羽步與吳蕊仙善，著有《比玉新聲集》。《婦人集》

袁彤芳年十四作《遊仙》詩，自稱「廣寒仙客」。《林下詩談》

寶意有女曰可，字長白，有才而夭。寶意編其集曰「曇花一現集」。《隨園詩話》

《美人詩意圖》，孫尚子畫。《公私畫史》

女子周禧畫《惜花春起早》詩意士女，極工。《香祖筆記》

杞殖死，其妻援琴作歌曰：「樂莫樂兮新相知，悲莫悲兮生別離。」《水經注》

《杞梁妻》者，杞植妻妹朝日之所作也。朝日悲姊之貞，作歌名曰「杞梁妻」。《中華古今注》

越王夫人作《烏鳶歌》。《吴越春秋》

項羽美人名虞，常幸從。及羽兵敗，自爲歌詩，美人和歌曰：「漢兵已略地，四面楚歌聲。大王意氣盡，賤妾何聊生。」遂自殺。《漢春秋》王伯厚曰：「《虞美人歌》已是五言。」

《懊儂歌》，晉石崇妓緑珠所作。《碧雞漫志》

劉采春，浙女，嘗作《囉嗊曲》，即《望夫歌》也。《文言》

遼末，國半入於金，天祚主畋遊如故。蕭文妃作歌以諷曰：「可憐往代兮秦天子，猶向宮中兮望太平。」天祚見而銜之。《女世說》

郭貞順，周伯玉妻。明初，俞良輔征諸寨，貞順製長歌名《俞將軍引》獻之麾下，良輔斂兵而回。《名媛彙編》

《安世房中樂》，高祖唐山夫人所作。《漢書》　《詩譜》曰：「《安世歌》質古文雅。」劉元城《語録》曰：「《房中樂》格韻高嚴，規模簡古。」

唐山夫人，唐山，姓也。婦人能爲祠祀樂章，非嘲風弄月之比。其後則戚夫人《暮春歌》、烏孫公主《悲愁歌》、文君《白頭吟》、《明妃怨》詩，皆聞夫人風而興起者。夫人之前，惟《扊扅》一歌、《垓下》數語而已。《困學紀聞》

鄭允端古風有晉魏風致。《宋元詩集》

漢婦人爲三言詩者，蘇伯玉妻；四言者，王明君；五言者，卓文君、班婕妤、徐淑；六言者，容華夫人；七言者，趙飛燕；八言、九言者，烏孫公主。《少室山房詩藪》

陳後主令張貴妃、孔貴人等八婦人劈綵箋，製五言詩，令江總、孔範等十客繼和。《罰爵典故》

李易安《上樞密韓公》五言古詩，《工部尚書胡公》七言古詩，不愧作手。《雲麓漫鈔》

河東君長於近體七言。《觚賸》

安南將軍竇滔之襄陽，恨妻蘇若蘭妒，不與偕。蘇自傷，因織錦回文。錦縱廣八尺，題詩八百餘言，縱横反覆，皆成文章，名「璿璣圖」。讀者不能盡通，若蘭笑謂人曰：「徘徊宛轉，自成文章。非我佳人，莫之能解。」遂命蒼頭齎至襄陽。滔省覽錦字，感其妙絶，因迎至，恩好甚重。《女世説》《嘯虹筆記》：「婦人能文者，當以若蘭爲冠。」

若蘭，名蕙，姓蘇氏，陳留令道質季女也。年十六，歸扶風竇滔。滔字連波，仕苻秦爲安南將軍，以若蘭才色之美，甚敬愛之。滔有寵妾趙陽臺，善歌舞，若蘭苦加捶楚，由是陽臺積恨，讒毁交至，滔大恚憤。時詔滔鎮襄陽，若蘭不願偕行，竟挈陽臺之任。若蘭悔恨自傷，因織錦字爲回文，五彩相宣，瑩心眩目，名曰「璿璣圖」，亘古以來所未有也。乃命使齎至襄陽，感其妙絶，遂送陽臺之關中，具輿從迎若蘭於漢南，恩好逾初。其著文字五千餘首，世久湮没，獨是圖猶存。唐則天后嘗序圖首，今已魯魚莫辨矣。初，家君宦遊浙西，好拾清玩。凡可人意者，雖重購不惜也。一日，家君宴郡倅，於壁間見是圖，償其值，得歸遺余。於是坐卧觀究，因悟「璿璣」之理。試以經緯求之，文果流暢。蓋璿璣者，天盤也；經緯者，星辰所行之道也；中留一眼者，天心也。極星不動，蓋運轉不離一度之中，所謂居其所而斡旋之處。中一方，太微垣也，乃疊字四言詩。其二方，紫微垣也，乃四言回文。二方之外四正，乃五言回文，四維乃四言回文。三方之外四正，乃交首四言詩，其文則不回也，四維乃三言回文。三方之經以至外四經，皆七言回文詩，可周流而讀者也。朱淑真《璿璣圖記》

蘇蕙織錦回文詩，則天記云二百餘首，楊文公讀至五百餘首，明僧起宗分爲七圖一百四十七段，得三四五六七言詩至三千七百首。《居易録》

范陽盧某母瑯琊王氏，於景龍中撰天寶回文詩，凡八百一十二字。誡其子曰：「吾没之後，爾密記之。若逢大道之朝，遇非常之主，當以真圖上獻。」至玄宗朝，東平太守始上之。《五雜俎》

耶律氏，小字常哥，能詩文，不苟作。耶律乙辛愛其才，屢求詩，常哥遺以回文。乙辛知其諷己，銜之。《遼史》

雲間舒大才春夜見一美人，姿容妍麗，偕二婢，嬉遊於月下。生乃揖曰：「娘子居何處，夜行至此。」美人笑曰：「敝居咫尺，願枉駕一顧。」大才遂與美人先後而行。不半里許，遥見竹户荆扉，花木掩映，明窗淨几，亦甚整潔。美人遜生上坐，命侍婢獻茶，繼以酒饌，杯盤精緻。壁間掛四時回文詩，美人自製也。大才詢以姓名，美人曰：「妾姓花，小字蕊真。」大才與之狎，美人曰：「君能賡此四時詞乃可。」大才援筆和之。是夜就寢，極講幽歡。天明起視，乃一古祠中塑美人，列侍二婢。案上朱書木牌，題曰「花蕊夫人」。《花史》

成都妓單氏贈陳希夷詩云：「帝王師不得，日月老應難。」名士都稱之。《唐宋遺史》

徐忻詩：「年來是事消磨盡，只有青山好靜看。」僕記得一雜説，載一婦人詩云：「年來萬事灰人意，只有看山眼不枯。」語工於徐。《野客叢書》

近世婦人能詩，往往有臻古人者。張奎妻長安縣君，王荊公之妹也。佳句云：「草草杯盤供笑語，昏昏燈火話平生。」劉天保妻，平甫女也。句有「不緣燕子穿簾幙，春去春來可得知」。《隱居詩話》

吴正獻夫人最能文，嘗雪夜作詩云：「夜深人在水晶宫。」《紫薇詩話》

婦人曹希蘊詩，時有巧語。《題墨竹》云：「記得小軒岑寂夜，月移疏影上東牆。」《東坡詩話》《溫叟詩話》：「希蘊詩格不高，惟《墨竹》詩最工。」

趙明誠妻李氏有云：「露花倒影柳三變，桂子飄香張九成。」《老學庵筆記》

女子沈清友詠《漁父》云：「起家紅蓼岸，傳世緑蓑衣。」得下字之工。《隨隱漫録》

李氏女能詩，有集其警句云：「桃花一簇開無主，終不留題雀護詩。」《吴中往哲記》按：二句亦見鄭允端《肅雝集》。

金陵有徐姬者，善屬詩，早死。有句云：「楊花厚處春陰薄，清冷不勝單夾衣。」頗有婉思。《嘆嘆集》

嚴伯玉妻鄒淑芳早卒，有詩曰《三生石草》。句如「玉簫舊譜回文句，瑤瑟新絃續命絲」，婉約可誦。《彤管新編》

沈純父端午召客，呼周綺生侑酒，不至，次日始來。純父即景以五月六日爲題，令綺生賦詩。綺生朗吟云：「酒剩蒲觴冷，門懸艾虎新。」《翠樓集》

馬氏，虎關將家婦，有《秋閨夢戍詩》一百首。宋比玉得其集於荒村老屋中，見「芳草無言路不明」之句，爲之擊節。《香魂集》

南康陳敏政之女善詩，如「深院雪消芳草緑，小園風過落梅多」，情致幽絶。《淑秀集》

紀映淮，字阿男，金陵人。嫁莒州杜氏，早寡，守節終。《秦淮柳枝》云：「棲鴉流水點秋光。」佳句也。《漁洋詩話》

鄂幼輿室人顧啓姬在京時，有「花憐昨夜雨，茶憶故山泉」之句，一時艷稱之。《西陂類稿》

金章宗元妃李師兒，識字知文義。章宗作梳粧臺於宮中，與李妃夜坐。上曰：「二人土上坐。」妃即對曰：「一月日邊明。」上大悦。《金臺集》

新淦范氏能詩，有對聯云：「墨落杯中一片黑雲浮琥珀，梳横枕上半輪殘月照琉璃。」《西園雜記》

王鳳嫻，字瑞卿，號文殊，雲間人。垂髫時，大父試以駢句云：「秀眉新月小。」即應聲曰：「鬒髮片雲濃。」《名媛彙编》

高文良公詠《白燕》云：「有色何曾相假借」，未對。夫人代對曰：「不群仍恐太分明。」蓋規公之孤立也。《秋槳録》

葉小鸞十歲，與母初寒夜坐，母云：「桂寒清露濕。」即應云：「楓冷亂紅凋。」咸喜其敏捷，不知其夭徵也。《續窈聞》

有塾師聚徒於家，好出句命對。一徒於暮春來從師，即出句云：「四野緑陰迎夏至。」徒懵然。次早對云：「一庭紅雨送春歸。」師知其倩筆，詰所自來，云：「吾姊也。」詢其年，及笄矣。纫餘輒觀書作字，無間寒暑。是晚，師復出句云：「好書勤誦讀。」次早對云：「佳句費推敲。」翼日，隣友招師看桃花，又出句云：「有約看桃塢。」次早對云：「無心坐杏壇。」師大恚。女姓嚴氏，貌嫺麗，後以所字匪人，鬱鬱病瘵，未嫁而卒。《柳南隨筆》

朱淑真同時有魏夫人者，曾子宣内子也，亦能詩。嘗置酒邀淑真，命小鬟隊舞，因索詩，以「飛雪滿群山」爲韻，淑真醉中援筆賦五絶句。《宋詩紀事》

宋亡，汪元量奉三宫留燕甚久。後南歸，宫人王昭儀清惠以下二十九人分韻賦詩，以餞其行。《金臺集》《遂昌雜録》曰：「汪水雲從謝后北遷，老宫人能詩者，皆水雲指教。」

水雲金臺告行，一時同人以「勸君更盡一杯酒，西出陽關無故人」分韻賦詩爲贈。王清惠得「勸」字，陳淑真得「君」字，黄慧真得「更」字，何鳳儀得「盡」字，周静真得「一」字，葉静慧得「杯」字，孔清真得「酒」字，鄭惠真得「西」字，方妙静得「出」字，翁懿淑得「陽」字，章妙懿得「關」字，蔣懿順得「無」字，林順德得「故」字，袁淑正得「人」字。《湖山類稿》

張瓊英，宋宫嬪也，歿於沙漠。送琴客汪元量南還，釃酒城隅，鼓琴叙别，瓊英爲詩曰：「今朝且盡穹廬酒，後夜相思無此杯。」《女世説》

洪夢梨，字蕊仙，號白雲道人，江陰女子也。才色雙妙，往來多名士。吳靜川招同人分韻賦詩，以寄道人。道人各依韻和之，皆秀麗可誦。《柳南隨筆》

蘇老泉一日家集，舉「冷香」二字一聯爲令，倡云：「水向石邊流出冷，風從花裏過來香。」小妹云：「叫月杜鵑喉舌冷，宿花胡蝶夢魂香。」《金玉詩話》《優古堂詩話》、《能改齋漫録》皆云「叫月宿花」二句，一士人詩也。

王綸女年十八歲，一日晝寢，忽魘聲，父急問之，已起，謂父曰：「與汝有洞天之緣，降人間四百年矣。今又會此。」自是謂父曰清非生，自稱曰燕華君。初不識字，忽能詩。每與清非生倡和，至百餘篇。《女仙傳》

黄皆令避兵播遷，有卞處士妻吳嚴子以詩名，假館留數月，爲文字交。與諸大家名姝靜女倡酬，有《越遊集》。《學餘堂文集》

李侍郎與遠山夫人朱中楣有《文江倡和集》。《婦人集》

吳門女史徐若水與雲清夫人多倡和之作。雲清姓許氏，名玉晨。《映玉南樓吟稿》

謝安內集，與兒女講論文義。俄而雪驟降，安曰：「白雪紛紛何所似？」兄子朗曰：「撒鹽空中差可擬。」兄女道韞曰：「未若柳絮因風起。」《世説新語》

賈充妻李氏赦還，因與充爲定情聯句。《詩女史》

劉孝綽屏門不出，爲詩曰：「閉户罷慶吊，高臥謝公卿。」令嫻續之曰：「落花掃更合，蘩

蘭摘復生。」《亘史》

魚玄機《和閨情聯句詩序》曰：「光、威、裒姊妹三人，少孤而始妍，乃有是作。精粹難儔，予因和焉。」《唐音統籤》

景龍中柏梁體聯句，帝曰：「大明御寓臨萬方。」皇后曰：「顧慙內政翊陶唐。」長寧公主曰：「鸞鳴風舞向平陽。」安樂公主曰：「秦樓晉館沐恩光。」太平公主曰：「無心爲子輒求郎。」上官昭容曰：「當熊讓輦愧前芳。」《唐詩紀事》

丘舜中諸女皆能文詞，每內集，必聯詠爲樂。《西清詩話》

朱素娥，名斗兒，曲中名伎也。與陳魯南聯句，有「芙蓉明玉沼，楊柳暗銀堤」之句，爲時所稱。《本事詩》

郭女善詩。嫁時，阻風安仁鋪。時王守仁亦阻風至此，作《石牛山》詩云：「安仁鋪內倚闌干，遙望孤牛俯在山。」郭女聞之，即續下句云：「任是牧童鞭不動，田園荒盡至今閑。」守仁大喜，命備綵幣，送過湖完親。《女士集》

唐三鄉留題，以翰墨非婦人女子之事，名字隱而不書，但書「會昌壬戌歲仲春十九日，二九子爲父後玉無瑕弁無首荆山石往往有題。」按「二九」十八，木字也；「爲父後」，子字也。木子爲李。「玉無瑕」，去其點也；「弁無首」，存其廾也。王廾弄字也。「荆山石往往有」者，荆石多韞玉。當是姓李名弄玉也。係會稽人，從夫入函關，夫卒，扶櫬東歸，過三鄉，題哀憤詩

於壁。《雲溪友議》

潘夫人王氏泊舟汰王灘下，月夜登岸，書一絶石壁。有「汰王灘下相思處，猿叫空山月滿船」之句。今詩已漫滅，獨末署「太原」二字爛然如新。《名媛璣囊》

宋三班奉職鹿生爲子娶婦，婦方懷孕三月，鹿生利月俸，逼其上道，遂没於信州杉溪驛。將没，乃自書驛壁，具述逼迫悲楚狀，恨父母遠，無地赴訴。言極哀切，頗有詞藻，讀者無不傷感。《女世説補》

靖康間，有女子爲金人所掠，自稱秦學士女。道中題詩云：「眼前雖有還鄉路，馬上曾無放我情。」《艇齋雜著》《陶朱新録》亦記秦少游女題壁詩，「流落南來事可嗟」云云。

有題詩黄連步壁，云「妾鄱陽人也」。《景定建康志》

朱横妻錢氏，隨夫客嶺右。夫死，攜遺孤扶柩歸鄉。題望湖亭壁云：「昨暮抵此，以風急未能濟，艤舟城下。夜久不寐，西風颯然而來，皓月皎然窺人。斯時也，况羈旅乎！」《女世説》

女郎張惠卿題常山店壁云：「迢遞投前店，颼颼守破窗。一燈明復暗，顧影不成雙。」《清波雜志》

英州司寇女，幼年侍父任英州，歸過大庾嶺，蕩然無梅，遂市三十本植於嶺之左右，女因留詩於寺壁云：「滇江今日掌刑回，上得梅山不見梅。輟俸買栽三十樹，清香留與雪中開。」《墨客揮犀》

新嘉驛有會稽女子題壁詩并序。《彤管新編》《蘭陵集》曰：「會稽女子名李秀。」

節婦宋氏，洪武初坐戍金齒，奉姑偕行。過盤江守渡，題詩郵亭壁上，訴其流離困踣之情。《鐵橋志》《女士集》曰：「宋氏，金華人，嫁衢州士人。士人死獄中，母、妻戍金齒衛。」

鮎魚池湯泉，有石刻明武宗宮人王氏詩。《松亭行紀》

宋蕙湘，秦淮女也。被擄至河南衛，題四絶句於壁間，後書「秦淮難女宋蕙湘和血題」。《板橋雜記》

郯城驛壁有三絶句，末書「吳中羈婦趙雪華題」。《南行筆載》

朱氏，海昌人，過虎丘山，題詩壁上。有云「天連淮海三千里，煙鎖吳城十萬家」。《異林》

白雀寺竹上有女子刻詩，後書「吳門蘇氏碧虬題」。《觚賸》

涿州驛壁有詩，後書「晉中薄命妾徐淑題」。《本事詩》

清風店有西陵難女宋娟遺筆。《綿津山人集》

女郎曹希蘊貨詩都下，有人以「敲、梢、交」爲韻，索賦詠《新月》詩。曹賦云：「禁鼓初聞第一敲，乍看新月出林梢。誰家寶鏡新磨出，匣小參差蓋不交。」《桐江詩話》

方維儀《宫閨詩史》，刊落淫哇。《静志居詩話》

《閨秀》、《閏集》皆河東君所勘定。《河東君傳》

官伎商玲瓏、謝好好與元、白酧唱，每以筒竹盛詩往來。《唐語林》

女子紫竹與方喬相得，贈喬《生查子》詞云：「晨鶯不住啼，故喚愁人起。無力曉粧慵，閑弄荷錢水。欲呼女伴來，鬬草花陰裏。嬌極不成狂，更向屏山倚。」其風調可知也。《鄉嬛記》

王荆公妻吴國夫人亦能文，嘗有詞《約諸親遊西湖》云：「待得明年重把酒，攜手，那知無雨又无風。」脱灑可喜。《隱居詩話》

琴操嘗改秦少游《滿庭芳》詞，東坡賞之。《能改齋漫録》

湖州吴氏女，美慧能詞，坐姦繫獄。時王龜齡爲守，命作詞，女援筆立就，龜齡賞而釋之。《醒醉編》

章文虎妻劉氏，名彤，字文美，工詩詞。《苕溪漁隱叢話》

李易安居士，趙明誠妻。晚年賦詞，有「於今憔悴，風鬟霜鬢」之句。又清庵鮑氏、秀齋方氏，淳熙間二婦人，詞筆可繼易安之後。《貴耳録》

易安以《重陽醉花陰》詞函致明誠，明誠嘆賞，自愧弗逮，務欲勝之。一切謝客，忘寢食者三日夜，得五十闋。雜易安作以示德夫，德夫曰：「莫道不消魂，簾捲西風，人似黄花瘦。只三句佳。」乃易安作也。《鄉嬛記》

朱希真，名秋娘，博覽古今，適徐必用。必用久商不歸，秋娘作詞以自解。《宋詞紀事》

臨安倡女儀珏，頗慧悟，能立成詩詞。《異聞總録》

陸敦禮侍兒名美奴，善綴詞，出侑樽俎，每丐韻於坐客，頃刻成章。《苕溪漁隱叢話》

鄭文常寓川都，其妻孫氏多以詞寄之，一時傳播，酒樓伎館皆歌焉。《憶秦娥》云：「花深深，一鈎羅襪行花陰。行花陰。閑將柳帶，試結同心。日邊消息空沉沉，畫眉樓上愁登臨。愁登臨。海棠開後，望到如今。」《古杭雜記》

孫道絢，號冲虛居士，黄子厚母。平生詞甚富，晚遭回禄，燬爇無餘。所傳數篇，皆膾炙人口者。《林下詞》

范仲允爲相州録事，其妻作《伊川令》寄之。「伊」字寫「尹」字，允嘲詩云：「料想伊家不要人。」一妻復答詩解之。《奩豔》

易彦章，寧宗朝狀元。其妻寄詞云：「功名成就不還鄉，石做心腸，鐵做心腸。」《填詞集豔》

廣漢營妓，小名僧兒，善填詞。《漢皐詩話》

林延齡妻邵道冲，喜爲詞，脱略脂粉氣。《寶慶四明志》

劉燕哥善詞，嘗賦《太常引》餞齊参議。《青樓集》

王修微《天仙子》詞，眉公稱爲千古絶調。《林下詞談》

顧姒善詞，有「一輪月照一雙人面」之句。《夢蕉詩話》

武林女子王倩玉，貌美工詞，悦其中表沈生而越禮焉，有《寄沈長相思》。《香祖筆記》

徐粲，字湘蘋，海昌陳之遴夫人。善屬文，兼精書畫詩餘，爲本朝第一。《拙政園詩餘》跋

花蕊夫人《宫詞》之外，尤工樂府。蜀亡入汴，書葭萌驛壁云：「初離蜀道心將碎，離恨綿綿。春日如年，馬上時時聞杜鵑。」書未畢，爲軍騎催行。《蜀中詩話》

徐君寶妻被掠至杭，題詞壁上，投水死。《渚山堂詞話》

盧女郎隨父往漢州，題驛壁《鳳棲梧》一闋。《女世説》

蔣興祖女，美顏色。年方笄，值靖康之亂，爲賊所獲。過雄州，題《減字木蘭花》詞於驛壁。《词堗》

張玉蓮，人呼張四媽，善唱曲，嘗作《折桂令》。《青樓集》

梁園秀，姓劉氏，製《小梁州》、《紅衫兒》等曲。《曲中志》

有才女因姦見郡守，守聞其名，將械示之，指械爲題，命作一詞。女賦《黄鶯兒》云：「奴命木星臨，霎時間，上下分。松衫裁就爲緣領，交頸怎生？畫眉不成，低頭盼不見弓鞋影。爲多情，風流太守，持贈與佳人。」守大稱賞，即釋之。《湖海新聞》

葉蕙綢精於曲律，所著有《鴛鴦夢》雜劇。《午夢堂集》

奩史卷四十五

東吳王初桐于陽纂述
北平劉翰周東屏校刊

文墨門三

文

明帝陽后有顛狂病，惟內傅孟姬爲文，后每讀之，顛狂輒醒。時人語曰「孟文差顛狂」。司馬彪《續漢書》

西王母以瓊笈妙蘊、發紫臺之交貽帝。《漢武內傳》

孫瓊者，晉鈕滔母也。善詩文，有文集行世。《玉臺文苑》

高祖竇后工於篇章，規誡文有雅體。《唐書》

薛濤，文妖也。李肇《國史補》

蜀多文婦，亦風土所致。《清異録》

殷保誨始舉進士時，文章皆內子封夫人爲之，動合規式，中外皆知。《野航史語》

李清照母，王狀元拱辰女，亦工文章。《宋詩紀事》

蔡卞妻，王安石女也，有文集。《池北偶談》

寧后，楊氏后妹楊娃，以藝文拱奉內庭。《弇州四部稿》

劉夫人，字希，建炎間主內翰文字。《清河書畫舫》

胡淑，脩宿之女，嫁李之儀。讀書，善屬文。宋嘉祐中，從其祖母至內庭，光獻皇后拊之曰：「是胡氏有學能文之女乎？」《閨閣類編》

許景樊，字蘭雪，篈、筠之妹。八歲作《廣寒殿玉樓上梁文》，才出二兄之右。《高麗書簡續》

張瓊如，字赤玉，善詩賦及古文。《名媛詩緯》

桐城張令儀，字柔嘉，文端長女，工古文。《蠹窗集》序

婦人美色能文翰，謂之人妖。《袖中錦》

《朱鳥逸史》備記閨秀之能文者。《十笏草堂集》

班昭子穀爲陳留長，昭隨至官，作《東征賦》。《曹大家集》

馬倫妹芝亦有才義，少喪親，長而追感，作《申情賦》。《後漢書》

左芬有《離思賦》、《孔雀賦》、《松柏賦》。《古今文致》

天官侍郎宋廷瑜左遷於外，妻魏氏隨之任，中路作《南征賦》，詞甚典美。魏氏心念張相說

少時爲其父所重，乃作書與説，叙亡父疇昔之雅，爲廷瑜申理，兼録《南征賦》寄説。説嘆曰：「曹大家《東征》流也。」《女世説》

梅妃在上陽東宫，以千金壽高力士，求詞人擬司馬相如爲《長門賦》，欲邀上意。力士方奉太真，且畏其勢，報曰：「無人解賦。」乃自作《樓東賦》。《梅妃傳》

牛應貞有《魍魎問影賦》。《牛應貞傳》

何宣城婦有《遊仙賦》。《杜氏編珠》

張學雅，字古什。母夢道人語曰：「上帝散花玉女，誤碎御瓶，今謫汝家。」寤而生女。聰慧過人，嗜讀書，能屬文，作《月賦》甚工。一日，其母又夢前道人來曰：「玉女謫限滿矣。」果於是日端坐而逝。《繡餘草》繼總女禪師序

周炤父遇闖難狥節，炤哀之，作《悼懷賦》，讀者如聽三閭大夫《姊嬃吟》也。《周寶鐙傳》

黄媛《介小賦》頗有魏晉風致。《池北偶談》

徐賢妃，名惠，湖州人。八歲曉屬文。父孝德嘗試使擬《離騷》爲《小山篇》，曰：「仰幽巖而流盼，撫桂枝以凝想。將千齡兮此遇，荃何爲兮獨往。」孝德大驚。太宗知之，召爲才人，遷充容。永徽元年卒，贈賢妃。《唐詩紀事》

郭嬪，名愛，字善理。自知死期，製楚騷以自哀。《鳳陽志》

文在中女嫁葛氏，早寡守節，作《九騷》以見志。「九騷」者，一曰感往昔，二曰懷湘江，

三曰望洽陽，四曰矢柏舟，五曰愀離幃，六曰傷落花，七曰臨雲嘆，八曰待月愁，九曰撫玉鏡。《静志居詩話》

漢和帝葬後，宫人並歸園，鄧太后賜周、馮貴人策曰：「朕與貴人共歡等列，十有餘年。先帝早棄天下，孤心煢煢，靡所瞻仰。今當以舊曲分歸外〔一〕園，慘結增嘆，燕燕之詩曷能喻焉？」《女世説》

劉聰皇后劉氏，以左貴嬪立爲皇后。聰將起凰儀殿，廷尉陳元達諫，聰怒，將斬之。后手疏啓曰：「伏聞敕旨將爲妾營殿，今四海未一，禍難尤繁，廷尉之言，社稷之計。當賞以美爵，而反欲誅之。陛下此怒，由妾而起；廷尉之禍，由妾而招。自古國敗家喪，未始不由婦人。妾每覽古事，忿之不忘，何意今日，妾自爲之！後人觀妾，猶妾之視前人，復何面目仰侍巾櫛，請歸死北堂，以塞陛下誤惑之過。」聰覽之色變，曰：「元達，忠臣！」以劉后疏示之。《前趙録》

徐惠妃以太宗勤兵又營繕，相繼上疏，諫曰：「珍玩伎巧，乃喪國之斧斤；珠玉錦繡，寔迷心之鴆毒。作法於儉，猶恐其奢；作法於奢，何以制後？」《女世説》

遼道宗好獵，蕭后上疏曰：「頃見駕幸秋山，單騎從禽，深入不測。倘有絶群之獸，果如司

〔一〕「園」，原作「國」；「今」，原作「令」；「外」，原作「後」。據《後漢書》卷十上「皇后紀第十上·和熹鄧皇后」改。

馬所言，則溝中之豕，必敗簡子之駕矣！願遵老氏馳騁之戒，用漢文吉行之旨。」《遼史拾遺》

宋徽宗鄭后好覽書，奏疏文皆能自製。《女世說補》

丁委淵婦張夫人作《討李賊檄》，顧若璞以爲孔璋讓其英蕤，賓王失其峻烈。《今世說》《婦人集》注：「夫人名姒音。」

班昭博學高才，漢帝數召入宮。每有貢獻異物，詔作賦頌。薛瑩《後漢書》

左芬善屬文，晉武帝重其辭藻，方物異寶，必詔芬爲賦頌，屢獲恩賜焉。《事文類聚》

咸寧二年納悼后，左芬受詔作頌。《晉書》

左芬有《芍藥花頌》、《鬱金頌》、《菊花頌》。《左貴嬪集》

傅統妻工屬文，遇諸花木，輒爲之頌。《天和殿御覽》

劉臻妻陳氏，聰敏能屬文，嘗正旦獻《椒花頌》。《晉書》

謝道韞《論語贊》曰：「衛靈公問陳於孔子，孔子對曰：『俎豆之事，則嘗聞之；軍旅之事，未之學也。』庶則大矣，比德中庸；斯言之善，莫不歸宗；麓者乖本，妙極令中，嗟我懷矣，興言攸同。」《彤管遺編》

左芬有《楊皇后登祚贊》。《左貴嬪集》

元微之聞薛濤名，因奉使見焉。微之矜持筆硯，濤作《四友贊》，略曰：「磨潤色先生之腹，濡藏鋒都尉之頭，引書煤而黯黯，入文囿而休休。」微之驚服。《然藜餘筆》

方孟式，字如耀，張含之妻也。與孫氏婦鄭、翁氏婦吴，以篇詠相往復。如耀刻《紉蘭閣集》，兩婦作序。其文縱横辨博，殊爲閨房吐氣。吴名慧鏡。《淑秀集》

錢涓，字裴文，著《抱雪吟》，自爲序。《抱雪吟》

沈瓊蓮善屬文。宋孝宗嘗試《守宮論》，沈發端云：「甚矣！秦之無道也，宮豈必守哉！」上悦，擢爲第一。《西吴枝乘》

唐太宗崩，徐賢妃哀慕發疾，爲《連珠》以見志。《唐類函》

柳下季死，妻自作誄，門人不能增損一字。《澄懷録》

柳下惠死，門人將誄之，妻曰：「將述夫子德耶，二三子不若妾之知之。」乃爲誄曰：「夫子之信，誠與人無害兮。嗚呼哀哉！魂神泄兮。夫子之謚，宜爲惠兮。」《列女傳》

司馬相如死，文君爲誄，傳於世。《女俠傳》

萬年公主薨，帝悼痛不已，詔芬爲誄，其文甚麗。《晉書》

左芬有《武元皇后誄》。《左貴嬪集》

張愈有高操，妻蒲氏，名芝，賢而文。愈卒，妻爲之誄。其佳句云：「脱簪散髮，眠雲聽泉。有峰千仞，有溪數曲。」又云「嶺月破雲，秋霖灑竹。情意何窮，真心自得」數語，足寫高人逸致。《女世説補》

陸卿子爲祖母卞太夫人作誄，曲雅可誦。《列朝詩集》

陳後主薨，沈后自爲哀詞，文甚酸楚。《太平御覽》

徐悱卒，妻劉令嫻爲祭夫文，詞甚悽愴。時悱父勉欲爲哀章，見令嫻文，遂閣筆。《四六法海》

李易安祭趙湖州文，婦人四六之工者。《四六談麈》

楊希閔死，妻汪氏自撰祭文，辭甚悲。《晉江志》

曹邦傑卒，妻張氏作文告祭，而自經於柩側。《居易録》

熙寧末，洛中有人耕獲石碣，乃婦人撰夫誌銘。「君姓曹，名禋，字禮夫，世爲洛陽人。三十歲，兩舉不第，卒於長安道中。朝廷卿大夫、鄉閭故老聞之，莫不哀其孝友睦婣、篤行能文，何其天之如是耶！惟兒聞之獨不然，乃慰其母曰：『家有南畝，足以養其親；室有遺文，足以教其子。凡累乎陰陽之間者，生死數不可逃，夫何悲喜之有哉！』丙子年三月十八日卒，以其年十月十五日葬於鳳凰山之原。余姓周氏，君妻也，歸君室八載矣。生子一人，尚幼。以其恩義之不可忘，故作銘焉。銘曰：其生也天，其死也天，苟達此理，哀哉何言！其生也浮，其死也休，終何爲哉，慰母之憂。」《蓼花洲閑録》

班婕妤《報諸姪書》云：「屬見元帝所賜婕妤，書類多華辭。至如成帝，則推誠寫實，若家人夫婦相予書矣。故略陳其長短，令汝曹自評之。」《婦女集》

司馬相如悦茂陵女子，欲聘爲妾，文君與相如書曰：「春華競芳，五色凌素。琴尚在御，而新聲代故！錦水有鴛，漢宮有水，彼物而親，嗟世之人兮，瞀於淫而不悟！」再與書曰：「朱絃斷，明鏡缺，朝露晞，芳顏歇。白頭吟，傷離別，努力加餐無念妾。錦水湯湯，與君長訣！」相如乃止。《女世説》

趙飛燕爲皇后，其女弟在昭陽殿，遺燕書曰：「今日嘉辰，貴姊懋膺洪册，謹上襚三十五條，以陳踊躍之心。」《西京雜記》

竇元妻《别夫書》云：「棄妻斥女敬白竇生：卑賤鄙陋，不如貴人。妾日以遠，彼日以親。何所控訴，仰呼蒼旻。煢煢白兔，東走西顧。衣不厭新，人不厭故。悲不可忍，怨不可去。彼獨何人，而居斯處。」雖尺牘語，而韻叶宛然，實四言古體也。《少室山房詩藪》

秦嘉爲郡掾，其妻徐淑作書以遺之。云：「聞嚴裝已辦，發邁在即。誰謂宋遠，企予望之。室邇人遐，我勞如何？長路悠悠，而君是踐。冰霜慘裂，而君是履。身非形影，何得動而輒俱。體非比目，何得同而不離。惟有割今者之恨，以待將來之歡耳！」《藝文類聚》

衛夫人《與支法師書》：「衛隨世所學，規模鍾繇。有一弟子王逸少，甚能學衛真書，筆勢洞精，字體遒媚。」《女世説》

晉徐藻妻陳氏有《與妹書》。《淵鑑類函》

阮氏與允書，陳允禍患所起，辭甚酸愴。《婦人集》

安鬱嬪授楊羲書，雲林夫人授許長史書。《武庫琅函》

鈕滔母孫氏瓊有《與從弟孝徵書》。《蟲天志》

長安名伎劉國容，與郭昭述相愛。後昭述與國容別，國容使女僕賫短書曰：「歡寢方濃，恨雞聲之斷愛。恩憐未洽，嘆馬足以無情。使我勞心，因君減食。再期後會，以結齊眉。」《開元天寶遺事》

開元中，有士人從洛陽道見一女子，容服鮮麗，泣謂曰：「己非人，昆明池神之女，嫁劍閣神之子。夫婦不和，無由得白父母，故欲送書一封耳。」士人問其處，女曰：「池西有斜柳树，君可叩之。若呼阿青，當有人從水中出。」士人入京，便送書池上，果有此樹。叩之，頻唤阿青。俄見幼婢從水中出，得書甚喜，曰：「久不得小娘子消息。」延士人入，謂曰：「君後日可暫至此。」如期，果有女子從水中出，授士人真珠一笥。《補侍兒小名録》

楊貴妃晝寢，覺見白鳳銜書，自空而下，受其書，白鳳即飛去。貴妃披讀之，其略曰：「敕謫仙子楊氏，爾居玉闕之時，常多傲慢，謫塵寰之後，轉有矜嬌，罪更愈深，法不可貸，宜令死於人世。」貴妃極惡之，令宫闈問切秘此事。其書藏玉匣中，三日後失之。《瀟湘録》

崔氏鶯鶯貽張生書，楊巨源見之，賦《崔娘篇》云：「風流才子多春思，腸斷蕭娘一劄書。」《唐詩紀事》

烈女竇桂娘爲蠟帛書，與陳先奇妻，以朱染帛，丸如含桃。《樊川集》

李季蘭《結素魚貽友人》云：「尺素如殘雪，結爲雙鯉魚。欲知心裏事，看取腹中書。」《全

唐詩話》

魚玄機以情書與李公子妾。《唐詩英華》

步非煙者，武公業愛妾。其比隣趙象窺見心蕩，題絶句，祈門媪達非煙。煙曰：「我亦曾窺見趙郎，大好才貌。」於是闔户垂幌，爲書以達於象，象喜不自持。一日，功曹直府，象乃踰垣見煙，俱以喜極不能言，遂盡繾綣之意。《步非煙傳》

李國主歸附後，與金陵舊宫人書云：「此中日夕，只以眼淚洗面。」《唫蠹集》

長夏，方喬讀書於種梅館，懷思紫竹。紫竹忽遺以書，其大略云：欲結朱繩，應須素節。泣珠成淚，久比鮫人。流火爲期，聊同織女。春風鴛帳裏，不妨雁語驚。寒暮雨雀屏中，一任雞聲唱曉。《嫏嬛記》

試鶯以朝鮮厚繭紙作鯉魚函，兩面俱畫鱗甲，腹下令可藏書，以遺遷。嘗有詩云：「花箋製葉寄郎邊，江上尋魚爲妾傳。郎處斜楊三五樹，路中莫近釣魚船。」此貞觀中事也。《元散堂詩話》

姚月華得楊達書，有密語者，伏讀數十遍，燒灰入醇酌飲之，謂之「款中散」。《嫏環記》

丁渥在太學，夢歸家，見妻於燈下爲書寄生，生曰：「我已至矣，何用書爲？」妻但揮淚而不答。又於别幅見詩一首云：「淚濕香羅帕，臨風不肯乾。欲憑西去雁，寄與薄情看。」後旬日，得書並詩，皆夢中所見。《雲齋廣録》

崔球爲太學生，苦學不歸。一日晝夢到家，見其妻正寫字，呼之不應，與之言，不答。視其所書，乃詩也。曰：「數日相望極，須知意思迷。夢魂不怕險，飛過大江西。」既覺，歷歷記之。數日書至，其妻寄此詩，一字不差。驗其寫詩日，乃球得夢日也。《古今詩話》《雲溪友議》所載略同，而失崔球姓名。

趙長卿買一妾，教之寫字讀書，命名文卿。元約三年，文卿不忍捨去，厥母堅索之。後失於一農夫，常常寄聲或片紙數字問訊。《惜香樂府》

郭暉寄妻問，誤封白紙去。妻得之，寄一絶云：「碧紗窗下啓緘封，尺素從頭徹尾空。應是仙郎懷別恨，憶人長在不言中。」《巖下放言》《女世説》：「吴仁叔業太學，與妻韓氏札，啓視，止白幅，遂題」云云。

嘗見燕山軍民妻寄夫書一紙，別無他語，止詩一篇，云：「垂楊傳語山丹，你到江南艱難。你那裏討個南婆，我這裏嫁個契丹。」《拊掌録》

管夫人《與中峰和尚書》稱「弟子管道昇」。《鐵網珊瑚》《謝美人製魚書》一時傳誦。《文苑真珠》

江南女優趙天錫遊粵西，見嬖土酋，耽夫而襲其官。曾與舊知書，媚婉纖弱，全是黛奩本色。《萬曆野獲》

寧國公主下嫁梅殷。及燕王即位，殷尚擁兵淮上，帝迫公主齧血爲書投殷，殷得書還京。《梅花渡異林》

溟州女子與書生約爲婚姻，父母欲別內婿，女以帛書屬魚。書生烹魚得書，遂往諧約。《漁洋山人集》

張太室渡河，買得大鱣魚，剖其腹，得紅錦袋一枚，中藏真珠一、琲金約指四、玉條脱一、牛黄丸子一、紅甲二片、香藥一裹。又私書一紙，詞甚悽惋，似是婦人欲寄所私，不遂，投河死而入魚腹也。《池北偶談》

女郎徐元象，字奇孺，黄州人，張楚偉配。詩文有儁才，其《京口寄父書》云：「兒自襁褓，未離掌膝。江頭道別，意緒凄然。舟行風水便利，遂達京口。江南佳麗，過眼成陳。廣谷大川，靡能記憶。舅氏出鮑明遠《大雷岸與妹書》與兒讀之，如賦如頌，篷窗瑣瑣，恨不能竟。所思官舍清華，几案如滌，挑燈夜坐，日起奉甘旨晨昏，戀切切耳。阿爺阿母無恙。四時之序，成功者退，山林觴詠，幽情暢遂，何必紆拖青紫乃稱貴乎？《居易録》

吴妓詹愛雲寄所歡書，全用曲牌名。《剪燈新話》

燕山軍民有族嬸陳氏，因諸子宦遊未歸，令族姪大琮代作書寄其子。因口授云：「孩兒要劣妳子，又閲閲霍霍地，且買一柄小剪子來，要剪脚上骨出上聲兒肐音胖胝音支兒也。」大琮遲疑，不能下筆。嬸笑云：「元來這廝兒也不識字。」聞者哂之。又京師有營婦，其夫出戍，嘗以數十錢托一教學秀才寫書寄夫，云：「窟賴兒娘傳語窟賴兒爺，窟賴兒自爺去後，直是忔憎，每日恨入聲特特地笑，勃騰騰地跳，天色汪去聲囊，不要吃溫吞入聲蠖託底物事。」秀才沉思久之。却以錢還

云：「你且別處倩人寫去。」《軒渠録》

黄華雙手能寫二牘，或楷或草，各自有意。《志奇》

姚氏女月華與楊達相愛，各以尺牘往來。《瑯嬛記》

張芸叟臨江而居，其妻遺一素綾鯉魚，首尾宛然，腹藏短牘，但未畫鱗甲耳。芸叟試爲點染，便躍入江中，不知所之。《子真畫譜》

宋遷以霞光箋裁作小番，長尺廣寸，實素魚錦囊中遺試鶯，謂之「新尺一」。《採蘭雜志》

田田、錢錢，辛棄疾二妾也。皆善筆札，常代棄疾答尺牘。《書史會要》

易安居士有《投內翰綦公崈禮啓》，「清照啓：素習義方，粗明詩禮。近因疾病，欲至膏肓，牛蟻不分，灰丁已具。嘗藥雖存弱弟，應門惟有老兵。既爾蒼皇，因成造次，信彼如簧之説。惑茲似錦之言。弟既可欺。持官文書來輒信。身幾欲死，非玉鏡架亦安知？僶俛難言，優柔莫决；呻吟未定，強以同歸。視聽才分，寔難共處。忍以桑榆之晚節，配茲駔儈之下才？身既懷臭之可嫌，惟求脱去；彼素抱璧之將往，决欲殺之。遂肆侵凌，日加毆擊。可念劉伶之肋，難勝石勒之拳。局地扣天，敢效談娘之善訴；升堂入室，素非李赤之甘心。外援難求，自陳何害？豈期末事，乃得上聞。取自宸衷，付之廷尉。被桎梏而置對，同凶醜以陳詞。豈惟賈生羞絳灌爲儕，何啻老子與韓非同傳？但祈脱死，莫望償金。友凶横者十旬，蓋非天降；居囹圄者九日，豈是人爲？抵雀捐金，利當安往？將頭碎璧，失固可知。寔自繆愚，分知獄市。此蓋伏遇內翰承旨，搢紳望族，冠蓋清流，日下無雙，人間第一。奉天克復，本緣陸贄之詞；淮蔡底平，寔以會昌之詔。哀憐無告，雖未解驂，感戴鴻恩，如正出己；故茲白首，得免丹書。清照敢不省過知慙，捫心識媿？責全責智，已難逃萬世之譏；敗德敗名，何以見中朝之士。雖南山之竹，豈能窮多口之談。惟智者之言，可以止無根之謗。高鵬尺鷃，本異升沉；火鼠冰蠶，難同嗜好。達人共悉，童子皆知。願賜品題，與加湔洗。誓當布衣蔬食，溫故知新。再見江山，依舊一瓶一鉢；重歸畎畝，更須三沐三薰。忝在葭莩，敢茲塵瀆。」按易安再適張汝舟，竟至對簿。啓在臨安作也。《雲麓漫鈔》

長安婦女有好事者，曾於侯家覩綵箋，曰：「一輪初滿，萬户皆清。若乃狎處衾帷，不惟辜負蟾光，竊恐嫦娥生妒。涓於十五、十六二宵，聯女伴同志者，一茗一爐，相從卜夜，名曰伴嫦娥。凡有冰心，竚垂玉允。朱門龍氏拜啓。」《藜床瀋餘》

孫文恪娶於楊，諸子登進士榜者四人，皆楊夫人教之。夫人精帖括，斷決不爽。《靜志居詩話》

會稽女子商婉人，能爲制舉文字。嘗評沈碉芳文一卷，沈贈詩云：「細筆猩紅絶妙辭，掃眉窗下拜名師。從來玉秤稱才子，樓上昭容字婉兒。」《梅花草堂筆談》

胡楨妻張氏通制舉業，楨作文，輒就之評隲。《居易録》

吴芳華，嘉興女，制藝極工，近隆萬人。《別裁集》

綫娘，夏邑士族女也，工於帖括。《諧鐸》

奩史卷四十六

東吳王初桐于陽纂述
北平劉翰周東屏校刊

文墨門四

書法

後漢竇皇后，六歲能書。《北堂書鈔》

書法，蔡邕受於神人，而傳崔瑗及女文姬，文姬傳鍾繇、衛夫人。《粧樓記》

蔡邕女工書。《墨池編》《語林》：「文姬真草俱精。」

衛夫人，名鑠，字茂漪，廷尉展之女弟，恒之從女，汝南太守李矩之妻也。王右軍師之。《書斷》

衛夫人書如碎玉壺之冰，爛瑤臺之月，宛然芳樹，穆若清風。《金壺記》《書品》：「衛夫人，中之上。」《續書品》：「衛夫人，上品下。」

衛夫人書如插花舞女低昂芙蓉，又若美女登臺仙娥弄影，又若紅蓮映水碧沼浮霞。《古今

衛夫人曰：「學書者，執筆爲先。真書者一寸二分，行草書去筆三寸一分。點畫波撇屈曲，皆須盡一身之力送之。」《筆陣圖》

王子敬年五歲，衛夫人書《大雅吟》賜之。《西溪叢語》

衛恒，衛夫人從姊，書如插花美女舞笑鏡臺。《墨藪》

恒夫人書如快馬入陣，屈伸隨人。《古今書評》

郗氏，羲之妻也，甚工書。《在窮記》

王獻之妻謝道韞亦工書，甚爲舅所重。《晉中興書》

謝道韞書，雍容和雅，芬馥可玩。《後書品》

中品下，謝道韞。《續書品》

李夫人書猶帶古風。《書品》

王洽妻荀氏、郗愔妻傅氏、王珣妻汪氏、孔琳之妻謝氏，俱善書。《墨池編》

天台智者有中藤紙一墮，六朝沈后書。《南窗紀談》

隋煬帝后沈氏有書一紙，署婺華字。《述書賦》注

唐高祖竇后善書，與高祖書相雜，人不能辨。《女世説》

劉秦妹善臨《蘭亭》及《西安帖》，足奪真蹟。《粧樓記》

書評》

龍興寺，則天皇后置有則天皇后御書額。《吴地記》

《唐安公美政頌》、《石壁寺鐵彌勒像頌》，皆房璘妻高氏書。其筆畫遒麗，不類婦人所書。《集古録》

白樂天女金鑾，十歲忽書《北山移文》示家人。樂天方買終南紫石，欲刊文士傳，遂輟以勒之。《豐寧傳》

女仙吴彩鸞書《龍鱗楷韻》，天寶八年製。後有柳誠懸題云：「彩鸞，世傳謫仙也。一夕書《廣韻》一部，即鬻於市。稔聞此説，罕見其書。數載勤求，方獲斯本。觀其神全氣古，筆力遒勁，出於自然，非古今學人可及也。」《玉堂嘉話》

吴彩鸞書《切韻》一本，字畫尤古。《雲煙過眼録》

迎祥寺有彩鸞書《佛本行經》六十卷。《珍席放談》

宇文廷臣家有吴彩鸞《玉篇鈔》。書一先爲二十三先，二十四仙不可曉。《研北雜志》

樓鑰跋吴彩鸞《玉篇鈔》云：「始予讀《文簫傳》，言吴彩鸞書《唐韻》事，疑其不然。後於汪季路家見之，雖不敢必其一日可辦，然亦奇矣！兹見《玉篇鈔》，則又過之，尤可寶也。又今《玉篇》惟越本最善，末題『吴氏三十一娘寫』，楷法殊精，豈亦彩鸞之苗裔耶？」《攻媿集》

彩鸞，不知何許人。楷書《唐韻》，近類神仙吴彩鸞。慕吴彩鸞，故名彩鸞。《書史會要》

《唐韻》即女仙吴彩鸞所書，南村所云，似屬二人。《居易録》

彩鸞於福聖院寫《法苑珠林》百二十軸。《皇華紀聞》

曹文姬，本長安娼女，資質艷麗，尤工翰墨，爲關中第一，時人號爲書仙。長安豪士輸金求爲偶者無算。女曰：「欲偶吾者，必先投詩，吾自擇。」有任生投詩曰：「玉皇殿上掌書仙，一染塵心謫九天。莫怪濃香薰骨膩，霞衣曾惹御爐煙。」女得詩大喜，曰：「此真吾夫也。」遂以爲偶。五歲後，忽曰：「吾本上天書仙，以情謫居人寰二紀。吾欲歸，子可偕行。」俄聞仙樂飄空，朱衣吏持一玉版，曰：「李長吉新撰《白玉樓記》就，天帝召汝寫碑。」女與生拜命，舉步騰空而去。《麗情集》

徐州伎馬盼，甚慧麗，能學蘇軾書，得其彷彿。軾嘗書《黄鶴樓》未竟，盼竊效軾書「山川開合」四字。軾見而大笑，略爲潤色，不復易之。今碑中四字，盼筆也。《女世説》

憲聖慈烈皇后博習書史，妙於翰墨。帝嘗書「六經」賜國子監刊石，稍倦，即命后續書，人莫能辨。《書史會要》

《耕織圖》流傳人間，逐段下有憲聖慈烈皇后題字。皇后姓吴，配高宗，書絶相似。《太平清話》

憲聖慈烈吴太后居宫中時，嘗臨《蘭亭》。《蘭亭考》

吴皇后所臨《蘭亭》帖，佚在人間。韓世忠得之，表獻上。驗璽文，知是宫中臨本，命刊於石。《中興小録》

楊太后通經史，能小王書。《西湖見聞録》

宋故事，禁中御批，皆内夫人代書。《霏雪録》

每日賜太子玉食批，司膳内人所書也。《隨隱漫録》

劉武僖赴召，記歳月於柯山仰高亭上，末云「侍兒意真代書」。《清波雜志》

朱淑真手書《璿璣圖》卷，字法研嫵。「紹定三年春二月望後三日，錢塘幽棲居士朱淑真書」。首「璿璣變幻」四小篆，後有小朱印。《池北偶談》

官伎王英英善筆札，學顔魯公體。蔡襄教以筆法，晚年作大字甚佳。《隱居詩話》

翠鎻亭有魏王妃題字尚新。《晞髮録》

余似妻趙夫人，筆墨灑落，類薛稷。常書似所作於英州金山寺壁，大徑四寸，真奇蹟也。《紫桃軒雜綴》

鉅野縣有穠芳亭，邑人秋成報祭所也。一日鄉耆謀立石，延士人王維翰書「穠芳亭」三字。未至，有伎謝天香以裙裾當筆，書「穠芳」二字。而維翰至，書「亭」字以完之，如出一手。王、謝遂爲夫婦。《曹州志》

歌人盼盼，姓馬氏，善書，死葬鳳凰原。《慶湖遺老集》

徐仙，名清，字静之，蓬萊女官也，下西里王氏。詩作謝體，書效黄魯直，妍妙可喜。《後山集》

元仁宗嘗命管夫人書《千字文》，敕送秘書監裝池收藏，曰：「令後世知我朝有善書婦人。」《堯山堂外紀》

管夫人手寫《璿璣圖詩》，五色相間，筆法工絶。《居易録》

陳晦叔子婦桐盧方氏，善臨《蘭亭》。《蘭亭考》

翩翩字法遒媚，又能左右手，正反雙下。《曲中志》

洪武壬子，選蘇杭民間婦女通曉書數者入宮給事，得四十四人。比至，試之，可任者纔十四人，乃留之，賜金贍其家，餘悉遣歸。《椒宮舊事》

慈壽寺寶藏閣，係慈聖皇太后御筆題。《燕都遊覽志》

慈壽寺寧安閣扁，慈聖手書。《帝京景物略》

香山來青軒扁，慈聖皇太后御書。《菊隱紀聞》

盱江驛舍中有婦人書一「憶」字，筆勢姿媚。《招山小集》

張天駿有厮養婢善書，觀者咄咄稱賞。《考槃餘事》

馬芷居，名閑卿，陳魯南夫人，書法蘇長公。《彤管新編》

梁小玉八歲摹《大全帖》，極工。《淑秀集》

楊盤石女弟，博學能文，書法自成一家。《玉臺集》

龐蕙纕工臨池，筆法遒勁，能書扁額。《唾香閣集》

河東君作書得虞、褚法。《觚賸》

邢慈靜書體頗類其兄子愿。《無聲詩史》

葉小鸞緑窗靜處，日臨《洛神賦》、《藏真帖》一遍。《葉小鸞傳》

葉紈紈書法遒功，有晉風。《午夢堂集》

周炤性敏給知書，歸漢陽李雲田。李愛客遊，嘗攜炤殘箋數幅以示友人，人無不色飛者。《周寶鐙傳》

膠州宋方伯子婦姜淑齋，自號廣平内史，善臨《十七帖》，筆力矯勁。又高密單某妾，學右軍楷書，似《黄庭》、《遺教》二經。二人皆髫齔女子也。《池北偶談》

韓聖秋姬人，好臨摹晉唐人法帖，獨廢鍾書。韓詰所以，對曰：「季漢正統，關侯忠義，而斥以賊帥，狂誖甚矣。書雖工抑何足道！」《居易録》

女史瓊如擘窠大書「李白登華山落雁峰」云云，凡三十三字，筆勢飛動。末題「瓊如」二字，小印同。《居易録》

黄石齋配蔡氏工書，書法與石齋亂真。《居易録》

上中：晉羊衡母蔡夫人正書。上下：晉庾亮妻荀夫人篆隸、北齊魏夫人正行。《九品書》

高宗吴皇后親翰墨，尤愛《蘭亭》，作小楷。《蘭亭博議》

宛叔行楷特工，能於瘦硬中逞姿媚。《静志居詩話》

商婉人工楷法，常訪吳彩鸞《唐韻》，作二十三先、二十四仙。沈硼芳題云：「簪花舊格自嫣然，顆顆明珠貫作編。始識彩鸞真韻本，廿三廿四是先仙。」《梅花草堂筆談》

麗人薛素素，書法《黃庭》，小楷最工。《艷雪齋書品》

沙嫩，字未央，工楷書。姚旅《露書》

黃媛介楷書仿《黃庭經》。《無聲詩史》

則天后行書，駸駸稍能，有丈夫勝氣。《宣和畫譜》

薛濤雖失身卑下，而有林下風致。作字無女子氣，筆力峻激。其行書妙處，頗得王羲之法。《古今書法苑》

皇甫規妻善草書，時爲規答書記，人嘆其工。《奩艷》

陳晦叔子婦桐廬方氏，善作草書。《畫繼》

安福郡主，寧靖王之女，工草書。《桂華集》

皇甫規妻馬夫人工隸書。《墨藪》

衛夫人隸書尤善，規矩鍾公。《書斷》

蕭衍郗后善隸書。《墨池編》

魏夫人能隸書。《南嶽魏夫人傳》

蔡文姬言：「割程隸字八分取二分，割李篆字二分取八分，於是爲八分書。」《書苑》

萬夫人工八分書。《樊榭山房集》

臨川公主，唐太宗女也，下嫁周道務，工篆籀。《墨池編》

越國夫人王氏，篆隷有古法。《真蹟日録》

王綸女爲鬼所憑，遂善三十六體天篆。後數日如故，皆不能記矣。《遺史紀聞》

章氏煎，友直之女，工篆書，傳其家學。《書史會要》

史癡翁妾白雲道人何玉仙，工篆書。《静志居詩話》

晉陽公主，太宗次女也，字明達，文德皇后所生。善臨帝飛白書，人莫能辨。《墨池編》

薦福寺，唐天后飛白書額。《歷代名畫記》

慈聖光獻皇后曹氏，善飛白書。《飛白叙録》

慈聖曹太后工飛白，蓋習觀昭陵落筆也。先人舊藏一「美」字，徑二尺許，筆勢飛動。《老學庵筆記》

蠶書，魯秋胡妻浣蠶所作也。《五十六種書法》

雕蟲篆者，魯秋胡妻所作，亦云「戰筆書」。其體遒律，垂畫纖長，旋繞屈曲，有若蟲形。《墨藪》

唐時聖節，内人寫金花紅牓子，進鳳凰衫。《野客叢書》

慈仁寺市鬻一敝刺，大書「客氏拜」三字。《池北偶談》

王母使九天玄女以符授黃帝，遂克蚩尤。《西王母傳》

玄女授黃帝兵信神符，制伏蚩尤。《龍魚河圖》

大禹導江，神女授禹玉篆靈符。《滇行紀程》

玉晨道君授夫人雙珠月明神虎之符。《南岳夫人傳》

靈昭李夫人帶神虎符。《登真隱訣》

鐫刻

鈿閣女子韓約素者，梁千秋之侍姬也。千秋以能印稱，韓初學篆，遂能鐫，頗勝梁氏，故世之得約素章者，往往重於千秋云。《印典》

韓約素善鐫圖章，性喜佳凍。人得鈿閣章，皆珍秘之。粉影脂香，猶繚繞小篆間。周亮工《印人傳》

劉公戫女姪名令佑，篆刻臻妙，款曰「穎川女士」。《居易録》

左思《嬌女詩》：「握筆利彤管，篆刻未期益。」《玉臺新詠》

奩史卷四十七

東吴王初桐于陽纂述
武林馬履泰叔安校刊

文墨門五

畫

畫嫘，舜妹也。畫始於嫘，故曰畫嫘。《畫史會要》

吴王趙夫人，趙達之妹，善書畫。《歷代名畫記》

蘇蕙織錦回文詩所傳舊矣，故少常沈公復傳其畫，由是若蘭之才益著。《北窗炙輠録》

蜀皇后金氏，年十六，姿容絶世，兼擅繪事。《十國春秋》

尚衣夫人劉氏畫用奉華堂印。有《宫衣添綫圖》、《枚卜圖》、《補衮圖》、《宫繡圖》。《繪事備考》

和國夫人王氏，顯恭皇后妹也。善字畫，能詩章，兼長翎毛。每賜御扇，即翻新意，倣成圖軸，多稱上旨。《畫繼》

《牧羊圖》，曹夫人所畫。《天台集》

書畫有宗婦曹氏《蓼岸圖》。《高宗幸張府節次略》

樂天《琵琶行》，李易安嘗圖而書之。《宋學士集》

王美人有海圖障子。《益州名畫記》

戴楓仲藏管夫人道昇小畫一幅，有細書十字，云「山回新綺閣，竹掩舊朱門」。《歐餘漫録》

韓夢雲見遺骸而掩之。其夜獨宿，忽聞異香滿室，一麗人已立燈下，斂衽而拜曰：「感君厚德，作小圖，用伸寸報。」遂出袖中彩障一軸，以遺夢雲。《萬鳥鳴春集》

李因，字今生，一字是庵，號龕山女史。畫摹大小米，具體而微，所謂「以煙雲供養」也。《名媛詩緯》

閨秀卞元文有《百柳園看小韞妹學畫》之作。《本事詩》

梁夷素，武林女子，工詩畫。陳眉公比之爲天女花、雲孫錦，非人間所易得。《繪事擷英集》

閨秀朱柔則有《寄外沈用濟》畫卷。《玉池生稿》

黄石齋配蔡夫人，嘗作《瑤池圖》遺其母。《繪事備考》

遲煓妾善畫，凡煓畫，皆出於妾手。《畫徵録》

崔子忠一妻二女皆能畫，摩挲指示，共相娛悅。《書影》

《望遠圖》，十三歲女子所繪。《迦陵文集》

盧允貞，字德恒，倪文毅公夫人。白描精妙，有《九歌圖》、《璿璣圖》二卷。《丹青志》

黄媛介畫似吴仲圭，而簡遠過之。《無聲詩史》

媛介嘗畫小幅，自題云：「嬾登高閣望青山，愧我年來學閉關。淡墨遥傳縹緲意，孤峰只在有無間。」《池北偶談》

吴蕊仙，名琪，善畫。《本事詩》

姚月華筆札之暇，時及丹青，花卉翎毛，世所鮮及。嘗爲楊生畫芙蓉匹鳥，約略濃淡，生態逼真。楊喜不自持，覓銀光紙裁書謝之。《萩樓雜抄》

宗婦曹夫人善丹青，作《臨平藕花圖》。《續骫骳説》

陳晦叔子婦桐盧方氏，作梅竹極清遠。《畫繼》

管夫人嘗入覲宫中寫梅，稱旨。《籜雲樓雜記》

管夫人性喜蘭梅，下筆精妙，不讓水仙。有時對庭中修竹，亦自興至，不能自休。《丹青記》

李夫人名玉規，號澹軒，宋黄朴之女。善畫蘭、撫琴，爲孫榮父作《九畹圖》，若與蘭爲知聞也。《秋澗集》

楊璆姬遊戲丹青，得九畹生態，時稱逸品。《曲中志》

徐翩翩，金陵伎，善寫墨蘭。《無聲詩史》

趙靈均婦文俶，性明慧。所見幽花異卉、小蟲怪蝬，信筆渲染，皆能摹寫，性情鮮妍生動。

圖得千種，名曰「寒山草木昆蟲狀」。《啓禎野乘》

文俶有《花果百蝶寫生册》。俶爲趙凡夫媳。凡夫與婦陸卿子工於詞章翰墨，偕隱寒山。俶又能點染寫生，自出新意，畫家以爲三百年來獨絶。《本事詩》

文俶，字端容，徵明之孫女，趙宧光子婦也。有寫生花鳥十二幅，極妍盡態，中落花遊魚尤蕭灑。《居易録》

端容妙於丹青。楚訓《九歌》、《天問》等皆有圖。江上女子周禧善畫人物花鳥，亦嘗畫楚詞《九歌》、《九章》。其妹與之頡頏。《池北偶談》

文俶設色畫《本草》一部，曲臻其妙。江陰周榮公二女淑祐、淑禧臨之，亦成絶品。《静志居詩話》

閻再彭姜姬畫蘭，有姬自題云：「時莫生雲卿在座，更助筆墨之興。」《本事詩》

李三隨，字無塵，一字居貞，汴曲中人。能爲詩，畫蘭有逸氣。《明志軒雜志》

沈宜謙之女嫁楊伯海，善寫生，工折枝花。《采真集》

孫夫人，永嘉人，善寫梅。寒梢、粉瓣、逗月、凌霜，皆從筆花漬出，但少香耳。《無聲詩史》

玉京道人畫蘭，好作風枝婀娜，一落筆十餘紙。婢柔柔承侍硯席間，如弟子然。《梅村集》

卞玉京畫蘭，枝葉縱横，墨瀋淋灕。其妹曰敏，亦善畫蘭，止寫筱竹枝、蘭草二三朵而已。

《板橋雜記》〔一〕

楊妍，字步仙，舊院歌伎也，善畫叢蘭竹木。《本事詩》

李陀娜，郭舜璞妾，畫水仙得趙子固法。《海内名家工畫能事》

朱漢雯嘗見家僮輩兩扇，一畫梅，一畫蘭，各書唐人絶句一首。問之，乃縣署水夫妻徐蓉所作。《池北偶談》

李因，葛無奇侍姬也。工花鳥，得陳白陽法。嘗刻沉香爲白陽像奉之。畫多蒼老，無閨閣氣。《竹笑軒吟稿》跋

李因善花草，葛無奇善山水。曲房靜几，互以繪圖爲娱。無奇嘗語人曰：「山水，姬不如我；花草，我不如姬。」《無聲詩史》　閨秀周巽《須曼閣小稿》有《題李是庵水墨牡丹》詩。

郭⿰王雩，字瑧汝，畫學文俶，花草爲吴中第一。《吴郡丹青志》

喬美人畫蘭一幅，上有陳文忠公桐君題詩。《本事詩》

薛素素作蘭竹，下筆迅掃，意態入神。《靜志居琴趣》

彭西園侍兒畫蘭石於逆旅壁上，甚有風致。其旁細字注曰：「西園侍兒喬施同寫。」文啓美

〔一〕此條所述與《板橋雜記》有異。《板橋雜記》卷中云：「玉京有妹曰敏，畫蘭，亦止寫筱竹枝、蘭草二三朵，不似玉京之縱橫枝葉、淋灕墨瀋也。」

題其後云：「令人羨殺西園老，攜得西施共小喬。」《池北偶談》

陳洪綬侍妾胡淨鬘，善畫花鳥草蟲。《静志居詩話》

映然子善書畫，長於花草，疏落蒼秀。《畫徵録》

横波夫人工畫蘭蕙，蕭散樂托，畦徑都絶。《婦人集》

冒巢民蔡姬，小字女羅，善畫花草翎毛。《山閒集》

冒辟疆姬人圓玉女羅，畫有《水仙圖》、《蘋花戲魚圖》、《疏篁寒雀圖》。《漁洋山人集》

馮静容校書善畫蘭。《看雲草堂集》

陳書號上元弟子，善花鳥草蟲。《遊鶴堂畫藪》

習忍，武進女子也，寫生師惲南田法。《月湖讀畫録》

妓女倩扶，華亭人，善花草，多寫意。《懸榻編》

吳媛，字文青，號梁溪女史，善畫墨荷。《艷雪齋畫苑》

豐質，字花妥，好畫墨蘭，學王覺斯法。《畫志》

吳興女子陳小住爲朱十畫扇，作並頭蓮。《本事詩》

金曉珠有《水墨芙蓉》。《茶煙閣體物集》

鄧英堂偕妻陳淑蘭，各畫蘭竹贈毛廣文。毛謝詩曰：「閨中清課剪水紈，夫寫篔簹婦寫蘭。料得圖成愛雙絶，水精簾下並肩看。」《隨園詩話》

素蘭，保定名妓也，善畫蘭，因以得名。《秋燈叢話》

李夫人，蜀人也，善屬文，工書畫。唐郭崇韜掠得之，夫人以崇韜武人，悒悒不樂。月夕獨坐南軒，竹影婆娑，輒起濡毫，摹寫窗楮上。明日視之，生意具足。世人效之，多有墨竹云。《春浮集》

翠翹，洪內翰侍人，自題畫竹云：「翠翹戲筆」，字畫婉媚。程大昌詩：「戲作風枝斜，再惱玉堂宿。」《焦氏説楛》

王之才妻崇德郡李氏，公擇之妹也。能臨松竹木石，見本即爲之，卒難辨。《竹派》崇德郡君嘗臨與可偃竹，米元章見之，云「非魯直自陳不能辨也」。山谷有《題姨母李夫人偃竹圖》詩。《畫繼》

越國夫人王氏，端獻王之室，善寫墨竹。《真蹟日録》

莫廷韓曾置李易安《墨竹》一幅。《太平清話》

管夫人諱道昇，字仲姬，吳興人，趙魏公室，封魏國夫人。有才略，聰明過人，作墨竹，筆意清絶。《書史會要》

趙魏公夫人善書畫，吾竹房嘗題其所畫竹石。竹房有一私印，是「好嬉子」三字，倒用於跋尾，人皆以爲竹房之誤。魏公見之，曰：「非誤也。這瞎子道婦人會作畫，倒好嬉子。」《語林》

白鶴寺壁有管夫人畫竹。《吳興志》

天聖寺畫壁，趙文敏夫人所繪竹也。筆致蕭森，殊有遠韻。《簪雲樓雜記》

管仲姬畫《竹》卷，前書「竹賦」，字清勁瀟灑；後書「至大元年四月二日，余奉松雪於鷗波亭觀雨，頗有清興，謂余曰『不可無記』，遂作此卷」。《鐵網珊瑚》

管夫人畫《竹》卷，長丈餘，離披錯落，姿態百出，與怪石奔峭相間，氣韻生動，真奇作也。後自題二句云：「竹勢撒崩雲觸石，應是瀟湘夜雨時。皇慶三年秋日作，道昇。」下方有「管氏道昇」、「仲姬」二印。《居易録》

管夫人云：「畫竹各有名目，生葉處謂之『丁香頭』，三合處謂之『雀爪』，直枝謂之『釵股』，從外畫入謂之『垛疊』，從裏畫出謂之『迸跳』。」管道昇《墨竹譜》

元好問有《喬夫人墨竹詩》。《遺山集》

馬湘蘭，名守真，金陵妓。能寫蘭竹，蘭仿趙子固，竹法管夫人，俱能襲其餘韻。《秦淮四美人傳》

吳娟，字媚生。畫法出入倪、米間，而得意外之韻。寫竹石、墨花，標運清遠。《繪事備考》

吳興幼女嚴靜，甫九齡，工墨竹。有吳荔娘題詩。荔娘亦年十四。《隨園詩話補遺》

史痴翁姬何玉仙，聰慧解畫，有《白雲繪事》一卷，蓋飛白竹石也。《無聲詩史》

董姬學畫，作《小叢寒樹》，筆墨楚楚。《影梅庵憶語》

任才仲妾艷艷，本良家子，有絶色，善著色山水。《畫繼》

女郎瑞元頗解琴理，能寫山水竹石。嘗畫淡雲疏樹，置一草堂其下，得空山無人之致。《梅花草堂筆談》

范珠，金陵妓，畫山水，能對客揮毫。《續金陵瑣事》

馬芷居善山水白描。《海內名家工畫能事》

林天素、王友雲皆名妓，董思白云：「天素秀絶，吾未見其止。友雲澹蕩，特饒骨韻。」李長蘅贈天素詩云：「美人閨中秀，興會託山水。」《無聲詩史》

范雙玉喜畫山水，摹倣大痴，有天然氣韻。《板橋雜記》

葉小鸞能模山水，寫落花飛蝶，皆有韻致。《葉小鸞傳》

黄皆令善山水，得吳仲圭法。《竹嬾畫賸》

義烏倪仁吉工山水木石。《池北偶談》

楊慧林，字雲友，號林下風，杭州人，工畫山水。李漁《意中緣》傳奇，爲慧林作也。死葬斷橋智果寺。《名媛詩緯》

秀水吳氏，字素聞，畫學小李將軍，山水亦善。士女曾見其《洛神圖》，妙入毫髮。《池北偶談》

朱柔則，字道珠，錢塘沈用濟之室。用濟遠客不歸，道珠作《故鄉山水圖》寄之。《西泠筆乘》

五代婦人童氏，工人物，嘗畫《六隱圖》，乃畫范蠡、張志和等六人乘舟而隱居者。《鐵網珊瑚》

童氏畫隱士六人，想見其胸次了無脂粉。《古今名畫録》

高宗吳后嘗繪《古烈女圖》置座右爲鑒。《宋史》

劉妃工畫人物。《畫法筆記》

仇氏英之女，號杜陵內史，能人物畫，綽有父風。《丹青志》

周禧人物入妙品。《池北偶談》

徐湘蘋善畫士女，晚年專畫水墨觀音。《畫徵録》

童氏工人物，縉紳家婦女往往求寫照。《宣和畫譜》

崔徽，蒲女也。裴敬中使蒲中，徽一見情動。敬中使回，徽以不能從爲恨，久之成疾。自寫其真以寄裴，且曰：「崔徽一旦不如卷中人矣。」《麗情集》

南楚材旅遊陳穎，穎守將欲以女妻之。楚材妻薛媛乃對鏡圖形，並詩四韻以寄之，曰：「欲下丹青筆，先拈寶鏡端。已經顔索寞，漸覺鬢凋殘。淚眼描將易，愁腸寫出難。恐君渾忘却，時展畫圖看。」楚材得之，甚慙，遂還偕老。《雲溪友議》

周炤自寫《坐月浣花圖》，雙鬟如霧，烘染欲絕。圖尾有小篆曰「絡隱」。或曰：「炤又字絡隱」云。《周寶鐙傳》

張四教買一婢，年十四，姿貌甚麗。詢其家世，曰：「東鄉艾氏女也。」越歲而歿。自畫小像一幅，留奩箱中，張見之惋嘆。懸像別室，食必親薦。一日羹污其上，夜夢妾怒詰曰：「奈何污我！」旦視之，畫已失矣。《居易録》

杜陵內史所畫大士像，於慈容端穆中別逞妍雅之致，望而知爲閨秀之筆。《丹青志》

周淑禧寫大士像一十六幅。徐仲醇謂其「十指放光，直造盧楞伽筆墨之外」。《繪事擷英集》

薛素素手寫水墨大士甚工。董尚書見而愛之，爲作小楷《心經》，兼題以跋。《靜志居詩話》

桐城方維儀善描大士像。陳其年《婦人集》

方如耀繪大士像，得慈悲三昧。《靜寄集》

范景姒繪大士像，彷彿龍眠。《冰玉齋集》

睞娘嘗手摹吳道子畫觀音像，施於醉香庵女冠。《觚賸》

坡在餘杭，以彩箋作墨竹贈官妓。《風月堂詩話》

蘇潰寫蘭寄王湘雲。《吏隱録》

孫瑤華，金陵曲中妓。鑒別古書畫，不失毫黍。《玉塵新談》

松陵易某畜古名畫，令小女掌之，名曰「畫奴」。《觚賸》

董姬流離時，以書畫捆載自隨。《影梅庵憶語》

奩史卷四十八

東吳王初桐于陽纂述
同里金　燾葆和校刊

文墨門六

紙墨筆硯

傅道坤善丹青，筆、墨、楮、硯，以四婢典之，時不停肘。其夫范君研膏拂箋，嘖嘖從旁而已。《無聲詩史》

鄧后臨朝，禁絶貢獻，歲時但貢紙墨。《東觀漢記》

賈后召愍懷太子入朝，置於别室。遣婢陳舜賜太子酒三升，强之使醉。又令小婢承福以紙筆授太子，使書之。字半不成，后補成之。廢太子。《侍兒小名録》

楊達贈姚月華以筆墨，書側理云：「奉送不律隃麋。」有二女侍側，問曰：「不律隃麋，何也？」姚曰：「楚謂之『聿』，吴謂之『不律』，燕謂之『弗』，皆筆名也。漢人有墨曰『隃麋』。」女子博物有如此者。《嫏嬛記》

陳孟賢有侍姬曰梅花居士，掌筆墨。《吳中往哲記》

甄后九歲喜用諸兄筆硯，兄曰：「當作女博士耶！」《魏書》

霍小玉雅好詩書，筐箱筆硯，皆霍王家舊物。《霍小玉傳》

皇太后、皇太妃筆硯局，有筆硯祗候郎君。《遼史》

趙婕妤妒后偉能生子，詔封藥二枚，赫蹏書，曰：「告偉能努力飲藥。」注：赫蹏，薄小紙也。《漢書》

衛夫人云：「紙取東陽魚卵，虛柔滑淨者。」《筆陣圖》

張貴妃、孔貴嬪嬖彩箋製五言詩。《箋紙譜》

顔令賓居南曲中，舉止風流，好尚閑雅，頗爲時賢所厚。歌詩留贈，五彩箋常滿箱篋。《北里志》

崔寧夫人任氏以浣花溪水製箋，後薛濤效之。《蜀中廣記》

薛濤居浣花溪，溪邊人多造十色彩箋，濤别模新樣小幅松花箋，寄獻元微之。元即以其紙寄贈一篇，即「錦江滑膩峨眉秀，幻出文君與薛濤」也。《牧豎閑談》

薛濤撰深紅小彩箋，時謂之「薛濤箋」。《蜀箋譜》

薛濤造十色彩箋，有松花紙、金沙紙、雜色流沙紙、彩霞金粉龍鳳紙。近年皆廢，惟綾紋紙尚在。韓偓詩：「十樣蠻箋出益州。」《升庵外集》

薛濤十樣箋，其目曰深紅、粉紅、杏紅、明黃、深青、淺青、深緑、淺緑、銅緑、淺雲，凡十樣。又有松花、金沙、彩霞、流沙、金鳳、桃花、冷金之别，即異其名。《成都古今記》

元和初，薛濤尚松花箋，而好製小詩，惜其幅大，乃狹小爲之，名曰「薛濤箋」。《文房四譜》

松花箋，其來舊矣。世以爲薛濤箋，誤也。《資暇録》

薛濤箋亦名「蜀箋」。《洞天清録》

薛濤養紙以芙蓉粉，借其色。《文房寶飾》

成都有耕者得薛濤墓，棺懸石室中，四圍環以彩箋，無慮數萬。顔色鮮好，觸風散若塵霧。《漱石閑談》

雲母箋，薛濤箋之遺也。方以智《通雅》

步非煙、趙象以金鳳箋、剡溪玉葉紙題詩相贈答。《三水小牘》

非煙授象碧苔箋詩，象剪烏絲闌爲回緘。《箋紙譜》

宗羡思桑娣不見，徘徊川上，見一大魚浮於水面。宗羡出詩納其口，魚吞之，即躍去。桑娣聞叩闔聲，啓户視之，惟見彤霞箋一幅，宗羡詩也。《元散堂詩話》

霍小玉命侍兒櫻桃褰幃執燭，授李生筆硯。又取珠絡縫繡囊中，出越姬烏絲欄素段以授生。生素多才思，援筆成章。《侍兒小名録》

謝翶寓居長安。一日晚步，眺終南峰，見一騎馳來，近乃雙鬟，駐謂翶曰：「願郎歸所居。」入見堂中設茵毯，張帳簾，錦繡輝映。頃之，有金車至。一美人入門，與翶相見。曰：「聞此地有名花，故來與君一醉耳。」即命酒遞酌。夜闌，謂翶曰：「聞君善詩，願見贈。」翶因命筆賦詩，美人取絳箋寫詩答之，筆札甚工。遂顧左右撤帷簾，命燭登車。翶送至門，數十步而没。《宣室志》

蜀太后賜張蠙霞光箋五百幅，令寫詩以進。《十國春秋》

韋貫夢至宫中，有婦人授以箋，曰：「此衍波箋，煩賦《宫中曉寒》。」《詩話總龜》

王瓊奴，徐苕郎妻。未娶時，以紅箋一幅遺之，瓊奴題詩答云：「茜色霞箋照面赬，玉郎何事太多情。風流不是無佳句，兩字相思寫不成。」《名媛璣囊》

紫竹與方喬久别，覓銀光箋序其悲愁之意。《㛐嬛記》

凡官誥之制：后妃，銷金雲龍羅紙十七張、銷金褾袋、寶裝軸、紅絲網、金鉻楷；公主，銷金大鳳羅紙十七張，銷金褾袋，瑇瑁軸，紅絲網，塗金銀鉻楷；修儀、婉容、才人、貴人、美人，銷金小鳳羅紙七張，銷金褾袋，瑇瑁軸，紅絲網，塗金銀鉻楷；司言、司正、尚衣、尚食、典寶常使，金花羅紙七張，法錦褾袋；内降夫人、郡君，團窠羅紙七张，暈銀褾袋；宗室婦常使，金花羅紙七張，法錦褾袋；宗室女，素羅紙七張，法錦褾袋；國夫人，銷金團窠五色羅紙七張，暈錦褾袋；郡夫人常使，金花羅紙七張，法錦褾袋；以上至司言、司正等皆用瑇瑁紫絲網、鉻楷。郡君、縣太

君、遥郡刺史、正郎以上妻，並銷金；常使，羅紙七張；餘命婦，並素羅紙七張。《春明退朝録》

明宫妃寫金字經多用瓷青紙。《客燕雜記》

趙燕如，金陵名娼也。《謝友人送吴箋》詩云：「感君寄吴箋，箋上雙飛鵲。但效鵲雙飛，不效吴箋薄。」《書影》

張林夢一女郎授碧玉箋，曰：「此女媧箋也。」《西邕箋史》

恭順侯姬人，偶有他事違侯意，錮别室中。姬以小赫蹏作書，叙其辛楚。中有「長生殿卷中人語」，侯見之，不解所出典。箴曰：「此玉環、崔徽二故實也。」侯大喜，即日迎歸邸第，寵愛如初。《婦人集》

顔室之常令侍女王碧雲展紙。《静志居詩話》

曹静照《宫詞》：「椒房領得金龍紙。」《紅蕉集》

睞娘以玉篆獅鎮紙。《觚賸》

鄂渚女子昭凉詩：「薛濤箋紙鎮硨磲。」《本事詩》

漢王肅居會稽東齋中，夜有女子從地出，稱越王女，與肅語。曉别，贈墨一丸。肅方欲注《周易》，因此便覺，才思開悟。《墨苑》

衛夫人云：「墨取廬山之松煙，代郡之鹿膠，十年以上强如石者。」《筆陣圖》

九子墨祝婚者，多子之義也。祝曰：「九子之墨，藏於松煙，本性長生，子孫無邊。」《文房

四譜》

趙韓王子婦蓐中血運，以古墨研服即愈。王彥若《墨説》

汲太子妻李《與夫書》云：「致尚書墨十螺。」《婦人集》

薛濤養墨以豹皮囊，貴於遠濕。《文房寳飾》

班女孟含墨一口噴紙，皆成文字，各有意義。《女世説》

吳敏有侍兒名遠山，美姿，能通文理。敏每爲文，使供筆硯之役。一日，有訪之者，敏方據案運筆，遠山則磨墨拂紙，時服其風流。《三朝北盟會編》

吳元中起草，令婢遠山磨隃麋墨，文即佳。《筠廊偶筆》

明寧國大長公主所用遺墨半挺，上用紫金打成龍口吞之。《香祖筆記》

常熟時敏知海寧縣事。夜草爰書，有女子侍側磨墨，問從何來？曰「鬼也。」《静志居詩話》

李研齋之繼室曰鍾山秀才，浮渲梳頭，凝粧特妙。每一出遊，則秦淮麗人爭先窺倣。其婢墨池，性亦明慧。秀才常畫蘭竹，輒令墨池以口退墨。李詩云：「別有香在口，莫畏胭脂黑。」《觚賸》

予在金陵見墨竹數幅，問何人畫？曰鍾山秀才也。無何，大司馬爲予納聘。及歸，有媵名墨池，問之，則以爲是侍作畫者。每畫，宜墨之淡，俾此女以口受筆退其墨，故名墨池。久之，予貧窶，秀才之奩物皆爲予盡，則以墨池適於人。適之無幾日，其家人來言：墨池死矣。死之先，

墨池夢其母撫之曰：「汝何離秀才？汝有墨祿，今絶之矣。」秀才聞之淚下。李研齋《墨池傳》

端溪陸氏姬人，職司磨墨，字曰墨西。《香閨四友傳》

宮中有娠，賜香墨十鋌，紅羅影金匣。《武林舊事》

魏武帝劉婕妤，以七月七日折琉璃筆。《時鏡新書》

衛夫人云：「筆取中山兔毫，鋒齊腰強者。」《筆陣圖》

南朝有姥善作筆，筆心用胎髮。《酉陽雜俎》

張麗華試東郭㕙紫毫筆，書小研紅箋答江令。《大業拾遺記》

李白於便殿撰詔誥，時大寒，筆凍，明皇敕宮嬪十人侍於李白左右，令各執牙筆呵之。《開元天寶遺事》

龍女令許漢陽寫《江海賦》，其筆乃白玉爲管。《博異記》

薛濤養筆，以硫黃酒濡其毫。《文房寶飾》

范質母張氏夢人授五色筆而質生。《東都事略》

故宋宮人藏德壽供奉筆兩枝。《研北雜志》

左思《嬌女詩》云：「握筆利彤管。」《玉臺新詠》

紫姑有詠《筆》詩。《齊東野語》

盧櫻桃有翡翠筆床。《瑣窗纖志》

太子納妃，有漆硯。《晉儀注》

衛夫人云：「硯取潤澀相兼，浮津耀墨者。」《筆陣圖》

謝氏道韞小硯，有銘云：「絲紅清石，墨光洪璧。資我文翰，玉砯堅質。」末有道韞字。《池北偶談》

沈約女有工字硯。《耳談》

楊貴妃曾爲李白捧硯。《開元傳信録》

龍女請許商書《江海賦》，用碧玉硯。《誠齋雜記》

薛濤養硯，以文綾蓋，貴乎隔塵。《文房寶飾》

《李伯牖女子研銘》：「既非牛渚望夫之石，又非上虞幻婦之碑，琢爲海東節婦之研。堅潤而含風漪，其以付伯牖之孤女，他日或能衛夫人之筆札，曹大家之文詞。」《鐵網珊瑚》

陸漢東有小硯，是南漢劉鋹宫中物，有鋹宫人離非女子篆銘。《池北偶談》

晏元獻夫人王氏，超之女也。元獻婿富鄭公，鄭公婿馮簡文，簡文婿朱聖予，聖予女適滕子濟，俱爲執政。元獻有古硯一，奇甚，王氏舊物也。諸女相授，號「傳婿硯」。《揮麈前録》

王霞卿嘗題唐安寺樓粉壁云：「光啓三年二月登於是閣，時有輕綃捧硯，小玉看題。」《續補侍兒小名録》

士女曹妙清，號雪齋，有硯名玉帶袍。《西湖竹枝詞》注

黄華田妻月鹿夫人有研癖，曾以千金市十研。《西邕研史》

顏室之常令侍女喬妙福捧硯。《静志居詩話》

歸淑芳詩：「暮喚蓮蓮滌古硯。」蓮蓮，侍兒名。《雲和閣集》

硯神曰淬妃。《嫏嬛記》

龍女碧玉硯，玻璃爲匣，硯中皆研銀水。《博異記》

虞櫻桃有琉璃硯匣，是管夫人舊物。《瑣窗纖志》

陸茉贈女史文英云：「琉璃硯匣鎮隨身。」《本事詩》

印

唐制，太后、皇后皆無印。凡封、令、書，太后用宫官印，皇后用内侍省印。《遼史拾遺》

太平公主武氏家玉印，四胡字也。《述書賦》注

宋劉貴妃稱皴劉娘子，專掌御前文字。工書畫，畫上用「奉華堂」印。《清賞録》

劉娘子有「奉華」大小二印，又有「閉關頌酒之裔」一印，此劉家事，然以婦人用之，恐不類也。《志雅堂雜鈔》

寧宗楊皇后有坤卦小圖印。《書畫題跋記》

楊妹子題馬遠畫，有「楊娃之章」一小方印。《呼桓日記》

宋姬者，宋肅王樞之女也。幼戲水濱，得玉印一，文曰「金妃之印」。靖康遭掠入金，金主強納爲妃。《可傳集》

湯正域女寫梅竹，每以父「閑庵圖書」識其上。《珊瑚網》

明樂安長公主小印，篆刻極精。公主，光宗女，熹宗時所稱皇八妹者。《印藪》

熹宗賜客氏金印一顆，四爪龍紐，玉筯篆文，凡九字，分三行，曰「欽命奉聖夫人客氏印」。《酌中志略》

徐驚鴻畫扇，印文曰「徐夫人」。婦人用男子事，巧合。《印史》

秦淮妓有私印，曰「同風月平章事」。《野獲編》

冒辟疆姬人金玥、蔡含合畫紅梅玉茗。小印文曰「書中有女，畫中有詩」。《續印史》

祥符人發一古冢，乃東漢馬武妾葬處。中有香奩一具，脂粉宛然。奩底一小銅印，鐫「妾莫如」三字。《急就篇》有解「莫如」之句，注云：「漢有毛莫如。」《池北偶談》

公主印池用金，廣取容。公主印篋，飾以渾金瀝粉盤鳳。《明會典》

太微天帝授夫人神鳳之章，使封山召雲。《南岳夫人傳》

梁小玉有《詠篆章》詩。《嫏嬛集》

奩史卷四十九

東吳王初桐于陽纂述
京口高　雲青士校刊

幹略門一

勇武上

孟光有力，能舉石臼。《後漢書》

赤土國王飾四婦人如金剛力士之狀，夾門而立。《隋書》

嘗見一牛渡河，岸陡，數人挽之不得上。一婦以兩手持其前兩足，曳之起，聲色不動。《見聞録》

乍浦有鐵墩，重三百斤。偶有姑嫂二人，隨從僕媵甚都，似右族豪家，來遊其處，笑相讓舉之。其嫂掇至平胸十三舉，氣色如常，其姑舉之又加四焉。《述異記》

西洋婦女以一絲一莖挽運千萬斤重物。《西洋考》

劉遐妻，邵續女，驍勇有父風。遐爲石季倫所圍，妻單將數騎，拔出遐於萬衆之中。《六帖》

武后專政，越王貞等將起兵，以書約駙馬都尉趙瓌。瓌妻常樂公主謂其使曰：「爲我報諸王，若是男兒，不應至許時尚未舉動。昔隋文帝將篡周，尉遲迥是周家外甥，尚能起兵。功雖不成，猶爲忠義鬼。况汝諸王，並國親枝，今李氏危若朝露，而猶豫不發。乃使扶義尉甥獨美於前乎？我雖婦人，亦思攘袂。」《女世説》

威遠州婦人勇捷，走險如飛。《南詔通記》

花山賊三十六人，内一婦人尤勇捷。縱横出没，略無忌憚，殺傷官兵無數。三省撥兵不能收捕。《輟耕録》

蜀先主孫夫人，權妹也。才捷剛勇，有諸兄之風。侍婢百餘人，皆執刀侍立。先主每入，心常凜凜。《法正傳》

賈充前婦是李豐女，豐被誅，離婚徙邊。後遇赦得還，充先已取郭配女，武帝敕聽置左右夫人。李氏别住外，不肯還充舍。郭氏語充，欲省李，充曰：「彼剛介有才氣，卿不如不去。」郭氏於是盛威儀，多將侍婢。既至，入户，李氏起迎，郭不覺脚自屈，因跪再拜。《世説新語》

韓蘄王夫人，京口娼也。蘄王納之，後封兩國夫人。蘄王嘗邀兀朮於黄天蕩，夫人親執桴鼓，金兵終不得渡。一夕兀朮鑿河遁去，夫人奏疏言：「世忠失機縱敵，乞加罪責。」舉朝爲之動色。其英偉如此。《鶴林玉露》

宋黄平州宣娘有武略，嘗領兵營於黄平。今城北有宣娘壘。《貴州通志》

齊鬱林王何妃與侍書马澄鬬腕較力。《南北史合注》

李超以武技聞。偶見一少年尼，弄藝於場，觀者填溢。李技癢，因騰一踝去，尼駢五指下削其股，李覺膝下如中刀斧，蹶仆不能起。輿歸，股已斷矣。《續野人閑話》

登州富室鄭某娶媳，土寇于七率衆而往。舉家惶懼，新婦曰：「久聞君名，願與爲戲。」于笑，令健兒與新婦角，婦捷如飛隼，一轉瞬而健兒皆北。于忿甚，投袂躍出。相持僅數合，遽顛仆於地，泥首踉蹌而去。《彈園雜志》

《玄女戰經》一卷。《玄女兵法》四卷。《隋書·經籍志》

虞潭征蘇峻，潭母孫氏盡發家僮，令隨潭助戰。貿其所服環珮，以爲軍資。《晉書》

馮寶妻冼氏知兵。會高州刺史李遷仕反，冼氏曰：「遷仕無能爲也，宜遣使詐之曰：『身未敢出，欲遣婦往參。』彼必無防慮，我將千餘人，步擔雜物，唱言輸賧，得至栅下，賊亦可圖。」遷仕果喜，不設備，擊之大捷。《女世説》

女子善將兵者，有保寧冼氏、陳氏。《雞窗剩言》

石勒妻劉氏有膽略。勒與之參决軍事，佐勒建功勛。《十六國春秋》

唐高祖起兵，女平陽公主夫柴紹欲往，慮不能偕，主曰：「公行矣，我自爲計。」遂發家貲招亡命，得數百人。諸賊皆來會，乃申法誓衆。遠近咸附，勒兵七萬，威振關中。與紹對置幕府，號「娘子軍」。《南部新書》

西川節度崔寧入朝，楊子琳襲其城。寧妻任氏素驍果，即出家財十萬募勇士，得千人，設部隊，手自麾兵逼子琳。子琳大懼而還。《舊唐書》

竇建德救王世充，唐拒之於虎牢。建德妻曹氏勸：「使乘唐國之虛，西抄關中，唐必還師自救，此兵機也。」建德曰：「非女子所知。」《容齋隨筆》

李克用妻劉夫人，嘗隨軍行，軍機多所取益。《北夢瑣言》

李克用困於上源驛，左右先脱歸者，以汴人爲變告其妻劉氏。劉神色不動，立斬之。陰召大將約束，謀保軍以還。克用歸，欲攻汴，劉氏曰：「當訴之朝廷。若擅舉相攻，天下孰能辨其曲直？」克用乃止。《容齋五筆》

太祖得猛火油，即選騎二萬，欲敗幽州。后哂之曰：「豈有試油而攻一國乎？幽州城猶無皮樹耳，但以三千騎伏其旁，掠其四野，使城中無食，不過數年，城自困，何必如此躁動輕舉？萬一不勝，爲中國笑，吾部落亦解體矣。」太祖乃止。《契丹志》

太祖圍李筠於澤州。筠有妾劉氏，謂筠曰：「城中健马幾何？」筠曰：「爾安問爲？」劉氏曰：「孤城危蹙，破在旦夕。今誠得馬數百匹，與腹心將士潰圍而出，保昭義求援河東，猶愈於坐而待死也。」筠然之。是夕將出，或阻之，筠猶豫不決，城遂陷。《東都事略》

夏寇之母梁氏，引兵至順寧寨，圍之數重。時寨兵甚少，人心危懼。有老娼李氏，得梁陰褻事甚詳。乃登陴，抗聲罵之，盡發其私。夏人皆掩耳，併力射之，莫能中。李言愈醜，夏人度李

終不可得，又恐梁之醜迹彰著，遂中夜解去。《夢溪筆談》〔一〕

劉仁瞻守壽春，幼子崇諫夜泛舟渡淮北，仁瞻命斬之。監軍使求救於夫人，夫人曰：「妾於崇諫，非不愛也，然軍法不可私，名義不可虧。若貸之，使劉氏爲不忠之門，妾與令公何顔以見三軍。」趣命斬之。然後成喪，戰士無不落淚。《容齋隨筆》

蔡城被圍，完顔仲德妻率諸命婦自作一軍，運矢石城下。城中婦女爭出繼之。《完顔史記》

馬皋被誅，閭勁周恤其妻一丈青，以爲義女。後勁説張用歸朝，以一丈青妻之，遂爲中軍統。領有二認旗在焉，前題曰「關西真烈女護國馬夫人」。《女世説》

遼景宗睿知皇后蕭氏，習於軍政。澶淵之役，親御戎車，將士用命。《續文獻通考》

己酉仲秋之夜，武宗與嬪妃泛月太液池中。畫鷁中流，蓮舟夾持。舟上各設女軍，居左者，冠赤羽冠，衣斑文甲，建鳳尾旗，執泥金畫戟，號曰「鳳隊」。居右者，冠漆朱帽，衣雪氅裘，建鶴翼旂，執瀝粉雕戈，號曰「鶴團」。又綵帛結成採菱採蓮之舟，輕快便捷，往來如飛。帝乃開宴張樂，令宮女披羅曳縠，前爲八展舞，歌《賀新凉》一曲。帝喜，謂妃嬪曰：「昔西王母宴穆天子於瑤池，今朕液池之樂，不減瑤池也。惜無上元夫人在坐，不聞步玄之聲耳。」有駱妃

〔一〕據《夢漢筆談》卷二十五「杂志二」，「夏寇」原作「复戎」，「夏人」原作「虏人」，本書避諱而改，仍其舊。

者，素號能歌，趨出爲帝舞《月照臨》，而歌曰：「五華兮如織，照臨兮一色。麗正兮中域，同樂兮萬國。」歌畢，帝悦，賜八寶盤、玳瑁盞，諸妃各起賀。酒半酣，菱舟進鮮紫角玉心之奇，山聳而至。蓮艇奉實絳房金的之異，陵疊而來。由是下令兩軍水擊爲戲，風旋雲轉，戟刺戈横。戰既畢，軍中樂作，唱《龍歸洞》之歌而還。《元氏掖庭記》

猺女執兵符者雲彈娘，用鄺露爲書記。露撰《赤雅》一篇，記女君天姬隊歌舞戰陣之制。《静志居詩話》

周沛詩：「山東有賊紅羅女，用兵迅疾如風雨。」《浮峰集》

女子爲將軍者，晉瑯琊王廞起兵，以已女爲貞烈將軍，悉以女人爲官屬。以顧琛母孔氏爲軍司馬，時年已百餘，尚能執堅破陣。《荷亭辨論》

楊大眼妻潘氏善騎射，嘗自詣軍省大眼。至攻戰遊獵之際，潘亦戎裝，齊鑣並驅。及還營，同坐幕下，對諸寮佐，言笑自得。大眼指謂人曰：「此潘將軍也。」《女世説》

李全與金兵戰逐，北有繡旗劉女將馳槍突鬭，全幾不免。《金史》 楊子《卮言》曰：「繡旗女將，可對錦繖夫人。」

李全犯揚州，爲王師繫殪。其妻楊姑有將略，懼朝廷必討，遂掃衆盡俘，執南官北去。《梅磵詩話》

女子木蘭代父從征，身被戎裝凡十三年，同火之卒，不知其是女兒。《獨異志》 《碧湖雜記》曰：「十年而歸。」

木蘭，隋宋州人，姓魏氏。有志勇，代父從征，歷年一紀，閱十八戰凱還。天子嘉其功，除尚書，不受，奏懇省親。及歸，釋戎服，衣舊裳。同行者駭之。聞於朝，召赴闕，欲納之宮中。木蘭曰：「臣無媲君之禮。」遂自盡。帝驚憫，贈將軍，謚孝烈。鄉人立廟祀焉。《一統志》《焦氏筆乘》曰「姓朱氏」。

韓氏，保寧民家女也。遭明玉珍亂，恐爲所掠，乃易男子服，混處民間。既而果被擄，居兵伍中，從征雲南。往返七年，人莫知爲女子也。後遇其叔父，攜歸，以適尹氏。成都人稱爲「韓貞女」。《玉池談屑》

田州女土官瓦氏，嘉靖十四年調之征倭。至蘇州，索有司捕蛇爲軍食，敗倭於王江涇。《靜志居詩話》

四川石砫女帥秦良玉帥師勤王。召見，賜綵幣，御製詩旌之曰：「蜀錦征袍手製成，桃花馬上請長纓。世間不少奇男子，誰肯沙場萬里行。」《崇禎遺事》

良玉忠勇多大略，敗奢崇明於佛圖關，破安邦彥於平越，功居第一。張獻忠僭號四川，鑄金印賚之，不爲動。賊黨無敢入其境者。《菊隱紀聞》

秦良玉敗羅汝才於夔州，斬千餘級，奪汝才大纛，擒其渠六人。《資治通鑑綱目三編》

秦良玉，女將掌兵，一時無兩。《貞勝編》

劉夫人名淑，南昌人，忠烈公鐸之女也。盡讀父之遺書，旁及禪學、劍術、孫吳兵法，一一精曉。歸王次諧。次諧夭，夫人孀居。癸未，逆闖逼京師，傳聞鼎湖之變，夫人乃散家財，募死士，得數百人，併其童僕，悉以司馬法部署，指揮成陳，士卒咸用命。然孤軍寡援，自念當寇，徒死無益。會滇帥張某適至，聞夫人名，請謁。夫人開壁門見之，流涕爲言。滇帥心持兩端，不肯赴敵，醉後語復不遜。夫人怒，即筵間拔劍將斬帥。帥環柱走，一軍皆驚，思反兵相攻，咸被甲。夫人曰：「殺一女子，何甲也！然五步之內，汝不得恃衆。」索紙筆，賦一詩見志。有「銷磨鐵膽甘吞劍，抉却雙瞳欲掛門」之句。題畢，從容責帥，慷慨仗劍，指陳大義。諸軍聞之，無不變色却立者。帥悔且懼，率其麾下叩首荆請。夫人曰：「婦言不出閫，吾爲國難，以至於此。事之不濟，天也。將軍好爲之。」跨馬而去。巢震林《史闕文補》　王西樵曰：「此媛甚奇。」

阮太冲作《女雲臺》二卷，記古女子婦人建義旗、滅盜賊事，多至數十百人。《因樹屋書影》

王敦反吴郡，太守張茂爲敦黨沈充所害。茂妻陸氏傾家産，率茂部曲先登討充，報其夫仇。充敗，乃詣闕上書，爲茂謝不克之責。詔贈茂太僕。《晉書》

太守馮寶卒，册寶妻冼氏爲高凉郡太夫人。賚繡幰油絡駟馬安車，鼓吹麾幢旌節，如刺史之儀。王仲宣反，夫人帥師討之。披甲乘馬，撫巡諸州，嶺南悉定。封譙國夫人，開幕府署，官屬給印章，便宜行事。黎獠亡叛，夫人親載詔書，自稱使者。歷十餘州，所遇皆降。没，謚誠敬，廟食千年。《嶺表録異》

丁仲謀妻偕夫至交趾。夫爲賊所殺，妻於船上得一斧，舉以破賊。《列女傳》

史思明叛，衛州女子侯四娘、滑州女子唐四姑、青州女子王二娘，相與歃血，赴行營討賊。滑濮節度使許叔冀表其忠，皆補果毅將軍。《冬夜箋記》

旁岙地侵掠梁部，獲魏衡妻王氏，逼而妻之。後岙地飲酒醉臥，王氏取其佩刀斬之，賊衆乃散。高祖封爲崇義夫人。《唐書》《嘯虹筆記》作「奇義夫人」。

李毅刺史章州，討夷寇戰死。衆推其女秀領州事，同將士守，拔草炙鼠而食之，卒破賊。時以秀所築城爲「天女城」。《南詔通記》

寨將夫人姓虞，唐末黄巢破西衡州，虞氏躬被甲胄，率兄弟及鄉兵戰禦，黄賊遂北，虞氏亦死。鄉人立廟，大有靈應。宋嘉定間封顯佑夫人。《嶺南名勝志》

修容母好善。里中盜起，闔門惶駭。忽一老嫗至，曰：「汝家多陰德，盜雖亂，吾能匿汝。」袖中出黑綾二尺，製作條子，每人令繫一條於臂。曰：「不必備飲食，第隨我行耳。家中一切無所損。」修容母女隨至一道院，老嫗指一神像曰：「是神慈悲，汝等可潛其左耳。」於是教修容母女閉目，負之而入。神像亦不大，母女處之如一間屋中。老嫗朝夕來視。神像耳孔僅容指，凡飲食至，耳孔輒大。一日，盜突入院中，兵器羅列甚利。修容從耳孔中窺之，甚寒心。一夕，老嫗持一人頭示修容，曰：「渠魁已斬，餘無足慮。」修容問：「何不早行之？」曰：「雖係盜亂，亦天數然，吾何敢違天。今天命吾斬，則斬耳。」於是用法如前，負而出。歸至家，修容拜以爲師，誓修苦行以報德。老嫗曰：「汝仙骨尚微，無徒勞也。」教修容作萬壽粧，歌《連

遷》曲，後不知所往。修容歸丁元雍也。《女紅餘志》

理宗仁懿皇后蕭氏，道宗尊爲皇太后。太叔重元反，太后親督衛士擒之。《遼史》

遼后妃往往習於軍旅，如應天后之奮擊室韋，古所未有也。《玉磑集》

永樂八年，敕涼州都督吳允誠妻曰：「比韃寇以兵脅爾，爾能守節，勵志謀執叛者，戮之。以婦人而秉丈夫之節，朕甚嘉焉。今賜爾綵幣十表，粟米百石，鈔四千貫，羊百羫，用示褒嘉。」《弇山堂別集》

土官陶瓚祖母阿曩。正統間，叛寇入境，阿曩率所部禦賊，斬馘甚多，境土以安。封太淑人。《景東府志勝》

德州放馬賊晝劫上供銀，州解與捕快呼天泣。忽有夫婦二騎從北來，諸捕驚相慶曰：「保定名捕至矣。」諸捕控馬，問從何來？名捕言：「進香泰山耳。」然名捕病甚，其妻一短小婦人，以皂羅覆面，手抱嬰兒。諸捕告之，故哀求相助。名捕曰：「賊幾人？」曰：「五人。」曰：「余病甚，吾婦往足矣！」婦下馬，抱兒與夫，更束馬肚，結縛裙韡。攘臂抽刀，長三尺許，光若鏡。夫言：「將我箭去。」妻曰：「吾彈當勝箭。」言未訖，身已在馬上，絶塵而去。諸捕皆奔馬隨之，須臾追及賊騎。婦大呼曰：「我保定名捕某妻，爲官銀，故來相索。宜急置，無當我丸也。」賊言：「牝猪敢爾？」五弓同發射婦。婦以彈弓撥箭，悉落地。急發一彈，殺一人。四人拔刀擬婦，婦接戰，揮斥如意，復斫殺一人。三人懼，稍却。婦曰：「急置銀，舁兩尸去，俱死無益也。」三人下馬乞命，置銀，以二尸縛馬上而逸。俟諸捕至，舁銀而還。此婦猶旖旎尋常，下馬拜諸捕曰：「妮子著力不健，縱此三虜，要是裙釵伎倆耳。」《見只編》

武帝時，女子乘亭障。《紀纂淵海》

孫恩陷會稽，王凝之被殺，妻謝道韞聞寇至，舉措自若，命婢肩輿，抽刀立門，手殺數人，乃被執。《通鑑》

姚萇襲苻登營，陷之。登后毛氏，彎弓跨馬，率壯士數百與戰，殺七百餘人。衆寡不敵，爲萇所執。萇欲納之，毛氏仰天大哭曰：「逆哉！萇前害天子，今又辱皇后。天乎！天乎！行取爾地下治之耳。」遂被害。《前秦録》

梁兵圍魏梓潼，太守苟金龍抱疾，妻劉氏修戰，具率士人登城拒戰，百有餘日。戍副高景陰謀叛，劉斬景及其黨十餘人。已外城陷，井在城外，渴死者多。劉氏集長幼訴天，並時號叫。俄而雨澍，劉命出公私布絹及衣服懸之城內，絞而取水，所有雜器悉儲之。梁卒不能克。《女世說》

荀崧小女灌，幼有奇節。崧守襄城，爲杜曾所圍，力弱食盡，欲求救於故吏平南將軍石覽，計無所出。灌時年十二，乃率勇士數十人，踰城突圍。夜出，賊追甚急。灌督厲將士，且戰且前，竟達覽所請兵。又爲崧書與南中郎將周訪，訪率三千人，會石覽俱救崧。賊聞兵至，散走。《華陽國志》《嘯虹筆記》作「荀瓘女」。

馮寶妻冼氏，趫健善戰。每戰，則錦繖寶幰，至老未嘗敗。年八十而終，封石龍夫人。楊子《巵言》

王若臯妻夏氏有戰功，封武威郡夫人。《唐書》

晏溥妻趙氏，靖康初，戎服率義士與賊力戰。《籕史》

明皇與貴妃每酒酣，使妃子统宮妓百餘人，帝統小中貴百餘人，排爲風流陣，以霞帔錦被張之爲旗幟，兩相攻擊，敗者罰以巨觥。《開元天寶遺事》

陸夫人好佛，嘗夢神人謂曰：「吾畀汝佳次婦。」夫人不識所謂。後其子一夕被盜，明夕小閑之三鼓，聞後園相擊聲，其子起覘之，則後垣已壞，殘月中見一女子與一人鬭，其人力竭仆地，女子提擲去之。呼曰：「賊斃吾手矣，吾佳次婦也。」遂飛去。《女紅餘志》

川中劉播遇一畫舫，中有麗人，婢僕森侍。及夜，蒼頭語播云：「舟中麗人，主人愛妾。主人即此地某官也。任滿將還，移眷至此以竢，欲暫假棲。」播即掃室款之。一日，麗人遣蒼頭告播曰：「今夜有仇家率衆相殺，萬勿開門。」及半夜，果若數十百人持刃格鬭者。清晨，視麗人婢僕，俱不知所之，惟腥血滴瀝階除。堂中置金一餅，又一帖書四字云「留謝高誼」。《見聞録》

朱序鎮襄陽，苻丕圍之。序母韓自登城履行，謂「西北角當先受弊」。遂領百餘婢，並城中女子，於其角斜築城二十餘丈。賊攻西北角，果潰，衆便移守新城，爲「夫人城」。《晉書》《湖廣通志》作「張夫人」。

魏万俟醜奴反，圍岐州。孫道溫妻趙氏謂城中婦女曰：「今州城方陷，吾輩安歸？死苦生辱，義在同憂。」遂相率負土，晝夜培城，城竟完。《女世説》

鄒保英任刺史，寇至城，將陷，保英妻奚氏率城内女丁固守。賊退，封誠節夫人。《列女傳》

李謹行妻劉氏，在代奴城。靺鞨攻之，劉氏擐甲率衆守城。賊退，封燕郡夫人。古元應妻高氏固守飛狐城，卒免爲突厥所陷。詔封狗忠縣君。《唐書》

李希烈謀襲陳州，李侃欲逃，妻楊氏曰：「城不守，則倉廩府庫皆賊積也，百姓皆賊戰士也。」遂募死士固守，賊遂退。《紀纂淵海》

揚州刺史任城王他出，梁將姜慶貞襲之。任城太妃孟氏勒兵登陴，先守要便，激厲文武，安慰新舊，勸以賞罰，將士咸奮。太妃親巡城守，慶貞乃退。《説儲》

賊犯沁水，張銓妻霍氏躬率僮僕守城。矢石並發，傷賊甚衆，賊退。冀北道表之曰「夫人城」。《流寇始末》

宋紹定間，寇破寧化。曾婦晏氏自爲一砦以拒寇，鄉人挈家趍砦者甚衆。晏又析砦爲五，互相應援，賊弗能攻，凡存活老幼數萬人。事聞，封恭人。《一統志》

許夫人聚兵立山寨，甚盛。周彦榮每至其寨往來，許悦之，因嫁焉，遂闢諸山寨。《癸辛雜識》

馮夫人名嫽，漢宫人也。乘錦車，持節和戎。《女世説》

《漢書・西域傳》馮夫人和戎事甚奇，而六朝、唐人無入篇詠者，惟劉孝威詩云「錦車勞遠駕」，駱賓王詩「錦車朝促候」，徐堅詩「雲摇錦車節」而已。《升庵外集》

梁湘東王嘗出軍，有人將婦從者，王曰：「才愧李陵，未能先誅女子；將非孫武，遂欲驅戰婦人。」

徐君蒨時爲諮議參軍，應聲曰：「項籍壯士，猶有虞兮之愛；紀信成功，亦資婦人之力。」《梁文記》

王智興破姚海，獲美女三人，智興曰：「軍中有女子，安得不敗？」即斬以狥。《釁下語》

韋孝寬爲元帥，每臥帳中，遣婦人傳教命。《五車霏玉》

韓宏飾名姝遺李光顔，秀曼都雅。光顔曰：「將士皆棄妻子，奈何獨以女色爲樂？」遂遣之。《雞肋》

柴紹軍中，使二女子舞。《容齋隨筆》

《容齋隨筆》記軍中女子數事，皆指一人耳。按《商子》云：「壯女爲一軍。」又《舊唐書》云：「用兵年久，女子皆可爲孫吳。」是全隊用女子，不止如孫武教習而已。《丹鉛總録》

交趾女子徵側及其妹徵貳反。徵側者，麊泠縣雒將之女也，嫁爲朱鳶人詩索妻，甚雄勇。交趾太守以法繩之，側怒，故反，自立爲王。《後漢書》

女子作賊者：漢交趾女徵貳、徵側，反擾嶺外六十餘城；唐睦州女子陳碩真反，破睦、歙二州；明永樂時，唐賽兒反。《雞窗剩言》

陳州有一婦人爲賊，帥號曰白頸鴉。其屬數千，皆男子。前後有侍夫數十人，少不如意，皆手刃之。能左右射，被雙鞬，日可行三百里。盤矛擊劍，皆所長也。後爲兖州刺史。《玉堂閑話》

《荷亭辨論》曰：「白頸鴉爲契丹懷化將軍。」

弘治中，隆暢妻米魯反，所居寨曰承天，自號無敵天皇，出入建黃纛。《明史》

奩史卷五十

東吳王初桐于陽纂述
同里毛大瀛海客校刊

幹略門二

勇武下

龐娥親者，龐君安之女。君安爲李壽所殺，娥親陰市名刀，志欲刃壽。後以白日遇壽都亭前，便叩壽馬叱之。壽回馬欲走，娥親奮刀斫之。傷馬，馬驚，擠壽道邊溝中。娥親就地斫之，中樹，刀折。因前，欲取壽所佩刀殺壽，壽護刀大呼，跳梁而走。娥親左持其額，右搯其喉，反覆盤旋，應手而倒。遂拔其刀以截壽頭，持頭徐步赴獄。刺史表上，稱其烈義，刊碑顯其門閭。《漢魏春秋》

海曲有吕母者，子犯小罪，縣宰殺之。吕母密聚客以報仇。母家素豐，資産數百萬，乃益釀醇酒，買刀劍衣服。少年來沽者，皆貰與之，視其乏者，輒假衣裘。數年，欲相與償之。吕母泣曰：「縣宰枉殺我子，欲爲報怨耳。」少年許諾，相聚得數百人，因與吕母入海，自稱將軍。遂

破海曲，執縣宰殺之，以祭其子冢。《東觀漢記》

孫翊之妻徐氏甚美，賊媯覽殺翊，欲逼徐氏。徐氏乞至晦日設祭除服，覽許之。徐氏遂潛使親信者，語翊舊所委任將孫高、傅嬰二人，具白逼己之狀，欲徵立計，以求助。高、嬰等涕泣許之。至晦日，設祭盡哀畢，乃除服，薰衣沐浴。内施帷帳，以候覽。覽遣伺之，無復疑慮。徐氏命高、嬰輩羅住户外，覽入户，徐氏即呼：「二君可起。」高、嬰等齊出，即時殺覽。徐氏却服縗絰，使持覽首以祭墓。《吴志》

謝小娥嫁段居貞。居貞與小娥父作賈江湖，並爲盜所殺。小娥夢父告曰：「殺汝父者申蘭，殺汝夫者申春。」小娥尋訪歲餘，得之。乃詭服爲男子，託傭蘭家，見所盜物故在。一日，蘭釃酒會群盜。蘭與春皆醉，小娥斬蘭首，大呼捕盜。鄉人擒春並其黨，皆抵死。小娥削髮爲尼。《豫章雜記》《氏族大全》所載略同。

尼妙寂景氏，初嫁任華。父鼎與華往賈不返，妙寂忽夢父曰：「吾與汝夫皆遇盜死矣。殺我者，車中猴，門東草。殺汝夫者，禾中走，一日夫。」妙寂覺而慟哭，遂緇服於瓦棺寺。李公佐至寺，妙寂以前事問之，公佐曰：「猴，申生也。車去兩頭而言猴，非申字乎？門東草，非蘭字乎？禾中走者，穿田過也。一日夫，非春字乎？殺汝父者申蘭，殺汝夫者申春也。」妙寂悲喜嗚咽，乃男服易名，泛傭於江湖間。聞申村有申蘭，遂求傭焉。俄又聞其從弟名春，因謹事之。一日，值二盜醉，奔告於州，乘醉而獲。一問而辭伏，就法。《幽怪録》

秦女休爲燕王婦，爲宗報仇，殺人都市。《樂府詩集》

王子春被從兄長忻夫妻所害，長女甫七歲，與二妹寄食親戚家。及笄，不肯適人，乃與二妹中夜持刀入長忻家，殺其夫婦，以告父墓。因詣縣，姊妹爭爲謀首。縣不能決，隋文帝原其罪。《趙記》

孝女衛無忌，其父爲衛長則所殺，無忌擊長則殺之，詣吏就戮。褚遂良以聞太宗，嘉其孝烈，免罪。《唐書》

申屠氏名希光，嫁董昌爲妻。靖康二年，大豪六一聞其美而悦之，乃誣昌重罪，强委禽焉。希光謬許之，密寄其孤於昌之友人，乃求利匕首懷之。以往成禮入室，即以匕首刺之帳中，復殺其侍者二人。至夜中，詐謂六一卒病，以次呼其家人。家人先後奔入，希光皆殺之，盡滅其宗。因斬六一頭置囊中，馳至董昌葬所祭之。悉召山下人告曰：「以此報董君，我死不愧矣。」以衣帶自縊。《吴丞相手録》

主朮見一卒妻美，殺其夫而納之，寵嬖殊甚。朮有所佩匕首，極利，寢則枕之。他日方寢，此婦取匕首將殺之。朮覺，驚問，婦曰：「將殺汝。」朮曰：「何故？」曰：「欲爲吾夫報仇。」朮默然久之，曰：「吾不忍殺汝，當爲汝别求夫。」乃盡集諸將使自擇。婦指一人，即以嫁之。《談藪》

北京有夫婦攜一幼女來南，以賣腐爲業。積十餘年，蓄貲二百金。女年及笄，姿色韶艾，欲還北擇配，乃僦裝同行。纔二十里，見兩騎挾弓刀，覩女貌美，強抱上馬疾馳。夫婦追及哀號，騎拔刀殺之，並取二百金。復行數十里，女見道旁有井，佯言口渴索水，騎許之。遂下馬取水，使一人守女，一人往高樓中取汲器。未及至，女躍入井中。取汲器者至，以汲繩縋一人入井，以繩縛女，引之出，復垂繩引救女之賊。井上者方鞠躬下視，垂手力引。女乘勢推之，遂並墜。女乃跨賊馬奔高樓家，訴其故。村人齊赴，視井，果有二賊。其一折頸死矣，遂引其一出。甫上，女拔賊刀斷其首。橐金咸在，衆共報之州。守遣驗其父母屍，果然。大奇之，曰：「汝父母盡歿，吾又無子女，汝爲吾女，可乎？」女稽首謝。乃迎之入署，擇諸生未娶者歸焉，益倍其橐。《述異記》

商禹忤邑豪，被豪嗾奴捶斃。禹女曰三官，年十六，忽夜遁。半載後，會豪誕辰，招優爲戲。優人孫淳攜弟子李玉往，韶秀如好女，豪悦之。酒闌人散，留與共寢。玉俟諸僕出，闔扉下鍵焉。移時，聞格格有聲，一僕往問之，並無應者。呼衆排闥入，則主人身首兩斷，玉已經死。衆移玉屍於庭，覺其襪履虛若無足。解之，則素舄如鈎，蓋女子也。商氏二子往視，乃三官。《秋谷雜編》

畢著，字韜文。父守薊丘，與流賊戰死，屍爲賊虜。著即於是夜率精鋭入賊營，賊正飲酒，著手刃其渠，輿父屍還葬，時二十歲女子也。《別裁集》著，歙縣人，後嫁崑山王聖開。

石虎有馬妓，著朱衣、進賢冠，立於馬上，走而作書，字皆端正。《鄴中記》

臨川王妾江無畏善騎，馬翠毦珠羈，玉珂金鐙。《女紅餘志》

于闐婦人乘馬馳走，與丈夫無異。《洛陽伽藍記》

貴妃將乘馬，高力士執轡授鞭。《太真外傳》

明皇以七寶鞍賜張后。《開元天寶遺事》

秦國死，虢國、韓國獨盛。虢國又與國忠亂，略無儀檢。每入朝謁，國忠與韓、虢連轡，揮鞭驟馬，以爲諧謔。從官媼嫗百餘騎，秉燭如晝，鮮裝袨服而行。不施幃障，觀者無不駭嘆。《孔氏六帖》

虢國夫人出入禁中，常乘紫驄，黃金爲銜橛，錦繡爲障泥。《明皇雜録》

萬年縣女子劉凝靜，乘白馬，著白衣，男子從者八九十人。太史令執之以聞。《唐書》

宋初，貴主乘馬，金鞍勒，瑪瑙鞭，金撮角，紅藤下馬杌子。《錢氏私志》

光獻曹太后常作珠子鞍子，鞍轡上施紅羅銷金坐子，賜神宗。孔平仲《談苑》

公主出降，有宮嬪數十，皆真珠釵插吊朵玲瓏簇羅頭面，紅羅銷金袍帔，乘馬雙控雙搭。《東京夢華録》

妓女舊乘驢，宣、政間皆乘馬。《雞肋集》

薛素素少遊燕市，與五陵年少並轡出郊，觀者如堵。《梅花渡異林》

吳姬十五細馬馱。《海録碎事》

《楊太真上馬圖》，其上馬時態，儼有生色。太真及諸姨應俱善騎，觀《麗人行》「足下何所著，紅蕖羅襪穿。蹬銀又當軒，下馬入錦茵」可想也。《弇州四部稿》

上元節，楊氏五宅夜遊，與廣寧公主騎從爭西市門。楊氏奴揮鞭誤及公主衣，公主墜馬。《太真外傳》

唐妃騎馬遊西海子，馬驚，妃墜。《中官考》

田藝衡偕内子遊山，日暮，共跨一驢入城。《本事詩》

扶南國婦女乘象。蕭子顯《齊書》

吳山黃夫人有一虎，名白公，出入常騎之。《强意堂稿》

狼婦最美，常繡衣騎牛，入市貿易。《粵西偶記》

劉平戍棗陽，與其妻胡俱道，宿車下平，爲虎所得。胡起追及之，殺虎，脱其夫。《松雪齋集》

王惲有《劉平妻胡氏殺虎圖詩》。《秋澗集》

方寧妻官勝娘，寧耨田，勝娘饁之，見一虎方攫其夫，勝娘棄饁奪挺擊之，虎舍去。《虎苑》

長州民妻奮拳連毆斃二虎。《見聞録》

吳女名六，年十三，與姊入山采薇，遇虎攫姊去，六女操杖追之，虎伏首閉目，若伏罪狀，姊乃脱。《異林》

威縣某爲虎所撲，婦挺槍刺虎，貫腮及胸，鋒刃從左脇而出。虎死，婦負其夫歸，呼救復蘇。《古處集》

姚母出汲，虎銜之去。女追掣虎尾，虎欲前，女掣之益力，尾遂脱，虎負痛躍去。《餘姚縣志》

沈明臣有《大樹村劉氏少婦打虎行》。《豐對樓集》

王氏女，建德人。父耘舍旁，爲豹所噬。女趨救，以父所棄鋤擊豹，殺之，父得生。《元史》

東越有大蛇，歲必啗童女，不則爲禍，已用九女。偶一歲覓女未得，李誕有小女寄請行，以劍斫殺之。入穴，得九女髑髏。越王乃聘寄爲后。《坤元録》

奩史卷五十一

東吴王初桐于陽纂述
同里李保泰嗇生校刊

幹略門三

武具

漢時，南越蠻王有女蘭珠，美而艷，製弩最精。《粤嶠志》

金禕有胡婢，善射。《三輔决録》

苻登妻毛氏，有姿色，善騎射。《前秦録》

胡太后善射，嘗幸法流堂，自射針孔，中之。又登雞頭山，自射象牙簪，一發中之。《後魏書》

高歡迎蠕蠕公主還，爾朱妃迎於木井北，與蠕蠕女相見。女引角弓仰射翔鴟，應弦而落。妃引長弓斜射飛鳥，亦一發中之。歡喜曰：「我二婦並堪擊賊。」《北齊書》

唐太祖后劉氏，嘗從征伐。爲人明敏多智略，頗習兵機。常教其侍妾騎射，以佐太祖。《五

代史》

宋徽宗閱子弟挽强訖，賜輔臣坐。列宫人殿下，鳴鼓擊柝，躍馬飛射，剪柳枝，射綉毬，擊丸。據鞍開神臂弓，妙絶無倫。帝顧曰：「婦女尚能爾！」《女世説》

射弩兒：女流林四九娘。《藝流供奉志》

鄂倫春婦女皆勇决善射。客至，腰數矢上馬，獲雉兔，作炙以餉。載兒於筐，裂布懸項上，射則轉筐於背。旋回便捷，兒亦不驚。《龍沙紀略》

崔瓊，字子玉，東院人，善騎射。自入金陵，深處閨閣中，未試其技。後歸汪景純，有鳳臺園，喜曰：「可爲我築金埒，令足盤馬，吾將與子射雉其間。」《燕都妓品》

周遇吉夫人劉氏，驍勇多能。賊至，劉氏率婦女數十人登屋而射，每一箭，死一賊，賊不能迫。《啓禎野乘》

招遠令魯公之女公子好獵，以射獐殺鹿爲快。著錦貂裘，跨小驪駒，翩然若畫。《聊齋志異》

石虎女騎皆手持雌黄宛轉角弓。《鄴中記》

「婦女亦彎弓」，歐陽修詩也，狀燕中風景。《渌水亭雜識》

密雲汪參將解任，還維揚，時群盜塞路。僕婦李雲娘請效軍人裝，執弓矢，以戒不虞。汪異之，授五石弓，折之如斷梗。凡易數弓，悉不稱意。乃取其家弓來，遂腰箙、插矢，乘駿馬以從。行至一荒原，雲娘縱馬而前，遥見十餘騎，擁塵突至。飛矢插雲娘袖，雲娘拂袖矢落。又一

矢到，雲娘隨以手承之，即彀而發。騎駭，反奔，中項，仆地。又於箙中出矢，斃一騎，餘皆散遁。《觚賸》

高宗憲聖吳后侍高宗航海，金騎猝至，欲拏御舟。后發一矢，應弦而倒。高宗重於視師，吳后奏曰：「若臣妾裹尺五皁紗，須一往矣。」《四朝聞見録》

寶歷中，帝造紙箭竹皮弓，紙間密貯龍麝末香。每宮嬪群聚，帝躬射之，中者濃香觸體，了無痛楚。宮中名「風流箭」，爲之語曰：「風流箭，中的人人願。」《清異録》

陳宮人喜於春林放柘彈。《南部煙花記》

隱娘嫁磨鏡少年，夫妻各跨白黑衛。遇有鵲前噪，夫以弓彈之不中，妻奪夫彈，一丸而斃。《聶隱娘傳》

薛素素姿度艷雅，善馳馬挾彈，能以兩彈丸先後發，必使後彈擊前彈，碎於空中。又置一彈於地，以左手持弓向後，以右手從背上反引其弓，以擊地下之彈，百不失一。《甲乙剩言》

薛素素嘗置彈於小婢額上，彈去而婢不知。《静志居詩話》

張萱有《挾彈宮騎圖》。《宣和畫譜》

王珪《宮詞》：「侍女爭揮玉彈弓，金丸飛入亂花中。」《華陽集》

僕固懷恩以疑懼叛，其母提刀逐之曰：「吾爲國殺此賊，取其心以謝三軍。」懷恩走。《懸榻編》

韓楚言軍敗，妻李語之曰：「君常辱成汭，軍敗且支解，不如死。」楚言不決，李礪刀席下，復語之，夫曰：「未可知。」李取刀斷其首，並殺三子，乃自刎。成汭以禮葬之，刻石表曰烈女。《孔帖》

有夫出而妻獨居者，忽夜半見一道人從空而下，逼與爲淫。婦人入室，取刀爲誓曰：「汝若逼我，有死而已。」相持至曉，乃一吃菜事魔人也。《行營雜録》

豐城李某婦楊氏，值兵亂，爲小校王某所得。王故有妻，婦曲意事之，甚見暱。未幾，王家漸落，從軍去。婦詭語妻曰：「妾故夫本富室，當播越時，曾以金珠瘞密室。今夫死妾擄，使得取來，與夫人皆富矣。但妾手自藏，非妾行不可。」妻大喜，乃釋笄薙辮，韡袴腰弓刀，從兩健兒，躍馬南渡。止旅舍，以醇酒飲兩健兒，皆醉，夜潛戮之。馳騎至里，歇馬入門，中堂踞坐。其夫見是少年軍將，傴僂前謁，伏地不敢起。婦趨抱痛哭曰：「妾即被掠楊氏婦也。」具述其易裝巧脱狀。事聞，邑令給牒獎許，曰「奇女子」。《曠園雜志》

越有處女善用劍，越王使使聘之，乃加女號曰越女，當世莫能勝越女之劍。《吴越春秋》

西王母帶分景之劍，上元夫人帶黄精之劍。《漢武内傳》

漢武帝七夕幸開襟樓，忽見綵雲縹緲，有美女騎一物翩遷而下。即以所騎物上帝曰：「此桀東之劍，群仙寶之，能辟諸邪。妾乘之而來，頃刻百里矣。」《潛居録》

鍾夫人有寶劍，可直百萬。《世説》

貞元中，有湘媪嘗以丹篆救疾。一日告鄉人，欲往洞庭救數百人性命。至洞庭前一日，有大風濤碎一巨舟，舟上所載百餘人居島上，有一白黿遊沙上，人殺食之。明日，有城如雪圍島，其城漸窄狹，束其人爲族，其間不廣數尺。媪至岸，飛劍刺之，白城一聲如霹靂，遂崩，乃一大黿，長千丈，蜿蜒而斃。後有一道士識湘媪，乃劉綱妻樊夫人也。《劍記》

驪山老姥賜李密火星劍。《畫史會要》

夜梅者，僰人婦也。正統初，木邦犯境，夜梅手持尺劍，殺其百十餘騎而歸。《名勝志》

皇后儀仗，有班劍四。《明史》

趙有處女精劍術，將見越王，道逢老人，自稱袁公。問女曰：「聞善爲劍，願得一觀之。」女曰：「惟公所試。」公即挽林杪之竹折地，女接取其末，公操其本而刺女，女舉杖擊之，公即飛上樹，化爲白猿。《吴越春秋》

聶大將之女，爲尼偷去，授以劍術。令執寶劍一口，長一二尺許，鋒利吹毛可斷。一年後，刺猿猱虎豹鷹，無不中，劍之身漸減五寸。受以羊角匕首，廣三寸，遂白日刺人於都市中，人莫能見。《劍俠傳》

皇后儀衛，有金斧二、金鉞二。《明會典》

金楊四娘子勇而有力，聚萬人爲盜，能飛馬搠槍，深入一尺。時李全身長八尺，手執鐵鎗，亦同爲盜。乃令飛馬拔之，全不能拔，下馬屈服，遂爲夫婦。《女世説》

李全妻楊四娘子，善騎射。及全敗死，四娘子謂其部將曰：「三十年梨花槍，天下無敵手。今事勢已去撐柱，不行奈何！」遂絶淮去。《女世説補》

大盗李全妻楊妙真，有勇力，能用矛。《齊東野語》

益都人取妾甚美，嫡遇之虐，日加鞭箠，妾甘受之。一夜，盗入其室，大婦惶懼，不知所爲。妾於暗中手一杖，開門徑出，以杖擊賊，踣數人，餘皆奔竄。夫詢其何以能爾？則其父所傳拳勇之技，百夫敵也。問何以受嫡虐而不言？曰：「固吾分也」。《池北偶談》

州城破，張鋒妻丁氏謂兩婢曰：「今日必死，曷若先出擊賊？殺賊而斃，不失爲義烈鬼。」於是執梃而前，賊先入者三，悉斃於梃。群賊怒，攢刺之。《汝州志》

《黄帝内傳》：玄女請帝制甲胄，又請帝制旗幟，又請帝鑄鉦鐃，又請帝制鼓鼙。《事物紀原》

北魏古弼征馮弘，弘令婦人被甲居中，其精卒陳兵於外，遂東奔高麗。《雞肋》

正統八年，賜可汗妃花減金戧盔一頂，創金皮甲一副。十四年，賜可汗妃戰袍一襲。《欽弇山堂别集・賞賚考》

臨淮老妓某，戚畹府中淨持也，後爲東平侯女教師。甲申京師失守，侯欲偵兩宫音息，而賊騎充斥，麾下將無一人肯行，伎奮然請往。遂易靺鞈，持匕首，間關數千里，穿賊壘而還。陳其年《婦人集》　尤侗《宫閨小名録》曰：「臨淮老妓者，劉東平歌妓冬兒也。」《吴詩集覽》：「袁子才曰：冬兒與陳圓圓同爲田弘遇所蓄，後歸劉澤清。」徐釚《本事詩》作「冬哥」。

奩史卷五十二

東吳王初桐于陽纂述
南豐譚光祥退齋校刊

技藝門

技藝

有一美女，字青蓮華，聰明智慧，婦女所有六十四藝，無一不精。《百緣經》

賈似道南竄，猶攜所謂王生、沈生者自隨，二生天下絶色也。木綿庵既殂，二生巧技藝，拙女功，願再鬻人爲妾。《桐江集》

皇后平居，選能詩畫、博弈、彈射、蹴踘等藝及工絲竹歌唱者約三十餘人自隨。《看花行者談往》

薛五校書有「十能」，詩、書、畫、琴、弈、簫，而馳馬、走索、射彈尤絶技。《静志居詩話》

秋千，北方山戎之戲，後中國女子學之。《古今藝術圖》

懸繩於木，女子立其上，推引之，名「打鞦韆」。《荆楚歲時記》

秋千，漢武帝後庭之戲也。《緗素雜記》

鞦韆，古云「千秋」，祝壽之詞也，語訛，轉爲「秋千」。後人不本其意，乃造爲「鞦韆」字。高無際《鞦韆賦序》

女子李芝蘭始爲鞦韆。《事原》

楚有施鈎之戲，即鞦韆也。《香奩雜録》

鞦韆曰繩戲，又謂之罥索。《湼盤經》

寒食節，宫嬪競築秋千，帝呼爲「半仙之戲」。《開元天寶遺事》

文彦博爲張貴妃製鞦韆，以備寒食。《碧雲騢》

南京樂籍藍七孃，善鞦韆，亂後爲尼。《本事詩》

黔俗好鞦韆，燈夕尤盛。月中，婦女抛擲至曉。有立，有坐，有兩人對抱，飄裾蕩影，渺然雲際。《黔書》

番女有「緲綿氏之戲」，即鞦韆也。《臺海采風圖》

何正平《秋千》詩云：「花板潤沾紅杏雨，綵繩斜揧緑楊煙。」《合璧事類》一作洪覺範詩。

張先詞：「筍柱鞦韆遊女並。」《安陸集》

清明日，各宫安鞦韆架。《燕史》

陸放翁詩：「秋千旗下一春忙。」歐陽公《漁家傲》云：「隔牆遥見秋千侶，緑索紅旗雙彩柱。」李元膺《鷓鴣天》云：「寂寞秋千兩繡旗。」予嘗命畫工作《寒食仕女圖》，秋千架作兩繡旗，人多駭之，蓋未見三公之詩詞也。《詞品》

王珪《宫詞》：「内人稀見水鞦韆。」《華陽集》

吴王作天池，造青龍舟，日與西施水嬉。《述異記》

魚藻宫，張水嬉綵艦，宫人爲櫂歌。《唐書》

曹靜照《宫詞》：「盡日開簾看水嬉。」《紅蕉集》

藍七娘善蹴踘。《本事詩》 劉向《别録》：「蹴踘，黄帝所造。」

王超見女子蹴踘，接送高數丈。《戲談録》

王建《宫詞》：「寒食内人嘗白打，庫中先散與金錢。」「白打」，蹴踘也。兩人對踢爲「白打」，三人角踢爲「官場」。《齊雲編》

彭雲秀以女清芬挾蹴毬技遊江湖，有解一十有六。詹同文贈以《衮弄行》。《太平清話》

王世貞《正德宫詞》：「蜀馬分棚對打毬，纖腰貼地涴青油。」《弇州四部稿》

乾道三年，皇后至毬場看小内侍抛毬。《乾淳起居注》

宋女弟隊，有抛毬樂隊。衣四色繡羅寬衫，繫銀帶，捧繡毬。《續文獻通考》

金陵妓王看山，名寶奴。乘油壁車經毬場，毬師邀之廣塗，請王娘登場。看山下車，風度蕭

灑，舉趾蹁躚。衆皆辟易嘆賞，以爲天人。《古今小說》

安南男女結五綵毬，歌而拋之，謂之「飛駞」。《安南圖說》

陳裕詠《渾家樂》云：「阿家解舞清平樂，新婦能拋白木毬。」《鑑戒録》

王建《宮詞》：「漢陽公主進雞毬。」《王司馬集》

有縣令鍾離君女將出，買一婢從嫁。一日，婢執箕箒至堂前，熟視地之窊處，惻然泣下。曰：「幼時我父於此地穴爲毬窩，道我戲劇也。」鍾離君詢之，知婢即前令之女。《東軒筆録》

正月，婦女閑，手五丸，且擲且承，曰「抓子兒」。《帝京景物略》

十月，琢石丸置地，小女子以足送之。《北京歲華記》

陳維崧有《閨人踢繭子》詞。《迦陵集》

玉女投壺，每投十枝百二十梟。設有入不出者，天帝爲之嗀嘘。《仙傳拾遺》

石崇有妓善投壺，隔屏風投之，發無不中。《壺史》

徐陵《玉臺新詠序》：「投壺玉女，爲歡盡於百嬌。」

明皇與玉真恒於月下以錦帕裹目，在方丈之間互相捉戲。玉真捉上每易，而玉真輕捷，上每失之，宮人撫掌大笑。一夕，玉真於袖上多結流蘇、香囊，與上戲，上屢捉屢失。玉真故以香囊惹之，上得香囊無數。已而笑曰：「我比貴妃更勝也。」謂之「捉迷藏」。《致虛閣雜俎》

乾清宮丹陛下有老虎洞。洞中甃石成壁，可通往來。上嘗於月夕率內侍賭迷藏，潛避其內。

諸花香氣，上所篤愛，時采一二種貯襟袖間，數武外輒識之，以芳芬襲人也。《天啓宮詞注》

元稹詩：「憶得雙文籠月下，小樓前後捉迷藏。」《會真記》

鉤弋夫人少時右手拳，帝披其手，得一玉鉤，而手尋展，故因爲「藏鉤」之戲。《漢武故事》

藏鉤，俗呼爲「行彄」，蓋婦人所作。周處《風土記》

寧獻王《宮詞》：「時有笑聲來別院，故知宮女戲藏鬮。」

陳慥家蓄數姬，每日晚，藏花一枝，使諸姬射覆，中者留宿，時號「花媒」。《花史》

諸色伎藝人，射覆有女郎中。《武林舊事》

吳王與西施嘗作鬭百草之戲，故劉禹錫詩云：「若與吳王鬭百草，不如應是欠西施。」《詞林海錯》

春日，婦女喜爲鬭草之戲。鄭谷詩云：「何如鬭百草，賭取鳳凰釵。」《五色綫》

謝靈運鬚甚美，臨刑，施爲祇洹寺維摩詰鬚。中宗朝，安樂公主五日鬭百草，欲廣其物色，令馳驛取之。又恐爲他人所得，因剪棄其餘。《國史纂要》

孫棨爲福娘題詩窗左，如其自述，云：「無端鬭草輸隣女，更被拈將玉步搖。」《北里志》

楊基《花朝美人圖》詩：「鸞股先尋鬭草釵。」《眉庵集》

長安士女春時鬭花，以奇花多者爲勝，皆以千金市名花植於庭，以備春時之鬭。《花史》

劉鋹在國，春深，令宮人鬭花。凌晨開後苑，各任採擇。少頃，敕還宮，鎖苑門。膳訖，普集，角勝負於殿中。宦士抱關，宫人出入皆搜懷袖，置樓羅曆以驗姓名，法制甚嚴，時號「花禁」。負者獻耍耍金、耍銀買燕。《清異録》

明皇一日與梅妃鬭茶，忽顧諸王戲曰：「此梅精也，鬭茶又勝我矣。」《梅妃傳》

武林妓周韶能詩，好蓄奇茗，嘗與蔡君謨鬭勝，題品風味，君謨屈焉。《女世説》

明皇時，宫中嬪妃輩投金錢賭侍帝寢，以親者爲勝。召入妃子，遂罷此戲。《明皇雜録》

春時，嬪妃結伴擲金錢爲戲。《開元天寶遺事》

人有言歐文忠盗甥者，云：「喪厥夫而無託，攜孤女以來歸。張氏此時年方七歲，内翰伯見而笑曰：『七歲正是學簸錢時也。』歐詞云：『江南柳，葉小未成陰。人爲絲輕那忍折，鶯憐枝嫩不勝吟，留取待春深。十四五間抱琵琶。尋堂上簸錢堂下走。恁時相見已留心，何况到如今。』」《錢氏私志》

王建《宫詞》：「簸錢赢得兩三籌。」

曹后在父母家時，與群女共爲撚錢之戲，而后一錢輒獨旋轉盤中，凡三日方止。《避暑漫抄》

漢宫，八月四日宫女圍棋，勝者終年有福，負者終年疾病。取絲縷就北辰星求長命，乃免。《西京雜記》

王績寓宿深溪之家，但有婦姑，夜聞姑與婦手談。已而，姑曰：「吾止勝九枰耳。」遲明，王具禮，請問出局，盡平生之好。布子未及數十，姑謂婦曰：「是子可教以常勢。」因指示攻

守、殺奪、捄應、防拒之法，其意甚略。曰：「此已無敵人間。」謝而别，回顧，失向之室矣。《異叢談記》

金主以肅王女爲妃，因妬忌殺之，又以荆王女爲皇后。后與金主弈棋，言語犯之，金主厲聲曰：「休道我敢殺趙妃，也敢殺趙后。」遂送外羅院，賜死。《竊憤録》

仙女山，相傳有七仙女於此圍棋。《湖廣通志》

賈秋壑侍女少善弈棋，年十五，以棋童入侍，每秋壑回朝，宴坐半閑堂，必召侍弈，備見寵愛。《幽怪録》

棋待詔，女流沈姑姑、上官夫人。《藝流供奉志》

沈賽娘善棋。《坦庵長短句》

徐幼芬七歲能與父弈。《精華録》

葉小鸞善弈。《啓禎野乘》

纖指拈棋，躊躇不下。靜觀此態，儘足消魂。《閑情偶寄》

王策詠《閨弈》云：「新翻玉蘭千變，還是去年學。」《香雪詞》

明季襄王善弈。綺樓中，畫二仙女對弈。仙女手拈一子將落，蓋妙著也。《弈史》

安南國進皇后方物狀，有楞金度銀烏文木牱象骨棋盤一面，象牙棋子一具。《天南行記》

章氏煎，友直之女。能以篆筆畫棋盤，筆筆匀正，縱横如一。《書史會要》

張修媛有十二玉棋子，上有十二時字。置盆水，逐時浮出，不差晷刻。《張文長別記》

李伯泰母夢神人以棋子授之，遂孕。《東水質疑》

彈棋，起自魏宮，粧奩戲也。《酉陽雜俎續集》

建安中，宮人以金釵、玉梳戲於粧奩之上。及魏文帝受禪，宮人更習彈棋焉。《彈棋經》後序《世說新語》注曰：「傅玄《彈棋賦序》云：『漢成帝作彈棋。』《梁冀傳》云：『冀善彈棋。』則彈棋不始於魏。」

顯仁后在北，未知高宗即位於臨安。嘗用象戲局子裹以黃羅，書康王字貼於「將」上，焚香禱曰：「今三十二子俱擲於局，若康王字八九宮，必得天位。」一擲，其「將」字一子果入九宮，后以手加額。《北狩見聞録》

平原女子遲昭平，能説經博以八投。《急就篇》補注　程大昌《演繁露》、《王莽傳》云云，服虔曰：「博弈經，以八箭投之。」

上每與嬪妃博戲，上稍不勝，左右乃呼雪衣女，必飛局中，鼓翼亂之。《譚賓録》

丁諷令女妓博色覓對，先得對者，即令侍寢。《六博譜》

胡奮爲將有功，其女芳爲晉武帝嬪，嘗與帝摴蒱爭矢，遂傷帝指，帝怒曰：「此固將種也？」芳對曰：「北伐公孫，西距諸葛，非將種而何？」帝甚有慙色。《摴蒱經》

祖孝徵令諸姬擲摴蒱爲娱。《北史》

代國公主，睿宗第四女也，名華，字花婉，摴蒱、弈棋，盡得微妙。《金石史》

季襲美令宛平，政暇，即與姬妾摴蒱。《本事詩》

唐時投瓊，惟幺一點紅，餘五字皆黑。明皇與貴妃彩戰，將北，惟四可解。一子旋轉未定，連叱之，果成四。上悦，賜四緋，至今不易。《文奇豹斑》

昭惠周后，采戲弈棋，靡不絶妙。《南唐書》

劉商遊湘中，見一畫，水輿中有七八女子，容止瑰麗，爲呼盧戲。其具俱布，希世之寶。《侍兒小名録拾遺》

楊廉夫與好妓小蓉、瓊花等日賭除紅，其負者，脱妓鞋觴之。《六博譜》

開元中，後宮繁衆，侍御寢者難於取捨，爲彩局兒以定之。集宮嬪，用骰子擲最勝一人，乃得專夜。宮璫私號骰子爲「剉角媒人」。《清異録》

元和末，薛昭避禍夜逃，過蘭春宮，見古木四蔭。昭踰垣而入，潛於古殿之西間。是夕，風清月皎，見階間有三美女笑語而至。昭趨謁問姓氏，長曰雲容張氏，次曰鳳臺蕭氏，次曰蘭翹劉氏。因留，設席諧謔。昭復問容何代夫人？容曰：「某乃開元中楊貴妃最愛侍兒也。嘗令某獨舞《霓裳》，妃贈詩曰：『羅袖動香香不已，紅蕖裊裊秋煙裏。輕雲嶺上乍搖風，嫩柳池邊初拂水。』至今猶能記憶。」昭又問蘭、鳳二子，容云：「亦當時宮人美姿者，葬吾穴之側，故相同朝夕。」三女共命擲骰子，云：「采勝者與昭薦枕。」竟屬雲容。鳳臺因擊席而歌，進雲容酒，

蘭翹和之。更蘭，二妃辭去，昭與容同枕席焉。《煙粉靈怪》

正德間，有妓女失其名，於客所分詠，以骰子爲題，妓應聲曰：「一片寒微骨，翻成面面心。自從遭點污，拋擲到如今。」《藝苑巵言》一云馬湘蘭詩。

同昌公主下嫁於韋氏，韋氏諸宗妃好爲葉子戲，夜則以紅琉璃盤盛夜光珠，光明如晝。《杜陽雜編》

世傳，葉子，晚唐時婦人撰此戲。《郡齋讀書志》

唐妓人葉茂連撰《骰子選》，謂之「葉子」。《咸定録》

葉子，如今之紙牌。《鄭氏書目》有南唐李後主妃周氏編《金葉子格》。此戲今少傳。《品外録》

《擊蒙小葉子格》一卷，李後主妃周氏傳。《國史經籍志》

《鄭氏書目》：《新定編金葉子格》一卷，不題撰人。又有《擊蒙小金葉子格》一卷，題李煜妃周氏撰，楊慎以「編」爲「偏」，又以爲周氏撰，俱誤。《藝林學山》

葉子戲，相傳宋太祖命後宫習之以消夜。《言鯖》

閨秀陳結璘《牡丹亭牌譜》一卷。胡貞波《古牌譜》上下卷。《然脂集》

馬掉品，善此戲者章大娘，頗以豪爽持勝。《葉子譜》

看虎品，女兒角戲，以雄爲最上乘。《續葉子譜》

李易安云：「打馬有二種，一關西馬，一依經馬。又宣和間人取二種馬參雜加減，所謂『宣和馬』是矣。」《打馬圖》

李易安《打馬賦》，實小道之上流，乃深閨之雅戲。《漱玉集》

封雲亭遇美女，女曰：「妾生平戲技，惟諳打馬。聊與君爲交錢之戲。」封從之，促膝戟指，翻變良久，愈出愈幻，不窮於術。封曰：「此閨房之絕技也。」《聊齋志異》

天后嘗夢雙六不勝，狄梁公言：「宮中無子之象。」《國史補》

中宗在房州時，常謂韋后曰：「一朝見天日，誓不相禁忌。」及得志，乃受上官昭容邪說，引武三思入宮中，升御床，與后雙陸，帝爲點籌。醜聲日聞於外。《綱鑑易知録》

王建《宮詞》：「各把沉香雙陸子，局中鬬累阿誰高。」

嚴世蕃用錦罽織成《點位雙陸圖》，別飾美人三十二，衣粧紅素各半，曰「肉雙陸」。每對打，美人聞聲，該在某位，則自趨站之。《戒菴漫筆》〔一〕

某侯家對局，命姬妾三十，衣緋録，代長行。《莊岳委談》

王珪《宮詞》：「晝日閑窗賭選仙，小娃爭覓到盆錢。上籌須占蓬萊島，一擲乘鸞出洞天。」選仙，集古仙人作圖爲賭錢之戲，用骰子比色，先爲散仙，次陞上洞，以漸而至蓬萊、

〔一〕本條《戒庵漫筆》未見，馮夢龍所輯《古今笑史》等書有載，原出處未詳。

大羅等，列則衆仙慶賀。比色時，首重緋，四爲德，次六與三爲才，又次五與二爲功，最下者幺，則謂之「過」。凡有過者，謫作採樵、思凡之類，遇德復位。此戲今俗尚有之。所云「到盆錢」，當即如《陞官圖》戲。卑者出錢與尊者，謂之「見面錢」之類耳。《天香樓偶得》

《千文虎》，女兒謎社之書。《七修類稿》

藁碪大刀頭，此虎謎之祖。《過庭詩話》

有女子善爲口技。口技者，口中能作各樣響聲，及衆人並語聲。隔幔聽之，無不逼肖。《説叢》

妓女石火胡挈養女五人，纔八九歲，於百尺竿上張弓弦五條，令五女各居一條之上，衣五色衣，執戟持戈，舞《破陣樂》曲。俯仰來去，越節如飛。火胡立於十重朱畫床子上，令諸女迭踏以至半空，手中皆執五綵小幟。床子大者，始一尺餘。俄而手足齊舉，謂之「踏渾脱」，歌吁抑揚，如履平地。《杜陽雜編》

玉蓮兒，端麗巧慧，歌舞談諧，悉造其妙，尤善文楸握槊之戲。嘗得侍於英廟，由是名冠京師。《青樓集》

梁有高絙伎，此即今之戲繩者也。《唐書·樂志》

戲繩者以大繩繫兩柱，相去數丈，兩倡女對舞，行於繩上，相逢比肩而不傾。《事物紀原》

婦女走索，手持一竿，縛米囊於兩頭，以權輕重之平。前却疾徐，如履平地。《在園雜志》

《西京賦》：「走索上而相逢。」《賦彙》

唐人詠《繩妓》云：「身輕一綫中。」《唐詩鏡》

田藝衡《觀舞絙妓》云：「綵繩凌漢架，美女步虛行。」《本事詩》

有爲角觝戲者，累重案，一婦人仰臥其上，竪雙足承八歲兒，反覆臥起或鵠立，合掌拜跪。又或兩肩接足，兒之足亦仰竪，伸縮自如。又一足承，兒兒拳曲如蓮花出水狀。又一婦登場，如前臥，竪承一案，旋轉周四角，反側背面承之。兒復立案上，拜起如前儀。兒下，又承一木槌，槌長尺有半，徑半之。兩足員轉或竪挑之，而復承之。《文瀫》

有婦人仰臥，兩足向上，更立一幼女於足底，且拜且舞，名「龍女拜觀音」。《在園雜志》

舞輪妓，蓋今之戲車輪者也。透三峽妓，蓋今之透飛梯者也。《唐書·樂志》

有婦女仰臥，兩足向空，立一小梯於足底。幼女層遞攛上復下，故作傾跌狀，觀者驚駭，卒安然無恙。《在園雜志》

舞妓有爲擲倒伎者，倒行而舞也。《唐書·樂志》

教坊王大娘，善戴百尺竿，上施木山，狀瀛洲、方丈，令小女持絳節出入其間，而舞不輟。《太真外傳》

建中時，三原戴竿婦人王大娘，首戴二十八人而走。《南部新書》

五月五日，女兒輩作走解。《強識略》

金陵伎人善走解，名童子拜觀音。《櫻桃館集》

走解，本軍營演習便捷之法，咸以婦人習之，爲射利之技。須演馬極熟，馬疾如飛，婦女乃於鞍上逞弄解數。有名秦王大撇馬、小撇馬、單鞭勢、左右插花、蹬裏藏身、童子拜觀者、秦王大立碑之類。或馬首或馬尾，坐臥偃仰，變態百出。抑且倒豎踢星，名「朝天一炷香」。疾馳不稍欹側，兩馬對面相交，能於馬上互換相坐。統曰「走馬賣解」，俗所謂「卦子」也。《在園雜志》

有婦人荷竹簏，簏中出木雕美人，高尺餘，手目轉動，艷粧如生。又牽一犬，以小錦韉被犬身，便令美人踣坐。置已，叱犬疾奔。美人自起，學解馬諸劇，鐙而腹藏腰而尾贅，跪拜起立，靈變不訛。《聊齋志異》

太元女有仙術，吐火張天，噓之即滅。坐炎火中，衣履不燃。《女仙傳》

女巫章丹、陳珠二人，並能隱形匿影，吞刀吐火，雲霧杳冥，火流電發。《夏仲舒別傳》